신자유주의 대안론

신자유주의 혹은 시장만능주의 넘어서기

창비담론총서 3

신자유주의 대안론

신자유주의 혹은 시장만능주의 넘어서기

최태욱 엮음

창비

'창비담론총서'를 펴내며

한국사회에서 변혁의 방향과 이를 위한 새로운 주체 형성에 대한 관심이 그 어느 때보다 뜨거운 지금, 창간 43주년을 맞은 계간 『창작과비평』과 출판사 창비는 '창비담론총서'를 새로이 출간해 독자의 요구에 부응하려고 한다.

'창조와 저항의 자세'를 가다듬는 '거점'으로서의 역할을 다짐하며 출범한 『창작과비평』은 1970, 80년대와 90년대에 걸쳐 민족문학론, 리얼리즘론, 분단체제론, 동아시아론 등 우리 현실에 기반을 둔 실천적 담론들을 개발하고 사회적으로 확산해오면서 일정한 성과를 거두었다. 2000년대에 들어서도 이중과제론, 87년체제론 등 기존의 문제의식을 이어받으면서 변화하는 상황에 대응하는 새로운 담론을 통해 이론적 모색과 실천활동의 밑거름이 되고자 했다. 계간지 특집 형식 등으로 최근 제기해온 이런 담론의 일부를 이번에 단행본 체재로 엮어내는 것은 우리의 지적 궤적에 대한 하나의 중간 결산이기도 하다.

총서의 간행에 즈음해, 우리가 계간지 창간 40주년을 맞아 약속한 것을 돌아본다. 창비가 우리 시대의 요구에 부응하는 과제 수행에 더 많은 이들이 동참할 수 있도록 앞장서되, 단순히 공론의 장을 제공하는 일을 넘어 '창비식 담론'을 만들겠다고 밝혔다.

그리고 '창비식 담론'은 '창비식 글쓰기'에 의해 뒷받침될 것이라고 했다. 여기서 말하는 '창비식 글쓰기'란 현실문제에 직핍해 날카롭게 비평하고 대안을 제시하는 논쟁적 글쓰기를 뜻하는데, 이것이야말로 문학적 상상력과 현장의 실천경험 및 인문사회과학적 인식의 결합을 꾀하는 창비가 남달리 잘해야 마땅한 일이다. 우리는 그일에 나름으로 정성을 다해 기대에 보답하려는 자세를 견지해왔다.

우리는 한국이 직면한 여러 문제에 대한 현실대응력이 한반도의 중장기적 발전전망과 연결되어야 온전히 작동할 수 있다는 문제의식에 입각하여, 우리 사회의 주류와 비주류의 경계를 넘나들고 거대담론과 구체적인 실천과제 논의를 아우르면서 비판적이고도 균형잡힌 담론을 개척하는 데 일조해왔다고 자부한다.

이러한 노력이 한층 많은 공감을 얻기를 바라며 이 총서를 간행한다. 올해는 출판사 창비가 설립된 지 35주년이기도 해 그 출발의의의가 더 새롭다.

'창비담론총서'라는 이름을 공유하는 책들이 모두 같은 성격은 아니다. 그야말로 창비가 개발하고 앞장서서 이끌어온 담론이 있는가 하면, 우리 사회의 여러 곳에서 벌어지는 논의에 창비가 한몫을 떠맡은 경우도 있다. 또한 총서에 해당 주제에 대해 반드시 일치된 견해만 수록하거나 모든 글들이 동일한 방향성을 갖도록 모은 것도 아니다. 그러나 '창비담론총서'의 이름에 값할 만큼의 특색과 유기적으로 연관된 지향점을 갖추고자 노력했다.

이번 1차분의 간행에 이어 앞으로도 창비의 담론에 반향이 있는 한 그 성과를 묶어내는 작업은 계속될 것이다. 총서 간행을 계기로 우리 사회 안은 물론이고 동아시아와 세계에 이르기까지 소통의 범위가 확산되기를 바라는 마음 간절하다.

2009년 4월
'창비담론총서' 간행위원진을 대표해서
백영서 씀

차
례

일러두기

1. 이 책에는 '창비담론총서'에 싣기 위해 새로이 집필한 글을 포함하여, 계간 『창작과 비평』을 중심으로 여러 매체에 발표된 해당 주제의 기고문을 수록했다.
2. 수록 글의 출처와 최초 발표시기는 각 글의 맨 뒤에 밝혔다. 필자들은 최초 발표본을 현재의 시점에서 다소 손질했는데, 발표 당시의 현장성을 드러내기 위해 그대로 수록한 경우도 있다.
3. 각 부의 글은 발표된 순서대로 배치하는 것을 원칙으로 했으나, 주제의식을 명확히 드러내기 위해 배치 순서를 조정한 경우도 있다.

신자유주의는 어디서 와서 어디로 가는가

1980년대 영국과 미국을 기점으로 한 신자유주의의 부상은 그것의 정치기획적 측면을 바라보아야 쉽게 이해할 수 있다. 신자유주의가 어디서 와서 어디로 가고 있는지, 간략하게나마 미국을 중심으로 한번 살펴보자.

2차대전 이후 1970년대초까지 서구 선진국들은 이른바 '자본주의의 황금기'를 만끽했다. 사민주의와 케인즈주의 등에 바탕을 둔 복지와 분배 중시의 수정자본주의 시대였다. 이 시기에는 빈부격차가 크게 줄며 중산층이 사회의 거대한 중심부를 이루게 되었다. 그러나 다수의 사회구성원들이 이 유례없는 행복을 누리는 동안 일부에선 불만이 축적돼갔다. 소수 자본가들 사이에서였다. 그들은 무엇보다 복지국가의 완전고용정책을 못마땅해했다. 완전고용에 가까워질수록 노동은 해고의 위협에서 자유로워지므로 임금 등 노동조건에 대한 노조의 요구가 갈수록 과도해진다는 것이었다. 그외에도 그들은 자신들의 재산권 강화 및 행사의 자유를 제한하는 누진과세와 각종 규제정책 등에 커다란 불만을 품고 있었다. 그들은 국가의 시장개입이 최소한에 머무르는 1차대전 이전의 자유방임 자본주의시대로의 회귀를 갈망했다.

그들에게 1970년대의 세계 경제위기는 차라리 호기였다. 그들은 선진 각국이 겪게 된 노동생산성 증가율 저하, 이윤율 하락, 경기후퇴 등의 어려움이 2차대전 이후 사반세기 이상 지속된 경제성장과 완전고용 상황이 초래한 노동규율의 약화와 노조의 교섭력 강화 그리고 그에 연이은 과도한 임금상승 및 인플레이션 때문이라는 점을 크게 부각시켰다. 그리고 완전고용이나 노조활성화, 복지주의 정책 등의 폐해를 당당히 지적하며 이제 본격적으로 국가의 시장개입에 반발하기 시작했다. 산업자본가들만이 아니었다. 미국의 예에서 보듯이 금융자본가들은 금리통제가 (실질이자율을 마이너스 정도에까지 이르게 한) 인플레이션의 한 원인이라며 금리자유화 및 금융업무 영역 등에 대한 규제완화를 강력히 요구했다.[1] 게다가 이 시기에 일어난 두차례의 석유파동은 스태그플레이션의 발생과 맞물려 복지국가체제의 유지비용을 더욱 감당하기 어려운 것으로 만들기도 했다. 한편, 경제위기가 장기화됨에 따라 일반시민들의 대안체제에 대한 관심 역시 크게 증가해갔다.

영국의 새처(Thatcher) 총리와 미국의 레이건 대통령 같은 신보수세력들은 이렇게 형성된 대안체제 도입 압력을 배경으로 등장했다. 그들은 '복지병' 등의 폐해를 드러낸 복지국가를 해체하고 개인과 기업의 자유를 최우선시하는 고전적 자유주의를 새롭게 복원함으로써 시장의 효율성을 증대시켜 위기에 빠진 경제를 살려내겠다는 다짐으로 유권자들의 지지를 이끌어냈다. 그러나 엄밀히 말하자면, 그들의 '보수'는 (사회적 자유주의를 버리고) 경제적 자유주의를 보수하겠다는 의미였다. 그리고 그들은 한때 케인즈와 쌍벽을 이룰 정도의 유력한 경제학자였으나 수정자본주의의 전성기 내내 소외돼왔던 하이에크(Hayek)의 신자유주의 이론을 자신들의 처방전으로 제시했다. 새처는 하이에크의 『자유헌정론』을 핸드백에 넣고 다닐 정도였다고 한다.[2] 물론 누구보다 하이에크의 부활을 크게 환영한 이들은 자본가들이었다.

그도 그럴 것이 하이에크가 설파한 신자유주의의 핵심 메씨지는 국가의 경제개입을 철회하고 시장의 자유를 극대화하라는 것이었다. 특히 금융 및 노동 시장에서의 탈규제를 강조했다. 그뿐만이 아니었다. 공기업 민영화, 법인세와 누진과세의 인하 또는 철폐, 재정지출 축소, 노조의 무력화 등 거의 모든 신자유주의 처방들은 거대 자본가의 이익에 정확히 부합하는 것들이었다. 자유시장의 무한확대를 염원해온 산업 및 금융 자본가들은 하이에크를 매개로 드디어 자신들의 최상의 정치적 대리인을 만난 것이었다.

신보수 정치세력, 특히 미국의 레이건 대통령과 그 추종세력인 네오콘(Neocons)의 신자유주의 신봉은 철저했다. 그들은 미국을 온 인류의 평화와 공동번영을 위해 일해야 할 특별한 소명을 받은

'예외적인' 국가로 여겼다. 그리고 미국이 '선의의 세계패권국가'로 다시 나서서 자유민주주의와 자유시장경제의 전세계적 확산을 위해 노력하는 것이야말로 그 소명에 부응하는 최대의 의무인 것으로 확신했다. 그러한 그들에게 신자유주의를 열렬히 지지하는 (게다가 국제경쟁력까지 갖춘) 미국의 자본가그룹은 최상의 파트너가 아닐 수 없었다. 국가-자본 연합의 형성은 당연한 귀결이었고, 정치기획으로서의 신자유주의화는 이들의 주도하에 미국은 물론 전세계를 대상으로 개시되었다.

노동, 금융, 조세, 복지, 공공부문 등 자본주의체제의 핵심요소에 대한 레이건 정부의 대대적인 손질은 비교적 단기간에 미국을 신자유주의 국가로 거듭나게 했다.[3] 그리고 미국은 이제 스스로 자신의 자본주의 유형을 신자유주의의 세계적 모델로 설정하고 그것의 전파에 나서기 시작했다.[4] 미국의 신자유주의화 압력은 주로 라틴아메리카와 동아시아의 개발도상국가, 그리고 동유럽의 체제전환국들을 대상으로 행사되었다. 국제통화기금(IMF), 세계은행(World Bank), 세계무역기구(WTO) 등을 앞세운 다자주의, 북미자유무역협정(NAFTA)과 전미주자유무역협정(FTAA) 등의 체결을 통한 지역주의, FTA나 쌍무금융정책협의와 같이 개별 국가를 상대로 한 양자주의 등 그 압력 행사방식은 다양했다.

1980년대말에서부터 1990년대를 지나는 동안 일어난 몇가지 국제정치경제 변화는 미국의 신자유주의 세계화 추진에 유리하게 작동하기도 했다. 우선 소련과 동구 사회주의권이 붕괴했다. 이는 국가나 사회가 아닌 시장 중심의 경제체제가 우월하다는 사실이 증명된 획기적 사건으로 해석되었고, 그것으로 신자유주의 추진세력은 내부적으로는 더 큰 자신감과 외부적으로는 더 큰 호응을 얻게 되었다. 더욱 중요한 변화는 그동안 (신자유주의와는 다른 유형의) 성공적 자본주의체제로 각광받아오던 대륙유럽 및 일본의 경제가 어려움에 처한 것이었다. 1980년대 후반 북유럽의 여러 나라들은 금융위기에 빠져들었고, 독일은 통일 이후 경제적 곤란을 겪게 됐으며, 1990년대 초반 일본은 그후 10년 이상 지속된 장기불황에 돌입했다. 이들의 어려움은 미국과 영국이 1990년대 초반의 불황을 극복하고 높은 성장률을 보인 것과 대조되면서 대안모델로서의 신자유주의 위상을 높여주었다.

이 시기 상당한 자신을 얻게 된 신자유주의자들은 이제 '자본주의 수렴론'을 펼치기까지 했다. 세계화가 초래하는 국가간 무한경쟁이란 결국 각국 경제의 효율성 극대화 경주를 의미하는바, 여기서 각 나라는 (그 경주의 핵심주자인) 자본과 기업의 자유를 최대한 보장해주는 시장경제체제를 채택할 수밖에 없으리라는 것이었다. 요컨대, 세계화가 진행됨에 따라 각국의 자본주의가 자유시장경제체제로 수렴될 것이며 그것이 자본주의의 세계표준이 되리라는 주장이었다.

그러나 현실은 수렴론대로 되지는 않았다. 서유럽의 경우, 세계화가 급속히 진행된 1980년대와 1990년대에도 영국을 제외한 대다수 국가들의 자본주의체제는 (비록 과거에 비해 시장의 비중이 어느정도 커진 것은 사실이지만) 시장이 여전히 국가 및 사회적 영향력하에 놓인 상태에서 각기 제 나름의 원형을 그대로 유지하였다. 말하자면 '자본주의의 다양성'(varieties of capitalism)은 건재했다는 것이다.

세계화에도 불구하고 자본주의의 다양성이 유지되는 이유를 가장 설득력있게 설명해주는 변수는 각국별로 상이한 '생산레짐'(production regimes)이다. 생산레짐이란 기업의 생산과정에 직간접적으로 연계된 "상호 보강의 관계에 놓인 제도들의 조합"을 말한다.[5] 그 제도들에는 금융체계, 기업지배구조, 기업간관계, 노사관계, 상품생산체계, 훈련 및 고용체계 등이 포함된다. 각국의 생산레짐은 이 구성제도들이 역사적으로 어떻게 발전해왔으며 어떠한 국가-사회적 메커니즘에 의해 작동되는지에 따라 서로 다르다. 따라서 생산레짐으로 나타나는 자본주의의 성격은 나라마다 다른 것이 당연하다.[6] 그런데 이 생산레짐은 쉽게 변하지 않는 속성을 지닌다. 그것을 구성하는 각 제도들과 그들간의 조합은 각국의 독특한 역사 및 정치·사회·문화적 맥락성 속에서 형성된 것이기 때문이다.[7] 따라서 세계화의 압력에 직면할 때 각국은 (일차적으로는) 자신의 생산레짐 특성에 맞추어 적절한 정책적 대응을 할 뿐이지 생산레짐 그 자체를 변화시키려 하지는 않는 것이 일반적이다. 예컨대, 노조의 강력한 힘을 보장해주는 제도를 갖춘 자본주의국가라면 무한경쟁의 세계화시대를 맞이해서도 적극적 노동시장정책의 채택 등으로 노동시장의 '유연안정성'을 확보하는 동시에 노동자의 숙련 향상을 도모함으로써 생산성을 제고하려 하지, 노사관계에 획기적인 제도적 변화를 일으켜 노동시장의 유연성만을 증대시킴으로써 그에 입각한 노동비용 절감을 꾀하지는 않는다. 결국 지속성을 지닌 각 생산레짐의 개별적 특성상 세계화 그 자체만으로는 자본주의의 세계적 수렴을 이끌어내기 어렵다는 것이다.[8]

생산레짐론에 기초한 자본주의의 다양성 논의에 따르면 1980년대와 1990년대 상황에서 세계 자본주의는 크게 두 유형으로 나뉜다. 영국, 미국, 호주, 뉴질랜드 등이 포함된 '자유시장경제'(liberal market economies, LME)와 독일과 북유럽국가 그리고 일본 등으로 대표되는 '조정시장경제'(coordinated market economies, CME)가 그것이다.[9] 안재홍의 지적대로, 칼 폴라니의 이론적 틀에서 보면, CME는 시장과 국가−사회관계가 '맞물려'(embedded) 있는 상태이며, LME는 이 관계가 '풀려서'(disembedded) 시장이 자율적으로 기능하는 상태에 있는 것이라고 할 수 있다.[10] 따라서 CME에서는 노사관계나 훈련 및 고용체계 등 제반 생산레짐 요소의 작동에 국가나 사회의 조정 혹은 개입이 상시적으로 일어나는 반면, LME에서는 모든 생산관련 제도의 작동이 기본적으로 기업에 의해 시장의 원리대로 이루어진다.

CME는 다시 국가주도 CME와 합의제 CME로 구분할 수 있다. 전후 1980년대 초반까지의 일본과 민주화 이전의 한국경제가 전자의 전형으로 꼽힌다. 일본과 한국이 발전지향 국가였던 점에 착안하여 이 유형을 '발전주의형 CME'라고도 부른다. 협상형 혹은 합의제

CME의 모범사례는 독일과 스칸디나비아 국가들에서 찾을 수 있다. 이들 나라에서는 시장의 조정이 주로 노사정 3자협약의 정치경제라 불리는 사회조합주의(social corporatism)의 방식으로 이루어지며 그 결과 복지주의가 발달한 까닭에 이 유형은 흔히 '유럽형 복지자 본주의' 혹은 '사회조합주의 모델'이라고 불린다. 한편, 합의제 CME 국가는 견고한 노동권과 복지 규정 등을 확립함으로써 노조가 강력한 시장행위자로 행동할 수 있게 하며 자본 측과의 협상 및 교섭의 장에도 당당한 파트너로서 참여할 수 있게 하는 등 분명한 노동중시 경향을 띤다. 이러한 사민주의적 국가 경향에 주목하는 이들은 이 유형을 '사민주의 모델'이라고도 부른다.

세계화의 진행이 이 합의제 CME에 일정한 변화를 가져온 것은 사실이다. 1990년대 이후 그때까지의 '고전적' 사회조합주의와는 다른 형태의 사회협약이 네덜란드, 아일랜드, 스페인, 뽀르뚜갈, 이딸리아 등 유럽 도처에서 이루어졌다. '경쟁력을 위한 조합주의'(competitive corporatism, 이하 '경쟁력 조합주의')라 불리는 새로운 사회조합주의가 부상한 것이다.[11] 고전적 조합주의에 따른 과거 사회협약의 주 의제가 분배였다면 경쟁력 조합주의는 생산성 향상을 분배 못지않은 중요 의제로 다룬다. 즉 여기서는 세계화시대의 어려운 경제여건을 극복하기 위해 노동시장의 유연성 증대와 사회복지지출의 합리화 등을 통한 국제경쟁력 제고를 목표로 하는 한편, 적극적 노동시장정책 등을 통한 고용증대, 불공정 해고의 제한, 적정한 분배 등을 동시에 도모한다. 분명한 것은 경쟁력 조합주의의 한

목표가 국가경쟁력 제고이지만, 그 달성 방식은 사회협약에 의한 사회적 보호와 시장기능의 활성화라는 점에서 그것은 여전히 합의제 CME의 한 유형이라는 것이다.

결국 이상에서 본 바와 같이 영국을 제외한 유럽의 모든 선진국들은 세계화시대에도 각기 고유의 합의제 CME체제를 발전시켜왔다. 이는 미국의 신자유주의 세계화 압력이 개발도상국과 체제전환국들에 집중될 수밖에 없는 이유가 되기도 했다. 그러나 그나마 그들 나라에서의 신자유주의 수용 결과도 별로 신통치 않은 것으로 판명됐다. 예컨대, 1980년대에 과감한 신자유주의 개혁을 단행한 라틴 아메리카의 여러 국가들은 1990년대에 이르러 분배뿐 아니라 경제성장 면에서도 오히려 과거보다 못한 성과를 냈다. 이는 1990년대 이후 중남미 각국에 연이어 좌파정부가 출범하고, 그들 사이에 범지역 차원의 반신자유주의 국가연합이 형성돼가는 배경이 되기도 했다. 신자유주의 기조에 따라 급진적인 체제전환을 추진한 동유럽의 많은 국가들도 장기공황을 겪는 등 어려워진 사정은 비슷했다.

1990년대말 이후에는 신자유주의의 퇴조 경향이 심지어 미국의 대표적인 신자유주의 우방들 사이에서도 관찰되었다. 가장 놀라운 것은 뉴질랜드의 변화였다. 1984년부터 1996년까지 "세계 역사상 가장 두드러진 자유화 사례"라고 평가될 정도로 매우 과감한 신자유주의화를 추진했던 뉴질랜드는 2000년대에 들어 노동, 조세, 복지, 공공부문 등의 영역에서 (유럽형 CME체제로의 전환을 기대할 정도로) 신자유주의 노선과는 정반대되는 개혁정책들을 채택했다.[12] 뉴질랜드에는 크게 못 미치지만 신자유주의의 본산인 영국에서도 의미있는 변화가 일어났다. 1998년 블레어의 노동당정부는 과거 보수당정부의 신자유주의에 대항하여 이른바 '사회투자국가'의 건설을 주창했다. 사회투자국가론은 신자유주의에서 그 건너편 사민주의를 바라보며 그 사이에 존재할 수 있는 제3의 길을 찾으려는 시도라 할 수 있다. 신자유주의 노선에서의 좌향 이탈인 셈인 것이다. 영국에 이어 캐나다와 호주의 중도좌파 정당들도 각각의 제3의 길을 채택했다.[13]

이제 신자유주의는 사실상 미국을 벗어나서는 찾아보기 어려운 매우 '예외적인' 자본주의 유형으로 전락했다. 미국의 경우마저도 엄밀히 분석한다면, 예컨대 클린턴 정부의 '신민주당'(New Democrat) 노선을 일종의 제3의 길로 평가한다면, 신자유주의는 (미국형이라고 하기도 어려운) 오직 레이건-부시 라인에서만의 독특한 LME 유형, 혹은 미국 네오콘의 정치기획으로서의 한시적 자본주의 유형에 불과하다고 정의해야 할 것이다.

신자유주의에 대한 이 정의는 새로 출범한 미국의 오바마 정부가 많은 이들의 기대대로 진보적 혹은 사회적 자유주의의 정책기조를 온전히 따를 경우 그 타당성이 분명하게 증명될 것이다. 다행히 지금으로 봐서는 그리될 가능성이 상당히 높다. 미국 유권자들의 민주당과 오바마에 대한 압도적 지지는 장기간 레이건-부시 라인의 공화당정부가 강력하게 몰아붙인 신자유주의정책들에 대한 불만과 반감이 누적됐다 터진 하나의 결과였다. 실제로 미국은 그 기간 동안 빈부격차 문제는 세계 최악이면서 사회안전망과 복지체제는 선진국이라 부르기 어려울 정도로 열악한, 따라서 엄청난 규모의 빈곤계층이 거의 방치상태에 놓여 있으며 투옥률은 인구 대비 세계 최고인 불만 가득한 저품질사회로 퇴화했다. 따라서 대다수 미국인들은 더 나은 사회로의 획기적 '변화'를 갈망했으며, 그 변화를 일으킬 의지와 능력을 지닌 '큰 정부'를 원했던 것이다. 게다가 대통령선거 과정에 발생한 금융위기는 탈규제와 무규제 등 통제받지 않는 자유방임시장의 위험성 혹은 '작은 정부'의 문제점을 극명하게 드러내며 오바마에 대한 유권자들의 막판 지지 결집에 결정적으로 기여했다. 이러한 배경하에 정권을 잡게 된 오바마의 민주당정부가 미국인들의 염원을 무시하면서까지 다 죽어가는 신자유주의에 미련을 버리지 못할 이유는 별로 없다.

유종일의 전망대로, 이번 미국발 금융위기는 신자유주의의 "관에 못을 박는 격"이 될 수 있다.[14] 그렇게 된다면, 결국 신자유주의는 새처의 핸드백에서 나와 민심의 목관으로 들어가는 꼴이 된다. 과연 그렇게 될까? 한국에선 어떨까?

돌아보면, 한국의 신자유주의화는 김영삼정부에서 시작하여 김대중과 노무현 정부를 거쳐 조심스럽기는 했으나 점진적으로 줄곧 강화돼왔다. 현 이명박정부는 역대 정부가 지녀온 그 조심성마저도 버린 채, 그리고 미국도 변해가는 상황에서 '역주행'을 하고 있다는 비판까지 감수하며 노골적인 신자유주의화를 추진하고 있다. 이해하기는 어렵지만, 어쨌든 과거 '국가주도 CME'로 분류되던 한국의 자본주의 유형은 이제 '국가주도 신자유주의'로 변해가고 있는 형국이다. 한편, 양극화의 심화와 비정규직 증대 등 신자유주의화에 따른 사회경제적 폐해는 이미 사회통합의 위기를 우려해야 할 정도로 심각한 수준에 와 있다. 그럼에도 불구하고 과연 이 정부는 계속 신자유주의화를 강행 추진할 것인가? 그것을 막아야겠다면 신자유주의의 대안으로 내놓을 새로운 자본주의 모델은 무엇인가? 이 책을 엮게 한 근본적 질문들이다.

이 책의 제1부에서는 신자유주의가 무엇인지, 그리고 그것이 한국적 맥락에서는 어떻게 진행돼왔는지를 다시 돌아본다. 제2부는 한국사회의 신자유주의화가 어떤 문제들을 가져왔는지 혹은 가져올지를 심각하게 고민케 한다. 제3부는 본격적으로 신자유주의의 대안을 모색해보는 장이다. 여기에 참여한 필자들은 한국 상황은 물론 한반도와 동아시아 그리고 세계의 현재 및 미래 상황까지 감안한 대안체제 마련을 주창한다. 또한 사회경제만이 아니라 정치변수의 중요성을 강조하기도 한다. 요컨대, 이 모든 차원과 수준 그리고 영역을 시야에 넣고 작성된 대안이라야 작동 가능하며 지속 가능하리라는 것이다. 각부를 구성하는 글들을 짧게나마 소개하자면 다음과 같다.

제1부의 첫 글에서 임원혁은 신자유주의의 역사적 배경과 지적 기반에 대해 상세한 설명을 제공한다. 이어 그는 신자유주의를 복지국가의 비효율적인 부분의 해소에는 기여했지만, 폭넓고 지속적

인 경제성장을 달성하는 데는 실패했고 무엇보다 금융위기를 증폭시키면서 그 한계를 드러낸 경제사상으로 평가한다. 그러나 그는 경제적 이해관계에 충실하지 못한 유권자의 투표행태, 세계화의 진전에 따른 정부의 영향력 감소와 국가들간의 규제완화 경쟁, 그리고 금융시장 자유화를 둘러싼 국가들간의 이해대립으로 인해 신자유주의의 몰락을 선언하기는 어렵다고 진단한다.

유종일은 좀더 과감한 진단을 내린다. 세계화가 대세임은 분명하다. 그러나 세계화가 반드시 신자유주의화를 요구하는 것은 아닐뿐더러, 그나마 그 신자유주의는 이미 퇴조 국면에 들어선 한시적 조류에 불과하다는 것이다. 그는 세계화를 거부할 것이 아니라 그것을 국가, 지역, 세계 수준에서의 민주주의 확장 노력과 더불어 추진해가는 것이 중요하다고 한다. 따라서 한국도 성장과 분배의 문제를 동시에 해결해갈 수 있는 새로운 (민주적 시장경제) 모델을 수립해야 한다는 게 그의 결론이다.

김기원은 지난 김대중-노무현 정권에 대해 한편에서는 좌파정권이라 비판하고 다른 한편에서는 신자유주의정권이라고 딱지 붙이는 현상을 지적하며, 이러한 양극단의 시각은 개발독재체제로부터 선진사회로의 과도기에 처한 정권의 복잡다단한 정책을 총체적으로 파악하지 못하고 있음을 반증하는 것이라고 분석한다. 양 정권의 정책기조에 신자유주의적 요소가 존재함은 사실이나, 거기에는 구자유주의, 사민주의, 그리고 구래의 개발독재가 혼재돼 있다는 것이 그의 설명이다. 이어 그는 한국의 진보파가 신자유주의라는 용어 사용을 즐기는 것은 한국 현실의 독자성에 대한 인식 부족과 대중과의 소통방식에 무감각한 소치이며, 그보다는 '시장만능주의'라는 용어가 더 적절하다고 주장한다.

제2부는 전병유의 글로 시작된다. 그는 경제·산업의 양극화가 고용구조의 양극화로 귀결되어 결국에는 사회적 양극화로 확산되고 있는 한국의 총체적 양극화 현상을 세밀하게 고발한다. 그리고 대내적 산업연관 강화, 중소기업 혁신, 복지제도 및 사회안전망 확충, 인적자본 육성 등 양극화에 대한 일반적 해법 외에도 중소기업, 내수써비스업, 영세자영업 등 낙후부문의 역량을 제고할 수 있는 새로운 물적 기반을 만들어내는 것이 중요하다고 강조한다. 양극화를 유발하지 않는 새로운 성장동력을 발굴하자는 것이다. 추가적으로 그는 양극화를 극복하는 대안적 발전모델에서는 한반도 단일경제권이라는 관점을 검토해볼 필요가 있음을 설명한다.

이병훈은 외환위기 이후의 신자유주의적 구조개혁 진행으로 비정규직 노동자들이 양극화된 노동시장의 주변부로 몰리면서 불안정 고용, 탈법적 노무관리, 사회적 배제 등을 경험하고 있는 현장을 보고한다. 그는 무엇보다 비정규직 노동의 남용과 차별을 야기하는 노동시장의 양극화가 날로 확대되고 있는 실정을 개탄하며, 그 주요 원인으로 다음과 같은 것들을 예시한다. 하나, 정부의 신자유주의적 성장정책이 지난 10여년간 끊임없이 추진되었다. 둘, 그 사이 기업들의 단기수익 경영방식이 확고하게 자리잡았다. 그리고 셋, 정규직 중심의 조직활동 관성으로 인해 기존 노동조합들이 비정규직 문제에 대해 의미있는 규제력을 행사하지 못하고 있다.

이근은 이명박 행정부의 이념을 철저한 '우파 신자유주의'로 규정한다. 그에 따르면 이러한 이념을 가진 정권하에서는 정치권력, 언론권력, 경제권력이 모두 신자유주의 경제정책들로부터 상당한 혜택을 받는 소수 상위층에 의해 독점되기 쉽다. 그리고 이 3자는 자신들의 권력을 상호 순환출자함으로써 권력의 독점구조를 유지하려는 일종의 삼위일체 구조를 형성한다. 만약 이같은 정치경제 구조가 구축된다면 (적어도 그 구조가 유지되는 한) 한국은 결국 소수 특권층이 지배하는 사회로 머물러 있으리라는 의미깊은 경고가 담겨 있다.

제3부는 정승일의 대안모델 제안으로 그 막을 연다. 그는 우선 생태·평화 사민주의 국가론, 노동중심 통일경제연방론, 사회연대국가론, 사회투자국가론, 그리고 신진보주의국가론 등 신자유주의의 대안으로 제시된 기존의 다섯가지 모델을 비판적 시각으로 소개한다. 그리고 그들 기존 대안의 개별적 및 공통적인 한계를 지적한 후 자신의 대안으로 북유럽형 복지국가(사민주의) 모델에 기초한 '복지국가론'을 내놓는다. 복지국가 건설을 위해서는 '선(先)복지혜택 후(後)조세부담' 원칙을 따라야 한다는 핵심전략도 더불어 공개한다.

최태욱은 정승일의 복지국가론과 그가 소개한 기존 대안들은 모두 일정한 정치제도 조건을 갖추어야 구현 가능한 것들이라고 한다. 그가 일차적으로 강조하는 정치조건은 이념이나 정책 중심의 정당정치 활성화이다. 그것이 이루어져야 예컨대 유력한 친복지 혹은 친노동 정당(들)이 부상할 수 있으며, 그래야 그 정당들의 주도에 의해 대안체제 구현을 위한 개혁정책의 수립 및 집행이 가능하다는 것이다. 그런데 이 일차적 조건은 비례성이 보장되는 새 선거제도의 도입으로 비교적 쉽게 충족될 수 있으며, 따라서 선거제도의 개혁이 시급하다는 것이 핵심 주장이다.

백낙청의 글은 인문학적 상상력이 신자유주의와 관련된 우리의 고민과 사색의 지평을 어디까지 넓혀줄 수 있는지를 보여준다. 그는 세계체제분석 틀을 원용하여, 분단체제 극복의 시간표가 자본주의 세계체제의 최종국면과 일부 겹침으로써 (우리의 노력에 따라서는) 한반도에서 근대의 틀에만 얽매이지 않으면서 세계 차원의 '근대 이후'를 향한 중대한 전진이 일어날 수 있음을 주장한다. 예컨대, 경제모델 차원에서 향후의 통일 한반도가 당장에 세계시장의 논리에서 벗어날 수는 없지만 적어도 신자유주의가 개발도상국에 강요하는 비자주적·반민중적 제도들의 수용을 극소화하는 모델을 창출할 수 있으며, 이는 곧 근대의 적응과 극복이라는 '이중과제'의 수행과도 연결된다는 것이다. 그는 이를 위한 중간항으로서 동아시아 차원의 새로운 지역질서와 시민연대의 창출이 긴요함을 강조한다.

서동만은 남한경제만을 독자적 단위로 설정하는 일국적 모델은 한반도의 분단현실상 여전히 부분적인 타당성만을 확보할 수 있을 뿐이라고 지적한다. 그는 우리에게 필요한 것은 '분단경제체제론' 혹은 '분단체제자본주의론'이 포함된 한반도 차원의 대안모델 정립임을 역설한다. 이러한 모델 수립과정에서 그가 특히 강조하는 것은 남북의 경제적 연계의 방향, 즉 북한의 시장형성 과제와 남한의 시장제어 과제를 결합하는 일의 중요성이다.

이일영은 '새로운 진보'가 지향하는 대안체제를 '한반도경제'로 정의하고 그 경제체제에 주어진 과제는 경제의 통합과정에서 효율화와 격차 해소를 동시에 추진하는 일이라고 주장한다. 그리고 그러한 한반도경제의 구성요소는 다음과 같은 것들이라고 설명한다. 첫째, 자원배분의 측면에서 거시경제의 안정과 소비자경제에서의 안전성을 더욱 중시하도록 한다. 둘째, 거버넌스의 측면에서 거래와 조직화의 비용을 줄이는 조직혁신으로 재벌개혁, 공공부문 개혁, 혼합형 조직의 발전 등을 도모한다. 셋째, 제도환경의 측면에서 '지역'의 역할을 강화하고 동아시아 모델을 '개선'하며 민주적 입헌체제를 공고히한다.

최태욱은 그의 두번째 글에서 미국 주도의 신자유주의적 세계화가 결국 실패로 판정될 경우 향후 세계 자본주의 질서의 형태와 성격은 누구에 의해 어떻게 형성돼갈지에 대해 논의한다. 그는 먼저 미국 중심의 신자유주의 패권체제의 한 대안으로 각기 제 나름의 자본주의 유형을 갖는 소수의 지역협력체들 간에 형성되는 글로벌 경제협력체제를 제시한다. 지역단위로 자본주의의 다양성이 최대한 반영될 수 있는 이 지역간 협력체제의 구축이야말로 상정 가능한 여러 대안 중 가장 진보적이며 동아시아에도 가장 유리한 대안이라는 것이 그의 생각이다. 따라서 한국을 비롯한 동아시아 각국이 장기적으로는 지역간협력체제의 구축을 지향하며 중단기적으로는 우선 그 전제조건인 동아시아 자체의 지역협력체 건설에 매진해야 한다고 주장한다. 그리고 금번 미국발 금융위기가 동아시아 지역주의 발전에 중요한 자극이 될 수 있으리라고 전망한다.

이상으로 이 책의 각 부와 각 장에 대한 간략한 소개를 마쳤다. 마지막으로, 특별히 고마운 몇분들에게 감사의 말을 드리며 생각보다 길어진 이 서장을 마무리하고자 한다. 일부를 수정했든 대폭 확장했든, 두 편을 제외한 이 책의 모든 글들은 그 원문이 이미 계간 『창작과비평』이나 『창비주간논평』에 실렸던 것들이다. 그런데 이병훈 교수와 이근 교수 두 분은 이 책의 완성도를 높여주기 위해 필진에 합류하여 새 글을 집필하는 수고를 아끼지 않았다. 고마운 일이 아닐 수 없다. 한분만 더 감사드려야 할 분을 꼽는다면 단연 창비의 염종선 편집장이다. 기획과 필자선정을 포함한 전과정에서 그의 도움이 없었다면 이 책이 세상에 나오는 일은 없었을 것이다. 그러나 그를 비롯한 많은 분들의 도움을 받고도 이 책에 부족한 점이 남는다면 그것은 전적으로 엮은이의 책임임은 더 말할 나위 없다.

2009년 4월
엮은이 최태욱

제
1
부

신자유주의 바로 알기

세계 금융위기 이후 신자유주의의 향방

임원혁 • KDI 경제개발협력실장

1. 들어가며

자유주의가 전제권력으로부터 인간해방을 주창한 사상이라면, 신자유주의는 정부의 역할을 최소화하고 자본가의 자유를 극대화하려는 사상이다. 신자유주의 철학은 정부에 대한 불신과 시장에 대한 신뢰에 기반을 두고 있으며, 시장자유화의 대상을 실물뿐 아니라 금융부문에까지 대폭 확대한 것이 특징이다. 역사적으로 신자유주의는 대공황 이후 확대된 정부의 사회·경제적 개입을 비판하면서 사유화, 규제완화, 누진과세 철폐와 노조 무력화를 옹호해왔다. 소득창출과 분배에 대해 신자유주의는 '감세를 통해 일할 유인을 증진시키면 경제활동이 활성화되어 하위소득층도 그 혜택을 볼 것'이라는 이른바 공급중시 경제학(supply-side economics)의 입장을 견지하고 있다.

1970년대 말과 1980년대 초 영국의 새처(Margaret Thatcher) 총리와 미국의 레이건(Ronald Reagan) 대통령에 의해 본격적으로 정책으로 수용된 신자유주의는 소련과 동유럽에서 공산주의체제가 붕괴되고 세계경제의 통합이 급속히 진행된 1980년대 말 이후 수년간 전성기를 구가했다. 하지만 1990년대 이후 빈부격차가 확대되고 금융위기가 증폭되면서 신자유주의의 영향력은 쇠퇴하기 시작했다. 신자유주의 정책이 복지국가의 비효율적인 부분을 해소하는 데 기여하기는 했지만, 폭넓고 지속적인 경제성장을 달성하지는 못했기 때문이다. 이같은 신자유주의의 한계는 여러 나라에서 진보정치가 다시 주도권을 잡게 만들었고, 금융감독의 중요성을 일깨우는 요인이 되었다.

2008년 미국 대선에서 확인된 진보정치의 부상과 세계 금융위기의 확산은 정부의 사회·경제적 기능 강화와 국제 금융질서 재편을 촉구하는 동력으로 작용할 것이다. 하지만 경제적 이해관계에 충실하지 못한 유권자의 투표행태, 세계화의 진전에 따른 정부의 영향력 감소와 국가들간의 규제완화 경쟁, 그리고 금융시장 자유화를 둘러싼 국가들간의 이해대립으로 인해 이에 대한 저항도 만만치 않을 것으로 예상된다. 쉽사리 신자유주의의 몰락을 선언하기 어려운 이유도 여기에 있다.

2. 신자유주의의 역사적 배경과 지적 기반

용어 자체의 구성만 보면 신자유주의는 자유주의의 복원을 의미하는 것으로 해석될 수 있다. 그런데 자유주의는 억압적인 중세 사회질서에 대한 대항원리로 등장한 이후 상당한 진화과정을 거쳤기 때문에 신자유주의가 복원하려는 자유주의가 어떤 자유주의인가라는 문제가 제기된다.

앞서 이야기했듯이 자유주의는 전제권력으로부터 인간해방을 주창하는 사상으로 출발했다. 미국 독립과 프랑스혁명을 거치면서 자유주의는 권력에 대한 통제라는 소극적 입장을 넘어 민중의 정치참여를 옹호하는 사상으로 발전했다. 이 과정에서 자유주의가 단순히 절대권력을 타파하고 권력의 절대화를 견제하면서 자신의 계급적 이익을 추구하는 부르주아사상의 한계를 극복한 것만은 아니었다. 모든 인간은 평등하게 태어났고 그 누구도 함부로 침범할 수 없는 존엄성을 지니고 있다는 보편성을 강조하게 된 것이다. 이처럼 특정 계급을 넘어 만인의 자유를 옹호하게 되면서 자유주의는 자유뿐만 아니라 평등도 중시하는 방향으로 발전했고, 자유주의의 이상은 현실의 변화를 촉발하는 정신적 기반이 되었다. 인종이나 종교, 재산의 유무와 관계없이 투표권과 시민권이 확대되면서 정치적 영역에서의 자유주의는 지배이념으로서 자신의 입지를 굳히게 되었다.

반면 경제적 영역에서의 자유주의는 자유방임(laissez-faire)을 표방했지만 빈부격차 확대와 공황 발생이라는 두가지 문제를 해결하지 못했기 때문에, 정치적 영역에서와는 달리 확고한 위치를 점하지 못했다. 자유주의는 정치권력에 결탁된 경제권력과 중상주의를 타파하고 무역과 시장경쟁을 촉진하는 데 큰 역할을 했다. 하지만 경제적 영역에서의 자유주의가 정치적 영역에서만큼 자유와 평등을 동시에 존중하는 것은 아니었고, 기회균등의 원칙을 외치는 것 외에는 빈부격차에 대한 실질적 해법도 별로 제시하지 못했다. 공황 발생에 대해서도 자유주의는 방관적 입장을 취했다. 19세기 말 민주주의가 정착되고 실질적인 기회균등을 요구하는 목소리가 높아지면서 적극적인 복지·조세정책과 반독점 등 경쟁·규제정책이 일부 도입되기 시작했지만, 빈부격차는 해결하기 어려운 과제였고 공황 발생은 시장경제의 불가피한 부분으로 여겨졌다.

1920년대 말에 발생한 대공황은 자유방임주의를 재검토하게 만드는 전기가 되었다. 기업과 은행이 연쇄 파산하고 실업률이 25%에 달하는 상황에서 빈부격차 확대와 공황 발생을 자연스런 현상 정도로 치부하는 것은 지적으로는 설득력이 부족하고 정치적으로는 자살에 가까운 행위였다. 실제로 자유방임정책은 대공황을 해소하지 못함으로써 독일이나 일본에서 민주주의 실험이 실패로 끝나고 전체주의가 확산되는 요인으로 작용하기도 했다. 반면 미국 등 민주주의 전통이 강한 나라에서는 자유방임노선을 수정하여 대공황에 적극 대처하는 대안을 선택했다. 미국 로즈벨트(Franklin Roosevelt) 행정부의 뉴딜이 대표적인 사례이다.

자유방임노선에서 벗어나 추진된 정책을 구체적으로 살펴보면, 우선 실업을 구제하고 빈부격차를 완화하기 위해 사회안전망을 확충했으며 누진과세를 강화했다. 미국 연방소득세의 경우, 최상위 1% 소득계층에 대한 평균세율이 1920년대 24%에서 로즈벨트 행정부 1기에는 63%, 2기에는 79%로 대폭 상향 조정되었다. 또한 대공황에 따른 금융위기를 해소하고 유효수요를 창출하기 위해 금본위제에서 탈퇴하여 팽창적인 통화정책을 추진했고, 금융감독을 강화해 금융씨스템을 안정화하는 한편, 적자재정을 실시하기도 했다. 특히 은행에 대해 예금보험을 도입하고 예금보험의 대상이 되지 않는 금융기관은 은행에서 분리함으로써, 은행이 파산하더라도 예금주의 예금이 안전할 것이라는 믿음을 준 점이 금융씨스템 안정에 크게 기여했다. 적극적인 복지·조세정책 및 통화·재정정책 도입과 더불어 경제 전반에 대한 규제가 강화되고 노동조합의 입지가 커진 것도 대공황 이후의 일이었다.

이와같은 대공황 이후의 변화를 계기로 경제적 영역에서의 자유주의는 질서자유주의와 신자유주의로 나뉘었다. 질서자유주의는 대공황 이후 확대된 정부의 사회·경제적 역할을 일정부분 인정하면서 시장경제를 확립하려 했고, 이와 반대로 신자유주의는 대공황 이후 확대된 정부의 역할을 다시 축소하고 자유방임주의를 복원하려 했다.

시장경제라는 질서를 확립하는 데 있어 정부의 역할을 강조한 질서자유주의는 독일의 프라이부르크(Freiburg) 학파가 주창한 사상이다. 그들은 독일제국과 바이마르공화국 시대의 자유방임체제가 경쟁제한과 정경유착을 조장하고 궁극적으로 모든 경제권력과 정치권력이 나찌정권에 집중되는 결과를 초래했다고 생각했다. 따라서 정치·경제적 자유를 수호하고 사회의 안정과 발전을 도모하기 위해서는 사적 권력의 발흥을 억제할 수 있는 시장경제질서가 확립되어야 하고, 정부가 이러한 질서 확립에서 중심적인 역할을 수행해야 한다고 주장했다. 프라이부르크 학파는 일정한 범위 내의 누진세와 사회안전망 제도는 시장경제질서를 유지하는 데 도움이 되지만, 정부가 재정을 자의적으로 운영하거나 과도한 복지정책을 폄으로써 자원배분에 개입하는 것은 오히려 시장경제질서를 잠식한다고 보았다. 정부의 역할을 재산권 보호에 관련된 법제를 정비하고 치안을 확보하는 데 한정하는 자유방임주의에 비해, 질서자유주의는 경쟁·규제정책의 중요성을 강조하고 복지·조세정책의 필요성을 일정부분 인정한다는 점에서 정부의 좀더 적극적인 역할을 지지한다고 할 수 있다. 여기서 더 나아가 재정운영을 통한 총수요 조절을 정당화하는 케인즈 이론과 적극적인 부의 재분배를 추구하는 복지주의를 수용한다면 사민주의와 비슷한 입장이 되는 것이다.

이에 반해 신자유주의는 정부에 대한 뿌리깊은 불신을 바탕으로, 정부의 사회·경제적 역할 확대에 부정적인 입장을 취했다. 신자유주의의 지적 기반을 제공한 하이에크(F. A. Hayek)는 맑스는 물론 케인즈도 비판하면서 정부 개입이 개인의 자유를 위협하고 궁극적으로는 '예종에의 길'(The Road to Serfdom)로 치닫게 할 것이라고 주장했다. 설령 정부 개입이 자유민주주의 절차로써 정당화된다 해도 그의 입장에는 변함이 없었다. 하이에크는 인간의 불완전한 이성과 지식으로 설계한 제도로는 사회를 개선할 수 없고, 결과를 예측할 수 없는 자생적이며 점진적인 진화를 통해서만 사회가 발전할 수 있다고 보았다. 그는 정보와 유인의 문제 때문에 계획은 시장기제보다 열등한 결과를 낳을 수밖에 없다고 생각했다. 가격기구를 통한 정보 전달과 발견과정으로서의 경쟁을 강조한 그의 견해는 시장경제의 작동메커니즘을 꿰뚫은 탁견이었지만, 시장기제의 장점을 지나치게 강조한 측면도 있다. 반면에 1930년대에 기업이론을 만든 로널드 코즈(Ronald Coase)는 거래비용이라는 개념에 기초해 경제활동을 조직하는 원리로서 시장기제와 계획 또는 내부거래의 장단점을 좀더 균형적으로 분석한 바 있다. 더 나아가 하이에크의 사상은 사회진화론과 마찬가지로 현상유지를 옹호하는 이론으로 비쳐지기도 했다. 이처럼 신자유주의는 반민주적 편향과 지적 극단성을 내포하고 있기 때문에, 일반 대중은 물론 지식인들에게 수용되는 데도 상당한 시간이 걸렸다.

3. 신자유주의의 화려한 부상과 실망스런 성과

대공황과 2차대전 이후 선진국들은 하이에크가 주창한 신자유주의와는 다른, 질서자유주의 또는 사민주의에 기초한 사회적 시장경제나 복지국가 모형을 선택했다. 민주주의와 시장경제의 기반 위에 정부의 역할을 강조한 정치·경제체제는 하이에크의 경고와 달리 '예종에의 길'로 치닫기는커녕 폭넓고 지속적인 경제성장을 이끌어 냈다. 경제사학자 앵거스 매디슨(Angus Maddison)에 따르면 서유럽의 1인당 소득은 1950년에서 1973년 사이에 연평균 4.08% 증가했는데, 이것은 1870~1913년의 1.32%, 1913~1950년의 0.76%, 1973~1998년의 1.78%에 비해 훨씬 높은 수치다. 전체적인 소득이 증가했을 뿐 아니라 누진과세와 친노동적 정책은 빈부격차를 완화하고 견실한 중산층을 양성하는 데 기여해, 소득계층간의 '대압착' (great compression) 현상이 일어났다.

하지만 이같은 성과에도 불구하고 복지국가 모형은 노동과 자본 양쪽으로부터의 정치적인 도전에 직면하게 된다. 이와 관련하여 1943년 마이클 칼레츠키(Michal Kalecki)는 설령 총수요 조절을 통한 완전고용정책이 이윤 제고에 도움이 된다 해도, 자본가는 노동자 해고의 위협을 통한 규율효과를 중시하여 완전고용정책에 반대하고 경제위기 상황만 넘기면 다시 자유방임정책을 지지할 것이라고 예견한 바 있다. 실제로 2차대전 이후 수십년 동안 지속된 경제성장과 완전고용은 노조의 교섭력을 강화했고, 임금 및 노동조건에 대한 과도한 요구로 연결되었다. 대공황과 2차대전 기간에 노동자들이 겪었던 고통에 대한 사회적 기억이 희미해져가는 가운데, 누진과세의 부담에 불만을 가졌던 자본가들은 '복지병(病)' 등 복지국가의 폐해를 부각시키며 자기 목소리를 내기 시작했다. 1970년대 석유파동에 이어 발생한 스태그플레이션은 복지국가체제를 더욱 위협했다. 물가에 연동된 임금인상과 통화팽창으로 인플레이션이 고착화되고 성장이 둔화됨에 따라 복지국가의 번영은 더이상 지속될 수 없었다. 일반 대중은 실업과 질병의 위협으로부터 자신들을 보호해주는 사회안전망을 여전히 소중하게 여겼지만, 복지국가의 과도한 부분을 축소하고 경제를 활성화할 대안에 대해서도 관심을 보이기 시작했다.

새처나 레이건 같은 정치인들은 신자유주의적인 정책을 추진할 수 있는 공간이 조성되었음을 인식하고, 개인과 기업의 자유를 옹호하는 레토릭과 복지국가에 대한 비판을 조합하여 유권자들의 지지를 얻었다. 복지혜택을 받는 사람이 고급 승용차를 몰고 다닌다는 식의 에피소드적인 사례도 유권자들을 자극했고, 레이건의 경우에는 이와 더불어 미국 남부의 인종차별적인 정서를 은근히 부추김으로써 선거에서 대승할 수 있었다. 취임 이후 새처 총리는 장기파업으로 국민들의 신망을 잃은 노조에 강경한 자세를 보이면서, 누진과세를 약화시키고 사유화와 규제완화를 강력히 추진했다. 마찬가지로 레이건 대통령도 항공관제노조 파업을 분쇄하는 등 강경책을 펴면서 대규모 감세정책과 규제완화를 통해 복지국가를 해체하려 했다. 레이건 행정부의 데이비드 스톡먼(David Stockman) 예산국장은 정부를 짐승에 비유하며 마치 '짐승을 굶기듯이'(starving the beast) 감세정책으로 세입을 감소시켜 정부의 역할을 축소한다는 방침을 공공연히 천명하기도 했다. 세율을 낮추면 경제활동이 활성화되어 오히려 전체적인 세입이 증가할 수 있다는 선전과는 반대로,

감세를 하면 세입이 감소될 것이라는 판단을 한 것이다.

　1970년대 말 이후 영국과 미국에서 추진된 규제완화와 감세정책은 경제에 활력을 불어넣는 데 크게 기여했지만, 상당한 부작용도 초래한 것이 사실이다. 영국의 경우 과거 국유화되었던 산업분야에서 공기업을 매각하여 경영효율을 제고하고 감세에 따른 세수감소를 보전했다. 미국에서는 신자유주의를 추종했다고 보기는 어려운 카터 행정부 때부터 항공·트럭운송 등 과거 정부규제가 엄격히 적용되던 산업부문에서 규제를 완화하고 경쟁을 활성화함으로써 요금이 인하되고 써비스가 향상되는 성과를 거두었다. 하지만 1980년대 이후 전력산업 등 경쟁 도입이 용이하지 않은 네트워크산업 부문에서 추진된 규제완화는 가격급등과 수급불안 등 부작용을 야기하기도 했다. 또 미국 저축대부조합(Savings & Loans)의 사례에서 보듯이, 건전성 감독이 전제되지 않은 금융부문의 규제완화는 부실채권을 양산하는 결과를 낳았다. 한편 공급중시 경제학을 기반으로 추진된 감세정책은 기대만큼 경제활동을 진작하지 못해 재정에 부담을 주었고 빈부격차를 확대하는 요인으로 작용했다. 특히 미국의 경우에는 공기업 매각에 따른 재정수입도 없었고, 복지지출을 크게 줄일 수도 없었으며, 소련과의 군비경쟁으로 군사비 지출이 확대되는 가운데 감세정책이 추진됨에 따라 대규모 재정적자가 발생했다. 규제완화와 감세정책 전체를 신자유주의 정책이라고 부르는 것은 어폐가 있지만, 복지국가를 해체하고 자유방임주의를 복원하려는 신자유주의 정책노선이 영국과 미국에서 이룬 경제적 성과는 그리

높이 평가하기 어렵다.

그럼에도 신자유주의 정책노선은 1980년대 말 이후 전성기를 구가하게 된다. 사회주의권이 붕괴함에 따라 정부축소와 시장확대를 주창하는 사조가 더욱 힘을 얻게 되고, 세계경제 통합이 급속히 진행됨에 따라 노조가 약화되고 정부의 영향력이 감소했기 때문이다. 이를 배경으로 신자유주의 정책노선은 개발도상국과 체제전환국에 대대적으로 전파되었다. 재정수지 및 경상수지를 맞춰 거시경제를 안정시키고 공기업을 매각하여 민간참여를 유도하며 규제를 완화함으로써 시장경쟁을 활성화하면 경제성장을 이룰 수 있다는 정책권고가 줄을 이었다. 1990년 미국 국제경제연구소(IIE)의 존 윌리엄슨(John Williamson)은 '안정화·사유화·자유화'(stabilization, privatization, liberalization)를 추구하는 신자유주의 정책노선이 우월하다는 데 대하여 이제 경제학자들간에 합의가 이루어졌다고 선언하면서 이를 '워싱턴 컨쎈서스'(Washington Consensus)라 명명하기도 했다.

하지만 이런 견해는 실제 경제개발 과정에서 당면하는 문제들을 간과하고 정부의 역할을 축소시키는 편향을 가지고 있었다. 경제개발 과정에서 당면하는 정책과제는 크게 세가지로 나눌 수 있다. 첫째, 국가와 개인 또는 개인과 개인 사이의 재산권 침해로 인해 생산적인 활동을 할 유인이 저하되지 않도록 재산권이 보호되어야 한다. 즉, 개인이 자신의 노력으로 얻은 성과를 향유할 수 있어야 한다. 둘째, 유망한 품목에 대한 수요가 파악되고 공급이 원활히 이뤄지도록 투자와 생산이 조율되어야 한다. 조율실패(coordination failure)로 인해 경제활동에 차질이 생기면 그만큼 경제개발은 지체된다. 셋째, 지식의 형성·축적·확산과 관련된 공공재가 공급되어 학습 및 혁신이 지속적으로 이뤄져야 한다.

자유방임주의나 신자유주의 정책노선은 세 과제 중 재산권 보호에 대해서는 그 당위성을 강조하고 있지만, 조율실패의 방지나 지식과 관련된 공공재 공급에서 정부의 역할이 얼마나 중요한지에 대해서는 충분히 인식하지 못해왔다. 그 이유는 신자유주의 정책노선이 개발도상국과 체제전환국을 상대로 선진국의 이익을 추구하고자 하는 유인을 가지고 있을 뿐 아니라, 이미 시장경제가 발달한 선진국의 관점에서 경제개발 문제를 바라보고 있기 때문인 것으로 판단된다. 선진국에서는 시장경제가 발달한 덕분에 시장거래를 통해 각종 원자재와 부품을 조달하고 경제활동을 조율하는 것이 가능할 뿐 아니라 민간기업이 학습 및 혁신을 주도할 역량을 가지고 있다. 반면 개도국이나 체제전환국에서는 시장거래로 경제활동을 조율하는 것이 용이하지 않고 기업의 학습·혁신역량도 제한되어 있기 때문에, 정부주도하에 민관협력으로 경제개발을 촉진할 여지가 상당히 존재한다. 이처럼 워싱턴 컨센서스는 경제개발 과정에서의 정부 역할을 과소평가하는 한편, 시장자유화의 편익은 과대평가하는 경향이 있다. 특히 군중효과와 씨스템 리스크로 인해 변동성이 큰 금융시장을 자유화할 때 나타날 수 있는 부작용을 간과했다. 금융위기와 실물경제 위축이 결합되어 공황이 발생할 가능성을 과소평가한 것이다.

실제로 하바드대학의 대니 로드릭(Dani Rodrik)이 지적한 대로, 워싱턴 컨쎈서스를 수용한 개도국과 체제전환국의 경제적 성과는 자랑할 만한 것이 되지 못했다. 중남미 국가들의 경우 안정화·사유화·자유화정책을 추진했지만, 1990년대의 1인당 소득 증가율은 1950년부터 1980년까지의 기간에 비해 오히려 낮았다. 중남미 경제개혁의 상징이던 아르헨띠나의 경우 2002년 외환위기를 맞기도 했다. 워싱턴 컨쎈서스를 수용하여 급진적인 개혁을 추진한 동유럽의 체제전환국들도 장기간 공황을 겪었다. 반면 한국, 싱가포르, 대만, 홍콩을 비롯하여 중국과 베트남을 포함한 동아시아 국가들은 시장경제의 기반 위에 정부와 민간의 협력을 적절하게 활용함으로써 '고도의 동반성장'(rapid, shared growth)을 달성했다. 이처럼 신자유주의 정책노선이 실망스런 성과를 낳자 과거 개도국과 체제전환국을 상대로 워싱턴 컨쎈서스를 전파하던 세계은행마저 2005년에 발간된 『1990년대의 경제성장』(Economic Growth in the 1990s)이라는 보고서에서 '보편적으로 적용될 수 있는 최선의 정책 집합은 없다'고 천명하기에 이르렀다.

4. 신자유주의의 위기와 대안 모색

신자유주의 정책노선은 영국과 미국에서뿐만 아니라 개도국과 체제전환국에서도 폭넓고 지속적인 경제성장을 달성하는 데 실패했다. 과거 자유방임주의가 그랬던 것처럼 빈부격차 확대와 공황 발생에도 별다른 해법을 제시하지 못했다. 이에 따라 대안을 모색하는 시도가 전개되었다.

영국과 미국을 비롯한 선진국에서는 진보성향의 일부 지식인과 정치인들이 복지주의와 신자유주의 사이에서 '제3의 길'을 찾으려 했다. 복지국가의 문제점을 수정하면서도, 일방적으로 작은 정부를 지향하는 것이 아니라 빈부격차 완화와 사회안전망 확충, 경쟁·규제정책 집행과 관련된 정부의 역할을 중시하는 방향으로 대안을 모색한 것이다. 1990년대 초 당선된 영국의 블레어(Tony Blair) 총리와 미국의 클린턴(Bill Clinton) 대통령이 이같은 정책조합을 추진한 대표적인 사례라고 할 수 있다. 이들은 국민의 세금을 마구 거둬 쓰기만 한다(tax and spend)는 비판에서 벗어나기 위해 재정규율을 확립했고, 생산적 복지(workfare) 개념을 도입하여 사회안전망 제공이 수혜자의 노동유인을 지나치게 낮추지 않도록 조정했다. 경쟁·규제정책과 관련해서는 급진적인 조치를 피하면서도 기본적으로 자유화 기조를 유지하는 노선을 택했다. 일례로 클린턴 행정부는 북미자유무역협정(NAFTA)을 체결했고, 상업은행과 투자은행의 분리를 강제하는 글래스-스티걸법(Glass-Steagall Act)의 폐기를 지지한 바 있다. 이처럼 '제3의 길' 노선은 진보성향의 지식인과 정치인들이 신자유주의의 상당부분을 수용한다는 의미를 함축하고 있었기 때문에, 신자유주의에 대한 충분한 대안은 되지 못했다. 오히려 '제3의 길' 노선은 신자유주의에 대한 진보성향 유권자들의 부정적 인식을 희석하는 역할을 했다고 볼 수도 있다.

실제로 미국의 유권자들은 클린턴 행정부 8년을 경험한 후 신자유주의에 더 충실한 정책을 표방한 부시(George W. Bush) 행정부를 별다른 거부감 없이 받아들였다. 부시 행정부는 '정부는 해결책이 될 수 없고 오히려 문제일 뿐'이라는 철학에 기초하여, '테러와의 전쟁'을 수행하고 있음에도 불구하고 대규모 감세정책을 추진하는 한편 규제를 완화하고 정부의 감독기능을 약화시켰다. 예를 들어 2002~2006년 동안 광업활동이 9% 증가했음에도 광산안전재해청(MSHA)은 안전관련 검사요원 수를 전체의 18%인 1백명이나 감축함으로써 같은 기간 광산사고가 빈발하는 요인이 되었다. 금융부문에서는 시장의 자정기능에 대한 믿음을 바탕으로 각종 파생상품 도입을 허용하는 한편, 투자은행의 자산-자본비율(레버리지)에 대한 규제를 대폭 완화함으로써 금융위기의 단초를 제공했다. 과학기술 분야에서도 5년간 국립보건연구소(NIH)의 예산을 동결하는 등 정부의 역할을 소홀히했다. 심지어 부시 대통령은 정부는 무능과 부패의 온상이라는 믿음을 실현하려는 듯 무능하고 부패한 사람들을 정부요직에 등용하기도 했다. 아라비아 경주마 심사관 출신으로 연방재난관리청(FEMA)의 책임자로 발탁되어 2005년 허리케인 카트리나 사태의 수습에 실패한 마이클 브라운(Michael Brown)이 대표적인 예다.

이러한 정책은 재앙과 같은 결과를 초래했다. 클린턴 행정부 때인 1993~2000년 모든 소득계층의 가구소득이 최소한 15% 증가했고 중위 소득도 7748달러 늘어난 반면, 부시 행정부 때인 2000~2007년 에는 생산성이 연평균 2.5% 증가했으나 중위 소득은 오히려 2010달 러나 감소했다. 이라크전쟁 수행과 대규모 감세정책으로 재정이 급 격히 악화되었고, 경기부양을 위한 저금리정책을 장기간 유지함에 따라 부동산가격이 급등했다. 금융기관은 각종 파생상품을 도입하 고 자산-자본비율을 높이는 한편, 채무자에 대한 자격심사도 제대 로 하지 않은 채 대출을 해줘 부동산시장의 거품을 더욱 부채질했 다. 하지만 부동산가격 상승은 계속 지탱되지 못하고 2006년 7월을 정점으로 기세가 꺾이면서 심각한 금융위기를 초래했다. 부시 행정 부가 추진한 신자유주의 정책도 빈부격차 확대와 공황 발생이라는 고질적인 문제에서 벗어나지 못한 것이다.

부시 행정부가 빚어낸 참혹한 결과로 말미암아 진보성향의 지식 인과 정치인들은 좀더 진보적인 색채가 뚜렷한 정책노선을 주창하 게 되었다. 『진보주의자의 양심』(The Conscience of a Liberal, 한국어 판 제목은 '폴 크루그먼, 미래를 말하다')에서 크루그먼(Paul Krugman)이 지 적했듯이, 세계경제 통합이나 숙련편향적 기술변화보다는 정치·이 념적 요인이 빈부격차 확대에 더 큰 영향을 미쳤다는 인식도 확산되 기 시작했다. 사회·경제부문에서 오바마(Barack Obama) 진영의 두뇌집단 역할을 한 미국진보쎈터(Center for American Progress) 는 2008년 미국 대선 직후 공개된 『미국을 위한 변화』(Change for America)라는 보고서에서 신자유주의에 대한 진보적인 대안을 제시한 바 있다.

　이 보고서는 소득불균등 심화와 경제불안으로 인해 사회가 양분되는 것을 막고 미국 국민이 번영을 공유하여 동반성장할 수 있게 하는 것이 새 대통령의 가장 중요한 경제정책 과제라고 전제하면서, 네가지 중요한 진보적 가치가 실용적인 정책으로 연결되도록 설계할 필요가 있다고 역설했다. 4대 진보적 가치는 번영의 공유, 경제적 존엄성 확보, 신분상승을 위한 실질적 기회 제공, 출생신분과 상관없는 균등한 기회 부여. 특히 현재 미국에서 직장과 연계되어 있는 의료보험, 연금저축, 자녀들의 고등교육 기회를 직장에서 분리해 보편적으로 제공함으로써 중산층 붕괴를 막고 기본적인 사회협약을 재건할 필요가 있다고 강조한다. 더 나아가 기후변화에 대한 대처, 에너지 효율 개선, 자동차 등 주요 산업의 경쟁력 제고를 포괄하는 녹색성장전략을 추진함과 아울러, 연구개발예산을 늘리고 인재를 확충하여 국가의 중장기적 성장잠재력을 배양할 것을 제언한다. 통상과 관련해서는 노동과 환경에 대한 규범을 확립하고 호혜적인 거래에 기초한 '공정한' 자유무역을 지향한다. 보고서는 새 정부가 금융위기에 적극 대처하고, 금융뿐만 아니라 보건·안전·환경 분야에서 부시 행정부가 추진했던 각종 규제완화정책을 재검토할 것도 주문한다. 전체적으로 사회·경제부문에서 정부가 적극적인 역할을 수행할 것을 강조하는 한편, 제반 문제에 대한 정부 개입의 정당성을 확립하고 그 강도를 명확하게 규정하기 위해 노력하고 있다.

5. 신자유주의의 향방

신자유주의가 폭넓고 지속적인 경제성장을 달성하는 데 실패했고 진보적인 대안이 활발히 모색되고 있긴 하지만, 신자유주의가 종언을 고했다고 선언하기는 어렵다. 역사적으로 볼 때 비록 신자유주의가 빈부격차 확대나 공황 발생에 대한 해법을 제시하지 못한다는 것은 분명하지만, 자본가와 노동자의 이해관계가 다르고 국가들 간에도 이해 대립이 있기 때문에 정부의 사회·경제적 기능이 강화되고 국제 금융질서가 재편되는 데는 상당한 장애물이 존재한다. 이 문제를 체계적으로 살펴보기 위해서는 일국 단위의 민주주의 작동방식, 국경을 넘는 세계화의 파급효과, 국제질서를 둘러싼 국가간 대립에 대한 분석이 필요하다.

정치적 영역에서 자유주의가 지배이념으로 입지를 굳힌 국가들 내에서는 자유민주주의 정치체제가 유권자들의 선호를 전달하는 기제로 작동하고 있다. 중위유권자이론(median-voter theory)에 따르면, 투표에서 유권자들의 선호를 차례대로 배열했을 때 중간 위치에 있는 유권자가 전체 결과를 결정하게 된다. 만약 민주주의체제에서 유권자들이 인종이나 종교 등 경제외적 요인에 별로 영향을 받지 않고 본인들의 이해관계에 충실하게 투표한다면, 복지·조세정책은 중위 유권자가 수용할 수 있는 수준으로 조정될 것이다. 얼핏 보면 소득이 적은 다수의 유권자가 소득이 많은 소수의 유권자와의 숫자싸움에서 이겨 부유층에 중과세하고 복지혜택을 누리는 결과를 상정할 수 있지만, 중과세는 일할 유인을 저하해 전체 국민소득을 낮추는 결과도 가져올 수 있고, 부유층도 이런 가능성을 부각시켜 유권자의 선택에 영향을 줄 것이라는 점을 감안할 필요가 있다.

세계화는 기업의 이주를 원활하게 함으로써 정부의 영향력을 감소시키고 국가들간의 규제완화 및 감세경쟁을 부추겨 복지국가의 기반을 잠식할 수 있다. 국가들간의 기업 유치 경쟁으로 인해 고용조건과 환경기준 등이 악화되는 이른바 '바닥으로의 경주'(race to the bottom)가 전개될 수도 있다. 다른 한편으로 세계화는 복지국가 와해의 요인이 되었던 노조의 과도한 요구를 차단하는 역할도 한다.

만약 유권자들이 자신의 이해관계에 충실하게 투표한다면, 세계화의 진전에 따른 국가들간의 규제완화 경쟁을 감안하면서도 실직 및 질병에 대한 불안을 덜고 빈부격차를 완화하는 수준으로 복지·조세정책이 조정될 수 있다. 유권자들의 합리적인 투표와 함께 노동조건 등에 관한 국가간 조율과 국제규범 확립도 '바닥으로의 경주'를 방지하는 데 중요한 역할을 할 수 있다. 세금도 적고 규제도 적은 곳으로 이주하겠다면서 기업이 정부를 압박할 때는, 일정수준의 복지·조세정책이 확립되어야 우수한 인적자원과 투자환경을 확보할 수 있고 이것이 국제규범에도 부합한다는 점을 정부가 부각할 수 있다는 것이다. 이처럼 경제적 이해관계에 충실한 유권자들의 투표와 노동조건 등에 관한 국가간 조율이 전제된다면, 복지·조세 부문에서 신자유주의의 영향력은 상당히 줄어들 것이다. 실제로

2008년 미국 대선에서 인종이나 가치 등 경제외적 요인이 유권자의 선택에 미치는 영향은 줄어들었고, 유권자들이 비교적 경제적 이해관계에 충실하게 투표를 함에 따라 진보적인 대안이 힘을 얻게 되었다. 진보적 대안은 번영의 공유, 경제적 존엄성 확보, 실질적 기회 균등을 강조함과 동시에 '공정한' 자유무역의 기치하에 노동·환경 분야의 국제규범도 확립하려 힘쓰고 있다.

복지·조세정책의 조정에 비해 국제 금융질서 재편은 훨씬 더 어려운 과제가 될 것이다. 이번 국제금융위기로 확인된 바와 같이 기축통화(reserve currency)를 가진 국가와 그렇지 못한 국가, 금융부문에서 경쟁력을 갖춘 국가와 그렇지 못한 국가 간에 근본적인 이해대립이 있기 때문이다. 국제금융위기의 전개과정을 돌이켜보면, 기축통화를 가진 국가와 그렇지 못한 국가 사이의 비대칭성이 유지되는 가운데 국가간 자본이동이 확대되고 금융감독이 무력화된 것이 그 원인이라고 할 수 있다. 국제 결제화폐로 널리 사용되는 달러나 유로를 언제든지 찍어낼 수 있는 기축통화국은 원천적으로 외환위기에 빠질 위험이 없지만, 그렇지 못한 대다수의 나라들은 다른 수단으로 기축통화를 확보해두어야 외환위기의 위험에서 자유로울 수 있다. 과거 국가간 자본이동이 제한되어 있을 때에는 통상 3개월분의 수입액에 해당되는 금액을 외환보유고로 확보해두면 안전한 것으로 간주되었으나, 금융세계화(financial globalization)가 진전된 현재는 1년 안에 만기가 돌아오는 유동외채와 외국인 소유 주식 및 채권의 처분 요구에 대응할 수 있는 외환보유고를 쌓아둬야 한다.

기축통화를 가지고 있지 않은 국가의 입장에서는 경상수지 흑자를 발생시키는 것이 필요한 달러와 유로를 확보하는 가장 중요한 수단이다. 그런데 반대로 기축통화국의 입장에서 볼 때 이는 수출이 충분히 되지 않아 경상수지 적자가 발생하고, 내수 진작을 통해 자국의 경제성장을 유지해야 한다는 것을 의미한다. 실제로 1997~98년 아시아 외환위기 이후 논란이 된 세계 거시경제의 불균형(global imbalances)은, 외환위기의 재발을 방지하려는 아시아 국가들이 대규모 경상수지 흑자를 내고 미국이 내수를 진작하여 대규모 경상수지 적자를 내면서 발생한 현상이라고 할 수 있다. 그런데 이처럼 내수를 진작하는 과정에서 과도한 저금리정책이 동원된다면 자산가격에 거품이 발생할 수 있다. 각종 파생상품의 도입, 자산–자본비율 규제의 완화, 그리고 금융감독의 소홀은 이같은 거품을 더욱더 키울 것이며, 거품이 꺼질 때 금융씨스템에 큰 충격을 가져올 것이다. 만약 선진국의 저금리 자금이 좀더 높은 수익률을 찾아 신흥시장(emerging markets)에 투자되고 신흥시장국이 외채관리나 환율조정을 제대로 하지 못하면 외환위기가 발생할 수도 있다. 설령 신흥시장국이 외채관리나 환율조정을 어느정도 했더라도 어떤 이유에서든 일시에 대규모 외화자금이 유출된다면 상당한 타격을 입을 수 있다.

이처럼 국제금융위기가 발생할 가능성을 방지하기 위해서는 기축통화를 가진 국가와 그렇지 못한 국가 간의 비대칭성을 줄이면서 자본이동의 확대에 상응하는 국제금융감독체계를 갖추고 건전성

감독을 강화해야 한다. 기축통화국과 비기축통화국 간의 비대칭성을 줄이기 위해서는 통화스와프를 대폭 확대하거나, 특정국가가 임의로 발행할 수 있는 화폐를 결제수단으로 쓰는 대신 국제적으로 통용되면서도 수량이 제한되어 있는 화폐단위를 만들어 공정하게 배분해야 한다. 금융감독을 강화하기 위해서는 신흥시장국은 물론 기축통화국의 금융기관에 대해서도 엄정하게 감독 기능을 수행할 국제기구를 만들고 각국의 금융감독 당국과 유기적인 협조체계가 구축되어야 한다.

하지만 기축통화를 발판으로 금융부문에서 경쟁력을 갖춘 미국과 유럽의 여러 나라는 기득권을 포기하면서 자국의 금융기관에 대한 감독권한을 국제기구에 넘겨줄 유인이 없다. 구제금융에 대한 납세자들의 반발을 고려하여 향후 자국 내에서의 금융감독은 일정 부분 강화하겠지만, 자본이동에 대한 국제기구의 규제는 회피하려 할 것이다. 단지 금융거래에 대한 정보공개와 감독을 일부 강화하고, 신흥시장국의 참여를 어느정도 확대하면서 국제통화기금(IMF)의 기능을 보완하여 금융세계화의 부작용을 줄이자는 식으로 나올 가능성이 높다. 실제로 미국의 경우 재정팽창정책에 대한 국제공조의 필요성을 역설하면서도 국제금융질서의 재편에 대해서는 미온적인 태도를 보이고 있다. 기축통화국의 유권자 입장에서도 자국의 비교우위가 금융부문에 있다면, 이와같은 정책을 지지할 것이다. 즉, 유권자가 경제적 이해관계에 충실한 투표를 한다고 가정해도 복지·조세부문과는 달리 금융세계화와 관련해서는 신자유주의 노선을 지지할 수 있다는 것이다. 기축통화국의 입장이 이러하기 때문에 금융세계화에 대한 신자유주의의 영향력은 크게 줄어들지 않을 것으로 예상된다. 실제로 금본위제가 붕괴되고 국제무역이 급감한 대공황 때와는 달리, 이번 금융위기에서는 기축통화국이 재정팽창정책의 국제공조를 통해 유효수요를 확보하면서 국제금융질서에 대한 기득권을 유지하려 하고 있다. 국제금융위기에도 불구하고 신자유주의의 몰락을 선언하기 어려운 이유가 바로 여기에 있다.*

---

* 이 글은 계간 『창작과비평』 2009년 봄호에 실린 「신자유주의, 정말 끝났는가」를 이 책에 싣기 위해 수정·보완하고 제목을 고친 것이다.

신자유주의, 세계화, 한국경제

유종일 • KDI국제정책대학원 교수, 경제학

1. 신자유주의 논란

노무현정부 후반기에 들어 일인당 국민소득이 2만달러에 이르렀고 주가는 2000을 돌파하기까지 했는데도 경제현실에 대해 대다수 국민이 불만이다. 불과 몇해 전만 해도 꿈같이 여겨지던 수치들이 현실화되었는데 말이다. 그 까닭은 양극화다. 빈익빈 부익부가 심화되어 총량적 성장에도 불구하고 서민대중의 삶은 쪼들려만 간다. 고용불안 또한 서민의 삶을 짓누르고 있다. 그렇다고 경제성장이 잘되고 있느냐 하면 그것도 아니다. 수년째 잠재성장률을 밑돌고 있다. 기업들도 부활한 일본경제와 맹렬하게 추격해오는 중국경제 사이에 낀 '샌드위치 신세'를 호소하며 힘겨워한다.

그래서 좌우를 막론하고 뭔가 크게 잘못되었다고 생각한다. 김대중정부와 노무현정부 시기는 '잃어버린 10년'이 되었다고 한탄한다. 소위 민주화정권 혹은 개혁정권이라는 이들 정부를 거치면서 조세부담과 국가채무가 늘어나고 복지지출이 증가했으며 재벌규제가 강화되는 등 경제정책이 포퓰리즘, 심지어는 사회주의적 성향을 띤 탓에 경제가 활력을 잃고 성장이 둔화되었으며, 이에 따라 일자리 창출이 저조하고 양극화도 심화되었다는 게 우파의 진단이다.

좌파의 시각은 정반대다. IMF위기와 함께 출범한 김대중정부는 신자유주의의 전도사 격인 IMF의 요구에 충실히 따라서 개방을 가속화하고 공기업 민영화와 규제완화, 노동시장 유연화 등 전형적인 신자유주의 개혁정책을 추구했다는 것이다. 민영화정책 등에서 약간의 궤도수정은 있었지만 노무현정부도 대체로 동일한 정책기조를 유지했고 한미FTA 추진에서 나타난 것처럼 오히려 신자유주의를 더욱 강화했다고 본다. 이러한 신자유주의 정책 때문에 양극화가 심화되었음은 물론 외국자본의 공세 앞에서 기업투자가 위축되고 성장의 침체까지 야기되었다는 게 좌파의 시각이다.

과연 누구의 얘기가 더 정확한 것인가? 과거 10년간의 경제정책을 신자유주의 개혁정책이라고 규정할 수 있는가? 그리고 이것이 성장동력 약화와 분배악화의 근본원인인가? 세계화시대에 신자유주의적인 정책은 선택이 아니라 필수라는 견해는 타당한가? 신자유주의의 미래는 무엇인가? 이러한 의문들에 답하는 것이 이 글의 목적이다. 이를 위해 크게 세갈래로 논의를 진행하고자 한다.

먼저 신자유주의란 무엇인지 개념 규정을 분명히 하고자 한다.

흔히 국가의 경제적 역할을 축소하고 시장기능을 확대하는 정책을 무조건 싸잡아 신자유주의라고 부르는 경향이 있다. 예를 들어 얼마전 스웨덴, 독일, 프랑스 등 사회민주주의적 경제정책을 추구해온 유럽국가들에서 우파가 정권을 잡게 되자 이를 신자유주의의 승리로 보는 시각이 대두했다. 하지만 경쟁과 시장의 역할을 조금만 강화하거나 복지를 조금만 축소해도 이를 신자유주의라고 부른다면 역사적 현상으로서의 신자유주의의 의미는 사라지고 만다. 따라서 신자유주의가 서구에서 등장한 역사적 맥락 속에서 그 성격을 정확히 파악할 필요가 있다.

다음으로 신자유주의와 세계화의 관련성을 살펴보고, 이러한 현상들의 미래전망을 논할 것이다. 신자유주의적 세계화가 특히 80년대 후반부터 급속하게 진행되었기 때문에, 이 양자를 거의 동일시하거나 둘이 반드시 결합되어 나타나는 것으로 이해하기도 한다. 사실 신자유주의는 급진적인 개방을 추구하기 때문에 세계화를 추동하는 강력한 힘이다. 하지만 세계화가 필연적으로 신자유주의와 결합되는 것은 아니며 꼭 신자유주의를 촉진하는 것도 아니다. 또한 세계화는 우여곡절은 있을지라도 분명 계속해서 진전될 것임에 반해, 신자유주의는 이미 생명력을 소진해가고 있는 듯하다. 우리가 세계화에 대응하는 자세도 이러한 상황인식을 바탕으로 가다듬어야 할 것이다.

마지막으로 한국경제에서 신자유주의가 차지하는 의미를 짚어볼 것이다. 우리가 10년 전에 겪었던 외환위기와 금융위기는 과연 신자유주의로 인한 것인가? 위기 이후 추진된 경제개혁은 과연 신자유주의 정책이었나? 분배를 강조한 노무현정부의 경제정책은 어떠한가? 이러한 질문을 통해 개혁정책을 단순히 신자유주의로 파악하는 것이 타당하지 않음과 동시에 신자유주의의 영향력이 결코 무시할 수 없이 세를 더해가고 있음을 지적할 것이다. 시장의 왜곡을 시정하고자 하는 개혁정책이 시장의 과잉을 낳는 신자유주의의 영향으로 인해 그 본질이 퇴색되고 혼란을 부추기고 있는 것이다.

2. 신자유주의란 무엇인가

신자유주의란 시장에 대한 무한한 믿음을 전제로 시장이 경제문제뿐 아니라 거의 모든 사회문제에서도 최선의 대안이라는 시장만능주의 혹은 시장근본주의 이데올로기의 현대적 형태라고 할 수 있다. 이러한 시장만능주의적 사조는 19세기 고전적 자유주의 시대에 등장한 자유방임주의를 비롯해서 하이에크 등 오스트리아학파의 전통으로 이어지기도 했고, 1980년대 이후 신자유주의로 재등장한 것이다. 신자유주의의 주요 정책아젠다는 규제완화와 개방을 통해 무역·투자·금융을 비롯한 기업활동을 자유화하고 공기업을 민영화하여 국가의 경제적 역할을 축소하는 것과, 거시정책에서 인플레 통제를 우선시하는 통화정책과 건전재정주의를 내세운 재정정책, 그리고 복지 및 노동보호 정책을 축소함으로써 경제규율을 강화하는 것이다.

원래 2차대전 이후 서구의 경제정책 사조는 국가의 경제개입을 중시하는 케인즈주의가 지배했다. 매우 보수적인 미국 대통령으로 여겨지는 닉슨조차 "우린 모두 케인즈주의자야"라고 했던 것처럼 좌우를 막론하고 대체로 케인즈주의에 공감했다. 케인즈주의는 경기변동에 대처하는 적극적인 재정정책과 통화정책을 주장했고, 따라서 금본위제 같은 상품화폐제도와 달리 신축적 통화공급이 가능한 신용화폐를 당연시했으며, 국가간 자본이동을 포함하여 투기적인 거래에 부정적이었다. 1930년대의 대공황을 겪으면서 과거의 정통이 부정된 것이다. 정치적인 지형의 변화 또한 케인즈주의적 정책과 잘 맞아떨어졌다. 대중민주주의의 확산과 노동자들의 발언권 강화는 완전고용을 중요한 국가목표로 정착시켰고 복지국가의 팽창을 불러왔는데, 이는 케인즈주의의 총수요 관리정책과 잘 부합하는 것이었다.

신자유주의가 경제정책의 지배적인 사조로 작동하기 시작한 것은 1980년대 초부터다. 1980년 영국의 새처 수상과 1981년 미국의 레이건 대통령의 집권이 이러한 변화의 상징처럼 여겨지지만, 실제 정책변화의 결정적 계기는 1979년 가을 미국 연방준비은행 이사장에 폴 보커(Paul Volker)가 취임한 후 이른바 통화주의(monetarism)에 입각한 금융통화정책을 실시한 것이었다. 인플레이션과 달러화 약세를 반전시키고자 통화팽창을 강력히 억제한 결과 이자율이 천정부지로 솟았고, 이것이 80년대 초의 세계적인 경기침체와 외채위기를 초래했다. 경제의 확장보다는 규율을 중시하는 정책이 시작된 것이다. 통화주의 거시경제정책은 규제완화, 민영화 등 국가의 경제적 역할을 축소하는 미시경제정책들과 결합하여 신자유주의 정책으로 발전했다.

80년대에는 영국, 미국, 뉴질랜드 등 주로 영미계통의 나라들이 신자유주의적 개혁을 추진했으나 경제적 성과가 신통하지는 못했다. 오히려 당시에 각광받은 것은 북유럽, 독일, 오스트리아, 스위스 등의 사회조합주의(social corporatism) 모델과 일본형 모델이었다. 그러나 북유럽이 80년대 후반 금융·자본자유화를 실시한 이후 금융위기에 빠져들고, 독일이 89년 통일 이후 경제적 곤란에 처했을 뿐 아니라, 일본이 90년대 초반부터 버블 붕괴로 인한 장기불황에 돌입하자 상황은 반전되었다. 미국과 영국이 90년대 초반 불황을 극복한 뒤 강력한 성장세를 보인 것과 대조적이었다. 여기에 구사회주의권의 몰락이라는 세계사적인 사건이 국가의 경제개입에 대한 부정적인 인식을 확산시킴으로써 90년대에 들어 신자유주의가 새로운 지배적 이념으로서 등장하게 된 것이다.

신자유주의 등장의 배경은 케인즈주의의 위기였다. 케인즈주의 경제정책 아래서 전후 서구 자본주의는 사상 유례없는 고성장과 완전고용, 그리고 경제안정화와 복지확대를 달성했다. 소위 '자본주의의 황금기'였다. 그러나 이것은 지속되지 못했다. 가장 근본적인 문제는 케인즈주의의 자기한계였다. 케인즈와 동시대에 독립적으로 유효수요이론을 창안한 칼레츠키는 일찍이 재정정책으로 완전고용을 달성하는 것은 어렵지 않으나 정부지출에 대한 재계의 정치적 반대 때문에 완전고용을 장기간 유지할 수 없게 된다고 주장했는데, 선견지명이라 하지 않을 수 없다.[1] 지속적인 완전고용상태는 노동규율을 약화시키는 한편 임금상승으로 인한 인플레이션을 초래하기 때문에 재계나 금리생활자들이 반대한다는 것이다. 실제로 황금기가 지속되자 60년대 후반부터 서구에서 이러한 현상이 발생했다. 또한 복지국가의 팽창과 정부개입의 증대가 시장의 실패와는 다른 정부의 실패를 초래했다. 이러한 이유들 때문에 70년대에 접어들면서 선진 각국의 노동생산성 상승률과 이윤율이 저하되고 경기후퇴가 오게 되었는데, 설상가상으로 석유파동이 닥치면서 스태그플레이션이 발생하고 경제위기가 도래한 것이다.

이러한 배경에서 등장한 신자유주의는 고전적 자유주의 혹은 구자유주의와 시장만능주의적 성향을 공유하되 역사적 맥락이 다른 만큼 구체적인 내용은 상이하다. 첫째, 금본위제에 입각한 구자유주의와는 달리 신자유주의는 신용화폐를 기반으로 경제안정화를 위해 통화공급을 신축적으로 할 수 있는 씨스템을 채택하고 있다. 물론 인플레이션 억제에 통화정책의 목표를 두어야 한다는 입장을 취하고 있기는 하지만, 실제 정책이 이렇게 교조적으로 시행되는 경우는 매우 드물다. 둘째, 구자유주의는 야경국가와 자유방임경제를 옹호했으나 신자유주의는 사회적 긴장과 갈등을 완화하기 위해 최소한의 사회안전망이 필요함을 인정한다. 복지 축소와 인쎈티브 개선을 지향하지만 복지 철폐를 주장하는 것은 아니다. 또한 금융안전망, 즉 금융씨스템의 안정성을 위한 정부 규제와 감독의 필요성도 인정한다. 셋째, 고전적 자유주의는 전제군주에 의한 정치권력의 독점과 경제활동의 통제에 맞서 시민적 자유와 경제적 자유를 추구한 전향적인 정치이념이었지만, 신자유주의는 노동권과 시민권의 확대에 위협을 느낀 자본가와 특권계층의 반격이라는 성격을 지닌다.[2]

3. 신자유주의와 세계화의 미래

세계화가 반드시 신자유주의와 결합해서 나타나는 것이 아님은 세계화의 역사를 보면 쉽게 알 수 있다. 세계화가 전례없는 완전히 새로운 현상이라고 생각하는 것은 오해다. 19세기 후반부터 이미 세계화는 시작되었다. 당시는 자유무역이 발달했을 뿐 아니라, 대다수 국가들이 금본위제를 채택했기 때문에 요즘보다도 자본의 이동성이 높았고 실제로 막대한 해외투자가 이루어졌다. 증기선과 철도, 전신의 발명 등 획기적인 교통·통신기술의 발전으로 시장통합이 가속화되었다. 또한 노동력의 국제적 이동은 오늘날에 비해 오히려 더 자유롭고 대규모로 이루어졌다. 이렇게 고전적 자유주의 아래서 진행된 제1차 세계화질서는 두차례 세계대전과 대공황을 치르는 동안 무너져내렸다.

2차대전 이후에 성립한 브레튼우즈체제는 IMF, 세계은행, 관세와 무역에 관한 일반협정(GATT) 등의 제도적 틀을 마련하여 경제재건과 국제경제질서 재구축을 시도했다. 전전(戰前)의 투기적 자본 흐름이 초래한 경제적 혼란을 피하기 위하여 자본거래에 대한 통제는 유지하되 국제무역과 해외투자 등 경상거래의 자유화를 달성하고자 했다. 브레튼우즈체제는 앞서 논의한 케인즈주의적 경제운용과 결합하여 매우 성공적인 결과를 낳았고, 이에 따라 세계경제는 다시한번 경제통합의 길을 걷게 되었다. 유럽을 기준으로 볼 때 1970년대 초에 이르면 GDP에서 무역이 차지하는 비중이 제1차 세계화 당시의 최고수준을 회복하게 된다. 이것이 제2차 세계화로서 케인즈주의 영향 아래 다소 점진적으로 진행되었다.

1970년대에는 브레튼우즈 고정환율제의 붕괴와 석유파동 등의 충격이 가해지면서 세계화 추세에 일시적으로 제동이 걸렸으나, 1980년대 이후 신자유주의의 등장과 시장개혁의 확산으로 세계화는 다시 급속히 진전되었다. 전세계적 시장통합이 확대되고 있으며, 생산체제의 글로벌화가 심화되고 있다. 특히 80년대 후반부터 금융자유화와 자본자유화가 급격하게 이루어져 금융시장의 통합이 가속화되었고, 국제적 금융거래가 무역이나 투자에 비해 훨씬 급속하게 확대되면서 금융자본주의의 성격이 강화되고 있다. 1995년에 출범한 WTO 등 다자간 경제기구들을 중심으로 경제 규범과 제도를 수렴시키려는 노력도 진전되고 있다. 이것이 제3차 세계화다.

이렇게 신자유주의의 주도적 영향력 아래서 진행되는 세계화는 세계화의 한 국면일 뿐이다. 세계화가 필연적으로 신자유주의를 촉진한다는 것도 사실이 아니다. 어디로든 자유롭게 이동하는 자본을 자국에 유치하기 위해서는 자본이 좋아하는 경제정책을 택할 수밖에 없다는 논리는 일견 그럴듯하다. 그래서 토머스 프리드먼(Thomas Friedman)은 "세계화를 받아들인 나라들은 경제성장은 얻지만 경제정책의 선택권은 잃는다"고 주장하기도 했다.[3] 그러나 자본은 무조건 규제가 적고 법인세가 낮은 곳으로만 가지는 않는다. 경쟁력의 요소에는 인적자원이나 사회간접자본의 질, 정책의 투명성과 사회적 자본 등 신자유주의적 정책만으로는 결코 달성될 수 없는 것들도 많이 있다. 세계화가 진전됨에도 불구하고 '다양한 자본주의'가 아직도 존재하는 까닭이다. 일례로 북유럽 국가들은 세계에서 가장 개방된 경제씨스템을 가지고 있지만 강력하고도 보편적인 복지체제를 구축하고 있으며, 신자유주의와는 매우 다른 평등주의적 사고가 경제정책에 큰 영향을 미친다.

사실 신자유주의가 지금의 위세에도 불구하고 앞날이 전도양양한 것은 아니다. 현실의 시장은 결코 신자유주의자들이 믿는 것처럼 완전하지 못하며, 무조건적인 개방과 자유화가 경제성장과 후생 증대를 가져온다는 객관적 근거가 희박하기 때문이다. 오히려 97년 동아시아 금융위기에서 드러난 것처럼, 적절한 규제나 제도개혁 없는 무분별한 금융개방과 자유화는 언제나 심각한 버블과 금융위기로 이어지고 말았다. 또한 무조건적인 탈규제화와 정부의 축소가 가져온 폐해도 여러 개발도상국에서 확인되었다. 최근에는 IMF마저 조심스런 금융개방과 금융 및 사회 안전망 등의 정부기능 강화를

〈표〉 세계 각 지역 일인당 GDP 증가율의 시대적 변화 추이(1820~2003)

	1820~1870	1870~1913	1913~1950	1950~1973	1973~1989	1989~2003
EC	0.9	1.4	1.2	3.5	2.1	1.7
EP	0.6	1.0	1.1	4.3	1.7	1.5
LA	0.3	1.1	1.4	2.5	0.6	1.5
Asia	0.1	0.6	-0.1	3.5	4.2	3.6
Africa			1.2	1.9	-0.3	0.8

EC: 유럽 자본주의 계열 국가(네덜란드 노르웨이 덴마크 독일 미국 벨기에 스웨덴 영국 오스트레일리아
　　오스트리아 이딸리아 캐나다 프랑스 핀란드)
EP: 유럽의 주변부 국가(그리스 러시아연방 뽀르뚜갈 스페인 아일랜드 체코 헝가리)
LA: 라틴아메리카(꼴롬비아 멕시코 브라질 뻬루 아르헨띠나 칠레)
Asia: 아시아(대만 방글라데시 인도 인도네시아 일본 중국 태국 파키스탄 한국)
Africa: 아프리카(가나 꼬뜨디부아르 나이지리아 남아프리카공화국 모로코 케냐 탄자니아)

* 1820~1989년 자료는 Angus Maddison, "Explaining the Economic Performance of Nations, 1820-1989" (1994), 1989~2004년 자료는 http://unstats.un.org/unsd/snaama/dnllist.asp 참조.

주장하기에 이르렀다. 그리고 〈표〉에서 보는 것처럼 신자유주의시대(1989~2003)의 경제성장률은 케인즈주의가 풍미했던 '자본주의의 황금기'(1950~1973)에 비해 현저히 떨어진다. 아시아만이 예외적으로 유사한 성장률을 보이고 있을 따름이다. 신자유주의시대에 많은 나라들에서 소득분배가 악화되었다는 사실은 잘 알려져 있다.

1990년대가 신자유주의의 전성시대였다면, 2000년대에 들어서는 부분적이나마 퇴조하는 형국이다. 신자유주의 정책의 선두에 있던 나라들이 정책선회를 하는 양상이 이미 나타나고 있다. 2001년 초에 발생한 캘리포니아의 전력공급 중단사태로 인해 주정부는 정부소유 전력회사를 건립했고, 또 영국정부도 빈발하는 안전사고와 써비스 저하로 소비자의 원성을 사고 투자비용 보조로 재정부담까지

가중시킨 철도민영화가 완전한 실패였음을 자인하고 민영화를 되돌려놓았다. 무엇보다 흥미로운 것은 신자유주의 정책을 누구보다 앞장서서 가장 철저하게 실시했던 뉴질랜드에서 일어나는 변화라고 할 수 있다. 2000년 총선 이후 뉴질랜드는 세율인상, 연금 상향조정, 노조권한 강화, 민영화 중지 및 재국유화 추진 등 신자유주의와는 반대되는 정책들을 펴나가기 시작했다. 그렇다고 과거로 회귀한 것은 아니지만 좀더 실용적인 정책노선이 등장한 것이다. 엔론이나 월드컴 등 대규모 회계부정사태나 지구온난화의 심각성에 대한 증대된 인식도 시장만능주의에 경종을 울렸다.

설사 신자유주의의 전성시대가 끝났다고 하더라도, 이를 세계화의 종언으로 받아들여선 안된다. 신자유주의의 문제와 세계화의 문제를 혼동하면 곤란하다. 오늘날 세계화가 많은 문제점을 안고 있는 것은 사실이지만, '반세계화'론자들이 말하는 것처럼 세계화가 저임금·실업·빈곤·환경파괴 등 모든 악의 근원이라고 볼 수는 없다. 오히려 세계화는 일반적으로 부의 증진을 가져올 기회를 증가시킨다. 오늘날 세계화가 낳은 많은 병폐들은 세계화 자체의 문제라기보다는 신자유주의적인 오류로 인한 문제라고 보아야 한다.

강력한 반세계화 시위가 일어났을 때나 9·11테러가 발생했을 때 세계화가 종언을 고하는 것이 아닌가 하는 논쟁이 일기도 했다. 현재 세계화의 질서는 다분히 다국적기업, 국제금융자본, 강대국 중심으로 형성되어 있다. WTO나 IMF 등 대부분의 주요 국제경제기구들은 미국을 비롯한 선진국 그리고 이들 나라의 초국적자본의 이해를 주로 대변하며, 그 결과 빈국에 대한 무관심과 차별, 그리고 정책적인 면에서 신자유주의적인 편향성 등을 보이고 있다.[4] 이러한 상황이 지속된다면 세계화에 대한 정치적 저항이 확산되고 과거에 그랬듯 세계화가 일시적으로 후퇴하는 사태가 올 수도 있다.[5]

그러나 세계화는 인도주의와 보편주의라는 거역하기 어려운 대세에 부합하는 흐름으로서, 장기적으로는 막을 수도 없고 막아서도 안된다. 근본적인 관점에서 더 나은 삶의 기회나 경제적 기회 등을 추구하는 데 국경이 장벽이 되어야 할 까닭은 없다. 세계적인 차원에서 시장의 실패를 보정하고 분배와 안정화 등을 위한 제도적 장치를 발전시키는 것이 앞으로 나아갈 방향이다.

원래 시장의 발달은 정치적 통합에 의해 뒷받침되지 않으면 지속되기 어려운 것이다. 시장은 부의 창출과 확대재생산을 가져오지만, 시장이 기능할 수 있도록 질서를 부여하고 시장의 파괴성을 순치하기 위한 제도적 장치는 정치공동체에 의해 마련될 수밖에 없기 때문이다. 유럽의 시장통합이 유럽의 정치적 통합과 맞물려서 진전돼온 것처럼 앞으로 지구적인 차원에서 시장통합이 진전되어감에 따라 지구적인 차원에서 정부의 기능이 발달하고 실질적인 '세계정부'가 형성될 것이다.[6] 이러한 '세계정부'의 구체적 상은 기능에 따라 다양한 형태를 띠는 매우 복합적인 모습이 될 것이고, 유럽이나 동아시아 등 지역 차원의 정치경제적 통합이 중요한 디딤돌이 될 것이다. 따라서 지역적인 차원, 나아가 지구적 차원의 민주주의를 확장하면서 시장이 낳는 문제점들을 시정해가는 노력이 필요하다.

4. 신자유주의와 한국경제

한국은 1950년대까지만 해도 세계에서 가장 가난한 나라 중 하나였으나, 60년대 이후 90년대 중반까지 초고속 성장을 거듭하여 가장 말석이긴 하지만 부자 나라들의 그룹에 들어가게 되었다. 박정희 개발독재 아래서 이루어진 고속성장의 주요 특징은 다음과 같다. 첫째, 국가주도형 성장이다. 국가기구가 금융기관이나 외자도입에 대한 통제력을 토대로 자원을 동원하고 이를 전략산업에 배분했으며, 시장은 자원배분에서 오히려 보조적인 역할을 했다. 둘째, 대외지향형 성장이다. 투자재원을 보충하기 위하여 외국자본의 도입에 많이 의존했고, 고도성장하는 데 필요한 자본재 수입을 감당하기 위해 수출증진을 통한 외화획득이 중시되었다. 이로써 자본과 무역 양면에서 대외의존도가 매우 높아지게 되었으나, 수출주도형 산업화는 또한 국내의 좁은 시장을 넘어서서 규모의 경제를 이룩하고 세계시장과의 접촉을 통해 선진기술을 도입하는 데 기여했다. 이런 의미에서 한국의 고도성장은 세계화의 잇점을 잘 이용한 사례라고도 할 수 있다. 셋째, 불균형 성장이다. 지역적으로는 수도권과 영남권을 중심으로 하고, 산업구조상으로는 전략산업을 집중 지원하며, 더 미시적인 차원에서는 재벌기업들을 성장엔진으로 삼는 불균형 성장을 추진했다. 마지막으로, 성장지상주의 철학이 지배했다. 초고속 성장을 위하여 복지·환경·형평·안전·효율 등 다른 가치들은 아낌없이 희생했다.

이러한 특징을 지닌 고도성장체제는 산업화과정에서 압축적인 성장을 이루는 데 매우 효과적인 것이었다. 그래서 고도성장기가 종언을 고한 1990년대 중반 이후 찾아온 금융위기, 위기극복 이후의 고용침체와 분배악화 등은 이러한 효과적인 체제가 신자유주의적인 개혁으로 무너진 탓이라고 보는 견해가 대두하게 되었다.[7] 그러나 이러한 견해에는 동의하기 어렵다.

사실 위기의 근본적인 원인은 개발독재가 낳은 축적체제의 구조적 위기에 있었다.[8] 당시 형성된 축적체제의 큰 축은 국가주도의 투자계획, 관치금융을 통한 자원배분, 재벌중심의 산업발전이었다. 그런데 이러한 축적체제의 성공은 오히려 자기파괴의 씨앗이 되었다. 중산층과 노동계급의 물적 토대와 의식이 발전하면서 민주화로 나아가지 않을 수 없게 되었고, 자본축적의 극대화는 한계수확체감의 법칙에 부딪혀 이윤율 저하를 불러오게 되었다. 경제구조가 고도화됨에 따라 관료적 통제의 효율성은 점차 저하되었고, 정경유착과 관치금융에 의한 부패와 비효율 그리고 국민경제의 불균형이 심화되었다.

따라서 축적체제의 일정한 변화는 불가피한 것이었다. 실제로 80년대부터 점진적으로 민간주도와 시장중심의 경제운용이 도입되었다. 대외적으로 무역자유화가, 대내적으로는 은행민영화와 이자율 자유화 등 금융자율화 조치들이 추진되었다. 특히 90년대에 들어와서는 산업정책의 폐기, 금융시장 개방과 자본거래 자유화 조치들이 급격하게 취해졌다. 그 결과 한국경제도 세계화의 물결 한가운데로 점점 다가가게 되었다. 그러나 이 과정에서 국가의 계획과 통제는 없애면서 이를 대신할 시장규율을 강화하지 않은 것은 결정적인 오류였다. 국가의 통제도 시장규율도 미약한 상황에서 재벌그룹들간의 경쟁은 시장왜곡과 과잉투자를 불러와 금융위기를 낳기에 이르렀다. 이같은 맥락에서 금융기관의 건전성과 경쟁력 강화 및 금융규제와 감독의 고도화 등 국내적 개혁이 수반되지 않은 채 섣불리 추진한 금융과 자본거래 자유화 조치들은 1997년의 외환위기와 이로써 촉발된 금융위기의 직접적인 원인이 되었다.[9]

비단 한국뿐 아니라 적절한 규제나 제도개혁 없는 무분별한 금융개방과 자유화는 언제나 심각한 버블과 금융위기로 이어진다. 우리나라의 경우, 과거 관치경제하에서 금융기관들은 취약하기 이를 데없는 상황이었으며 기업들의 과다부채로 인한 잠재적 금융위기가거의 항구적으로 존재했다. 개발독재 아래서는 1972년의 8·3조치나 80년대 초의 산업합리화정책 등 매우 비시장적이고 비민주적인방법으로 금융위기의 폭발을 막았다. 하지만 민주화와 시장자유화의 진척으로 더이상 이러한 방법을 사용할 수 없었고, 그렇다고 시장적인 방법으로 부실기업을 정리하는 기제도 발달되지 못했던1997년에는 기아자동차 사태에서 보듯이 미봉책으로 일관하면서위기의 심화를 방치했던 것이다. 동남아에서 전염되어온 외환위기는 이미 국내적으로 진행되던 금융위기를 급진적으로 폭발시키는도화선 역할을 했다.

이렇게 볼 때 금융위기의 근본원인은 개발독재하에서 형성된 자본축적 극대화체제의 모순이고, 이를 개혁하기 위해 추진된 자유화 정책의 오류였다. 특히 '세계화'를 정책모토로 삼은 김영삼정부는 '작은 정부'를 내세우며 금융감독과 공정거래 등 시장의 정상적인 작동을 위해 필요한 국가의 역할마저 위축시켰다. 앨리스 앰스던 (Alice Amsden)이 '앵글로쌕슨화의 유령이 한국을 배회한다'고 한 것처럼 신자유주의적 사조가 이러한 오류를 부추긴 면이 있는 것은 사실이다.[10] 하지만 이는 부차적인 요인에 불과했고 정치경제적 요인이 더 중요했다. 즉 국내적 금융개혁은 기득권 세력의 반발 등 많은 정치적 어려움을 야기하는 데 반해서 금융개방과 자본거래 자유화 등은 당장에 가시적인 피해자는 별로 없고 싼 이자에 외국자금을 들여와 사용하고자 하는 재벌기업들에 즉각적인 혜택을 주기 때문에 정치적으로 유리한 정책인 셈이다. 90년대에 접어들어 재벌들은 힘이 커지면서 시장주의와 세계화의 논리를 앞세워 자신들에게 불편한 정부의 통제나 규제를 완화해나갔는데, 이때 가장 핵심적인 것이 바로 자본거래 자유화였고 추가적으로 노동시장의 유연화였다. 이제는 신자유주의가 재벌의 경영권을 위협하고 투자를 위축시킨다고 주장하고 있으니 아이러니가 아닐 수 없다.

97년 외환위기 이후 IMF의 요구로 추진된 개혁은 그야말로 신자유주의 아닌가? 김대중정부는 IMF의 요구에 충실히 따라 본격적인 자본시장 개방, 노동시장 유연화, 공기업 민영화 및 규제완화 등을 추진했다. 분명 신자유주의적 요소가 다분히 존재했다. 사실 1982

년 멕시코의 대외채무 불이행선언으로 촉발된 '외채위기' 이후 IMF 관리체제는 개도국에 '워싱턴 컨센서스'라고 불린 신자유주의적 정책개혁 패키지를 강요하는 기제가 되었다. 우리도 이러한 운명에 처한 것이다. 그럼에도 IMF위기 이후 취해진 시장개혁정책을 단순한 신자유주의로 규정하는 것은 무리다.

첫째, 개혁정책은 케인즈주의적 복지국가의 과도한 발달과 노동권의 지나친 강화에 대한 반작용으로 나온 게 아니라, 오히려 개발독재 아래서 형성된 관치경제와 재벌체제로 인해 왜곡된 시장기능을 바로잡고자 하는 성격이 강하다. 정경유착, 이와 밀접하게 관련되어 있던 관치금융, 그리고 전근대적인 총수지배를 핵으로 하는 재벌체제 등으로 인한 비리와 부패 등 시장왜곡과 비효율을 청산하는 것은 신자유주의와는 무관하다. 오히려 각 부문에서 책임성·투명성·효율성을 높임으로써 시장경제질서의 기초를 다지는 일이라 보는 것이 타당하다.

둘째, 김대중정부가 몇가지 중요한 영역에서 정부 역할을 강화했음에 주목할 필요가 있다. 용두사미가 되어가고 있긴 하지만 재벌에 대한 규제를 강화하기도 했고, 금융기관에 대한 감독 및 건전성규제를 강화했다. 무엇보다 4대연금을 확대하고 기초생활보장을 도입하는 등 사회복지가 크게 확대되었다. 김영삼정부 당시에 완전히 폐기되다시피 했던 산업정책도 벤처기업 육성, 지역균형발전 추진, 혁신클러스터 양성, 신성장동력 발굴 등 새로운 형태로 부활하고 있다. 다양한 시장실패에 대한 적극적 대응이 이루어지고 있는 것이다.

따라서 김대중정부의 경제개혁은 자본시장 개방, 규제완화와 공기업 민영화, 노동시장 유연화 등 신자유주의적 측면은 물론이거니와 관치금융과 재벌체제를 개혁하는 등의 구자유주의적 측면, 노사정 타협이나 생산적 복지의 확대에서 볼 수 있는 사회민주주의적 측면 등 복합적 성격을 지닌 것이라는 김기원의 지적은 전적으로 옳은 것이다.[11] 또한 개발독재 아래서 형성된 관치경제와 재벌체제의 유산을 청산하고 정상적인 시장기능을 확대하는 것이 우리 사회에 중요한 과제로 주어진 현실에서, 경쟁과 시장의 역할을 강화하는 것을 무조건 신자유주의라고 공격하는 것이 바람직하지 않다는 그의 주장도 귀담아들어야 할 것이다. 하지만 개혁과정에서 신자유주의가 일정한 영향력을 발휘했고, 이에 따라 시장의 왜곡을 시정하려는 개혁이 시장의 과잉으로 치달으면서 부작용과 혼란을 초래한 것도 사실이다.

극심한 금융위기의 와중에 복합적인 개혁을 추진하는 것이 쉬울 리 없다. 신속하게 위기를 극복하고 경기를 회복시킨 것은 후하게 평가해야 한다. 하지만 개혁론이 일관성있게 정리되지 못했고 개혁 추진의 정치적 기반이 튼튼하지 못했던 탓에 개혁이 좌충우돌하며 파편적으로 이루어졌다. 특히 우리의 현실적 과제와는 연관성이 희박한 신자유주의적 아젠다가 상당히 침투한 까닭에 개혁과정의 혼란을 부추겼다. 구조조정을 정부주도로 해야 하는지 시장자율에 맡겨야 하는지 상당기간 혼돈을 거듭했고, 공공부문 개혁 등에서 지나치게 규제완화, 민영화, 인원감축 등에 초점을 맞추었으며, 노동개혁에서도 노사관계는 뒷전에 밀리고 노동시장 유연성만이 전면화되는 현상들이 나타났다. 부실기업과 부실사업의 구조조정은 물론 불가피한 것이었지만 지나치게 인력감축 위주로 진행되었고, 이는 고용구조 악화와 고용불안을 초래하여 양극화 심화의 중요한 요인이 되었다.

또한 개혁의 분야별 불균형이 심각하게 드러났다. 경제개방은 고속으로 추진되었으나, 금융과 기업을 튼튼히하기 위한 구조조정과 개혁은 더디게 진척됨으로써 불균형이 발생했다. 강력한 정치적 저항 때문에 개혁은 주춤거리는데도, 특별한 저항세력이 없는 금융개방은 일사천리로 진행되었다. 사회정책 차원의 개혁조치들은 행정적인 준비 소홀과 정책집행전략의 미숙함 탓에 가시적인 혜택이 나타나기 전에 온갖 저항과 반대에 부딪히는 어려움을 겪게 되었다.

노무현정부에 들어서는 '성장과 분배의 선순환 구조'를 만든다는 등 좌파적 언사를 많이 사용하면서도, 경제정책은 법인세 인하나 규제완화 정책에서 보듯이 대체로 신자유주의를 강화하는 방향으로 가고 말았다.[12] 이러한 경향은 무엇보다 한미FTA의 졸속 추진에서 극에 달했다. 한미FTA는 단순히 시장개방을 통한 무역확대를 목적으로 하는 것이 아니라 미국식 제도의 이식(移植)을 노리는 것이다. 정부는 개방을 통해 개혁을 추동한다는 논리를 내세우지만, 이는 곧 대외개방과 내부개혁의 불균형을 극단적으로 보여주는 것이다.

5. 새로운 발전모델의 모색

IMF 외환위기 이후 추진된 경제개혁의 결과 한국경제에 심대한 변화가 온 것은 분명하다. 과거에 비해 훨씬 시장중심의 경제가 된 것이다. 하지만 개혁이 새로운 발전모델에 대한 사회적 합의와 일관된 청사진하에서 철저하게 추진되지 못했고, 정치경제적 상황에 따라 갈지자 걸음을 걸어왔다. 그래서 아직도 관치금융과 재벌체제라는 유제(遺制)가 상당부분 남아 있음은 물론 새로운 발전모델의 출현 또한 요원하다.

성장동력을 강화하면서도 양극화를 극복할 수 있는 새로운 발전모델이 절실히 요구된다. 필자는 그 핵심이 인적자본과 과학기술에 대한 투자를 통한 지식의 축적이 성장을 견인하는 것이라 본다.[13] 이러한 지식경제에서는 합리적인 시장의 기능을 살리는 것도 중요하지만, 국가의 책임 아래 모든 개인이 자신의 능력을 최대한 개발하고 역량을 최대한 발휘할 수 있도록 지원하는 것이 필수적이다. 신자유주의를 반대한다며 시장과 경쟁 자체를 무턱대고 반대하는 것도 문제지만, 독소조항은 따져보지도 않고 무조건 한미FTA에 찬성하거나 공교육과 복지가 지금처럼 부실한 상황에서 '큰 시장 작은 정부'를 내세우는 등 신자유주의 혹은 시장만능주의적 경향으로 흐르는 것은 더욱 위험하다. 신자유주의에 가장 앞장섰던 뉴질랜드보다 국가가 나서서 열심히 지식투자를 한 핀란드가 더 경쟁력이 높고 세계화에 잘 대응하고 있다는 점을 명심하자. 50년 동안 단 한명도 정리해고를 하지 않은 토요따자동차가 세계 최고의 경쟁력과 수익성을 자랑한다는 것도 주목할 필요가 있다.

세계화는 지속될 것이지만 신자유주의적 세계화는 이미 퇴조국면에 들어섰다. 시장을 확대하면서도 또한 시장을 순치시키는, 좀더 민주적으로 관리되는 세계화가 향후 대세가 될 것이다. 이것이 또 지식경제시대에 경쟁력을 높이기 위한 밑바탕이 될 것이다. 우리나라가 세계화에 능동적으로 대응한답시고 신자유주의적 방향으로 치닫는다면 이는 치명적 실수가 될 것이다.*

---

* 이 글은 계간 『창작과비평』 2007년 가을호에 발표된 원고를 이 책에 싣기 위해 다소 손질한 것이다.

김대중-노무현 정권은 시장만능주의인가

김기원 • 한국방송통신대 경제학과 교수

1. 김대중-노무현 정권에 대한 엇갈린 평가

IMF사태를 맞은 지 10년이 흘렀다. 그동안 김대중정권과 노무현
정권은 구조조정을 통해 위기를 극복하고 경제의 새로운 틀을 마련
하고자 노력했다. 그리하여 바닥이 보이던 외환보유고가 2500억달
러 정도로 늘어나 세계 5위가 되었고, 한때 9%에 육박했던 실업률
도 3%대로 하락했으며, 기업회계나 금융감독 등과 관련해 선진적
인 제도도 다소 갖추어졌다. 게다가 불법 대선자금의 공개로 정경
유착도 상당히 완화되었다.

그러나 어두운 그림자도 존재한다. 1987년 이후 개선되던 분배상
태가 다시 악화되고 고용구조도 열악해졌다. 이러한 양극화 사태의
심각성이 가장 첨예하게 드러나는 부분이 바로 비정규직과 영세자

영업 문제다. 또한 한미FTA에서 보듯이 범위와 속도를 신중하게 고려하지 않은 급속한 개방을 둘러싸고 논란이 뜨겁게 전개되었다. 신용불량자의 대량발생이나 부동산가격의 폭등 등 서민대중의 삶과 직결된 문제도 터져나왔다.

이런 복잡한 상황을 반영해 김대중-노무현 정권에 대한 평가는 극단적으로 엇갈린다. 한편으로 보수언론, 한나라당, 보수지식인들은 김대중정권을 관치경제의 부활, 남미식 포퓰리즘(대중 인기영합주의) 등으로 비판하더니 노무현정권에는 노골적으로 반시장적 좌파라고 낙인찍었다. 그런가 하면 이와 정반대로 진보언론, 진보정당, 진보지식인들은 두 정권에 신자유주의라는 딱지를 붙이길 좋아한다.[1] 이때 비판하는 측들은 다른 편에서 왜 자신들과 정반대의 비판이 제기되는지 따져보지 않는다. 게다가 이런 비판들은 특정 정책을 대상으로 삼기보다는 정권의 성격을 총체적으로 규정한다.

김대중-노무현 정권의 경제정책은 이처럼 좌우에서 협공당하는 샌드위치 신세다. 마치 모자이크 작품처럼 평자가 보는 각도, 즉 이데올로기에 따라 정부정책의 모양과 색깔이 달라지는 셈이다. 세계 선진국들을 늘어놓고 그 스펙트럼 상에서 보면 두 정권은 중도우파다. 하지만 중도우파 정권도 극우파가 보기에는 자신의 왼쪽에 위치하며, 좌파가 보기에는 자신의 오른쪽에 위치하기 마련이다. 또 사람들은 정권의 정책 중 자신이 보고 싶은 부분만 보는 경향이 있다. 나아가 정권의 성격을 극단으로 규정함으로써 자기 지지세력을 넓히려는 정략적 판단도 작용한다.

그런데 김대중-노무현 정권의 정책에 대한 평가의 엇갈림은 평자들의 이데올로기나 정략적 고려에만 기인하지 않는다. 두 정권이 처한 역사적 상황 자체가 바로 복잡한 평가를 빚어내고 있는 것이다. 한국은 박정희시대의 개발독재에서 선진사회로 이행하는 과도기에 놓여 있는데, 바로 이것이 극단적 논란의 기본배경이다.

1987년 6·10항쟁과 6·29선언을 통해 박정희 개발독재체제 중 정치적 '독재'체제가 허물어지고, 1997년 IMF사태를 통해 경제적 '개발'체제가 허물어져갔다. 그런데 개발독재체제가 이렇게 두 단계를 거쳐 허물어지고는 있지만 일거에 깔끔하게 정리된 것은 아니었다. 아직도 개발독재의 요소가 뿌리깊게 잔존하며 김대중-노무현 정권은 이를 처리해가는 과도기 정권이었던 셈이다.

이런 과도기에는 변화가 격심하며 그에 대한 저항도 치열하기 마련이다. 그리고 과도기를 거쳐 우리가 지향하는 선진사회는 단 하나의 모범답안으로만 존재하는 게 아니라 여러 유형이 경쟁하고 있다. 흔히 구분하는 영미형과 북유럽형은 서로 성격이 상당히 다르다. 둘 다 시장경제와 민주주의를 기본으로 하지만, 전자가 시장·효율성·경쟁을 상대적으로 더 중시하는 입장이라면, 후자는 민주주의·공정성·연대를 더 중시한다.

김대중-노무현 정권의 과도기는 이런 다양한 선진사회 중 어느 쪽으로 나아갈지 또는 선진사회들의 어떤 조합을 우리 스스로 창출할지를 둘러싸고 각 세력들이 치열하게 싸우는 시기였다. 각 정권에 대한 극단적 평가들도 이런 투쟁의 한 표현이다. 여기에다 우리

의 특수한 분단상황 탓에 통일한국을 만들어가는 방식에 대한 갈등
도 추가된다.

2. 시장과 시장만능주의의 분별

진보세력 일각에서는 '선진사회'라는 방향성을 받아들이는 것을
거부한다. 보수세력이 이 용어를 많이 사용하고 있고, 또 그들이 양
적 성장을 강조한다는 이유에서다. 하지만 이는 북한이 '동무'란 말
을 사용한다고 남한에서 사용하지 못하게 하는 것과 마찬가지다.
문제는 선진사회냐 아니냐가 아니라 어떤 선진사회냐이다. 그리고
선진화의 개념이 불분명하다는 지적도 있다. 물론 민주화나 산업화
에 비해 선진화는 다소 허술한 개념이다. 상대적 개념이기 때문이
다. 하지만 민주화와 산업화의 수준이 세계 일류급에 도달하는 것
을 선진화로 정의할 수 있지 않을까 싶다. 여기서 민주화가 단순히
정치적 민주화만이 아니라 사회경제적 민주화까지 포괄함은 당연
하다. 문화수준의 고양도 선진화에 들어가야 할 내용이다.

김대중-노무현 정부는 이런 선진화를 향한 과정에서 과거의 '개
발'체제를 지양해 시장경제를 정상화하고 발전시키는 과제를 부여
받았다. 시장경제 자체를 부정하는 극단적 좌파도 있겠지만, 적어
도 현재의 역사발전 단계에서 경쟁에 의한 효율성을 가져다주는 시
장의 긍정성을 전면 부정할 수는 없다. 다만 시장경제를 발전시키

는 것과 시장에 대한 우상숭배에 빠지는 것 사이에는 칼로 두부모 자르듯 분명한 경계가 존재하지 않는다. 시장을 발전시킨다는 것이 과도하게 추진(overshooting)되어 시장만능주의로 나아갈 위험성이 항상 도사리고 있는 셈이다.

시장만능주의자의 주장과 달리 시장은 불완전하고 폭력적이기도 하다. 독점이나 분배악화, 경기불황 같은 문제가 그런 경우다. 따라서 시장경제의 발전에는 이를 시정하는 조치가 수반되어야 한다. 그것이 바로 시장경제와 민주주의의 병행발전이다. 1997년 외환위기라는 역사상 유례없는 공황에 직면한 우리 상황에서는 미국의 뉴딜정책처럼 시장을 규제하고 복지를 강화하는 등 시장의 폐해를 완화하는 조치의 도입이 필수적이었다. 그런데 시장경제에 대한 이런 민주주의의 개입이 시장만능주의자에게는 시장을 부당하게 억압하는 조치로 비치기 쉽다.

돌이켜보면 김대중-노무현 정부는 시장경제의 발전도, 시장의 폐해를 바로잡는 민주주의의 발전도 기대만큼 제대로 수행하지 못했다. 시장과 시장만능주의를 잘 구별하지 못했던 게 그 하나의 요인이다. 마찬가지로 정권 비판세력 역시 양자를 잘 구별하지 못했다. 보수세력은 정권이 시장만능주의에 빠지지 않으려 하면 좌파로 몰아붙이고, 진보세력은 정권이 시장질서를 바로잡으려 하는 경우에도 시장만능주의로 몰아붙이는 일이 있었다. 재벌기업과 재벌총수를 분별하지 못한 것이 재벌문제 해결에 혼란을 초래했듯이, 시장과 시장만능주의를 분별하지 못한 것이 정권이나 정권 비판세력 모두에게 혼란을 야기하고 있는 것이다.

시장만능주의는 말 그대로 1원1표의 시장원리를 만능시하는 사상과 정책이다. 이는 자본의 이윤극대화를 제약하는 1인1표의 민주주의원리에 대항하기 위한 것이고, 자본의 글로벌화가 진전되면서 그 힘이 강화되었다. 그런데 시장만능주의, 즉 신자유주의가 자본주의 발흥 초기의 구자유주의와 다른 점은 그것이 서구의 강력한 노조와 복지정책에 대한 자본의 반격으로 등장했다는 사실이다.

우리의 경우에는 1987년 이후 노조, 특히 대기업노조가 강력해진 것이 사실이지만, 복지수준은 1997년 이전에는 변변찮았다. 게다가 우리는 개발독재에서 벗어나 공정한 시장질서를 수립해야 하는 구자유주의적 과제도 안고 있다. 서구와 다른 이런 우리 상황에 대한 분석 없이 보수세력과 진보세력은 각기 특정 측면만 부각해 좌파니 신자유주의니 하는 서구의 개념을 무분별하게 차용한 셈이다.

3. 김대중정권의 경제정책

김대중정권의 경제정책은 크게 전반기와 후반기로 나누어볼 수 있다. 전반기는 외환위기를 맞아 구조조정을 통해 해외빚을 갚기 급급했던 시기이고, 후반기는 2001년에 IMF 빚을 모두 상환함에 따라 IMF 관리체제에서 벗어나 정권이 구조조정보다 경기부양에 더 주력했던 시기다. 먼저 전반기 김대중정권의 경제정책은 재벌·금융·공공·노동 4대 부문의 구조조정과 개방이라는 대외적 구조조정을 바탕으로 이루어졌다.

재벌 구조조정은 크게 세가지 범주로 구성된다. 과잉투자 해소, 기업지배구조 개혁, 재벌기업의 국민경제 지배체제 개혁이 그것이다. 재벌의 과잉투자 해소를 위해서는 빅딜, 워크아웃, 퇴출 조치를 실시하고 부채비율 축소를 요구했다. 기업지배구조 개혁과 관련해서는 소수주주권을 강화하고 사외이사제를 도입했다. 재벌의 국민경제 지배체제 개혁을 위해서는 벤처기업을 육성하고 재벌의 비서실 해체를 요구하기도 했다.

이러한 재벌 구조조정으로 일부 부실한 기업과 사업이 정리되고, 인력이 대폭 감축되고, 재무구조가 개선되고, 소수주주권이 강화되고, 상호채무보증이 해소되는 등 일정한 성과를 거두었다. 그러나 재벌의 금융지배에는 제대로 손도 대지 못했다. 사외이사제가 과거에는 아예 열리지도 않던 이사회를 열게끔 하는 구실을 했지만 사외이사는 대개 들러리나 로비스트에 지나지 않았다. 비서실 해체도 비서실의 간판만 구조조정본부 따위로 바꿔 달게 했을 뿐이다. 그리고 재벌이 국민경제를 지배하려고 구축한 정계·관계·학계·언론계·법조계와의 네트워크도 다소 흐트러지긴 했지만 그 기본구조는 동요하지 않았다.

김대중정권이 추진한 이런 재벌 구조조정의 성격은 어떻게 규정할 수 있을까. 빅딜 같은 조치는 전두환정권이 시행한 중화학투자 조정과 마찬가지로 전형적인 개발독재 정책이다. 인력감축 과정에서는 비정규직이 대량 발생하는 시장만능주의 정책이 나타나기도 했다. 하지만 대부분의 재벌개혁 과정은 재벌의 왕조적 독재체제와 정경유착이라는 전근대성을 타파하려는 것이었고, 이는 시장질서를 바로잡는 구자유주의에 속한다.

일각에서는 그나마 재벌개혁의 확실한 성과라 할 수 있는 소수주주권 강화를 시장만능주의와 주주자본주의라고 비난한다. 그러나 총수의 불법적 행위를 견제하는 소수주주권 강화가 시장만능주의의 표현일 수는 없다. 물론 일부 외국인 펀드가 주주총회에서 기업 경영권에 시비를 걸어 막대한 차익을 거둔 사건이 있었다. 하지만 이는 소수주주권 강화와는 무관하게 외국자본에 함부로 문호를 개방한 결과이고, 동시에 재벌체제가 제대로 개혁되지 않았기 때문에 일어난 일이었다.[2]

또 대우자동차처럼 부도난 기업의 인력감축까지 모두 시장만능주의라고 비난해서는 곤란하다. 부도기업에서 인력조정을 단행하는 것은 자원의 효율적 배분이라는 시장원리의 기본이다. 이런 시장원리를 부정하는 것은 옛 소련과 동구권에서처럼 불필요한 인력을 계속 끌어안다가 기업도 망하고 나라경제도 망하는 길이다. 중요한 점은 그런 인력감축 과정을 합리적으로 시행하고 그렇게 감축된 인력을 최대한 배려하는 것이지, 인력감축 자체를 무조건 거부해서는 안된다. 바로 이런 것이 시장과 시장만능주의의 분별이 필요한 경우다.

다음으로 금융 구조조정은 과거의 누적된 부실을 떨어내고 미래의 부실발생 가능성을 최소화하는 것이었다. 전자를 위해서 공적자금을 투입해 금융기관 부실을 정리했고 후자를 위해서는 금융감독체계를 재정비했다. 금융기관의 부실정리 면에서는 우선 회생 불가능한 금융기관을 퇴출시켰는데, 그 결과 전체 금융기관의 4분의 1 이상이 정리되었다. 그리고 회생 가능한 금융기관에는 공적자금을 투입해 자본을 충실화했다. 금융감독체계의 재정비 면에서는 금융감독위원회를 설립하고 BIS비율(위험자산 대비 자기자본비율) 등 각종 건전성 규제의 기준을 마련했다.

이러한 금융 구조조정 과정을 거치며 금융자본의 과잉투자 완화, 금융기관 재무구조의 건전화, 금융기관의 도덕적 해이 방지가 다소 진전되었다. 하지만 금융기관의 소유·지배·경영 구조는 그다지 개선되지 않았다. 재벌에서와 마찬가지로 금융기관의 사외이사는 들러리의 위치에서 크게 벗어나지 않는다. 그리고 외국자본에 금융기관을 함부로 매각함으로써 일부 외국인 펀드가 막대한 시세차익을 거두었다. 시세차익 자체가 문제는 아니지만, 외국자본의 선진적인 금융기법을 별반 전수받지도 못했으면서 그들이 구조조정기 시장의 불확실성을 이용해 폭리를 취하게 만든 셈이다.

금융 구조조정의 성격을 규정해보면 국가경제의 중추인 은행을 외국펀드에까지 매각한 것은 시장만능주의의 한 사례다. IMF의 요구에 의해 시행된 이자제한법 폐지와 고금리정책도 같은 성격이다. 하지만 BIS비율 등을 통한 건전성 규제의 강화는 시장만능주의의 폐해를 막고자 한 것인데, 김대중정권을 비난한 진보세력의 일부는 이것까지 시장만능주의에 포함시키기도 했다. 규모가 큰 부실 금융기관들에 공적자금을 투입해 회생시킨 것도 시장만능주의와는 거리가 멀다. 만약 일부 서민대상 부실 금융기관들의 정리가 과도했다면 이를 시장만능주의에 포함시킬 수는 있을 것이다.

한편 공공부문은 재벌이나 금융기관과 달리 부실이 누적되어 도산위기에 처한 것은 아니었다. 그리하여 공공부문 구조조정은 그다지 시급한 과제로 떠오르지 않았다. 다만 외환위기 이후 국민의 고통을 분담하는 차원에서 인원감축이 단행되고, 일부 민영화가 추진된 정도였다. 케인즈 이론에 입각하자면 경제위기시에는 공공부문이 유휴인력을 끌어안아야 하는데도 거꾸로 인력을 감축한 것에는 시장만능주의적 요소가 들어 있다. 하지만 정부는 다른 한편에서 공공 일자리를 실업자대책으로 내놓기도 했으므로 일률적으로 규정하기는 힘들다.

민영화의 경우에도 한국중공업 등 일부 거대기업이 매각되기는 했으나 다른 민영화된 기업은 소규모였다. 당시 한전 민영화를 둘러싸고 뜨거운 논란이 벌어졌지만 시장만능주의 세력들이 요구하는 식의 민영화는 이루어지지 않았다. 한전 민영화는 노무현정권하에서 다시 도마에 올랐으나 결국 추진하지 않기로 결정된 바 있다.

다음으로 노동부문의 구조조정을 검토해보자. 이는 노동시장과 노사관계의 두 차원에서 진행되었다. 첫째로 노동시장 차원에서는 IMF의 요구에 따라 정리해고제를 조기 실시하고 파견근로제를 도입했다. 이는 1987년 이후 강력해진 노조에 대한 자본의 반격이란

점에서 전형적인 시장만능주의 정책으로 받아들여진다. 다만 정부
는 그 폐해를 줄이기 위해 고용보험제를 강화하고 공공지출 예산을
늘려 국민기초생활보장제 등 사회안전망을 확충하는 사회민주주의
정책도 채택했다.

정리해고제는 대기업노조의 강력한 반발에 부딪혀 시행에 어려
움을 겪었으므로 시장만능주의가 제대로 관철되었다고 하기 힘들
다. 나아가 비정규직 중 파견근로자의 비중이 미미하므로 외환위기
이후 비정규직 증대는 정부정책에 기인했다기보다 기업이 강력한
노조에 대응하고 수익성에 크게 민감해진 결과다.

우리 진보세력은 고용조정 같은 노동유연성 증대를 시장만능주
의로 비난한다. 하지만 덴마크에서는 고용조정이 대단히 자유로운
데, 그렇다고 시장만능주의라고 비난받지는 않는다. 다만 덴마크에
서는 실업자에 대한 사회보장이 철저하고 재취업교육도 충실하다.
그러니까 고용조정 그 자체는 시장기능의 발전일 뿐, 반드시 시장만
능주의적이지는 않은 것이다. 시장의 폐해를 시정하는 사회보장이
미비한 상태에서 고용조정이 무자비하게 시행될 때만 시장만능주
의적이라 할 수 있다.

둘째로 노사관계 차원에서 김대중정권은 민주노총과 교원노조를
합법화하고 노조의 정치활동을 허용하는 등 개혁조치를 취했다. 그
리고 노사정위원회를 설치해 노동시간 단축 등 몇가지 합의를 끌어
내기도 했다. 그러나 한편으로 실업자의 조합원 자격 인정 등 노사
정위 합의사항을 정부가 제대로 지키지 못했고, 금융기관 퇴출과 관

련해 노사정위가 소외되는가 하면, 다른 한편으로 민주노총이 내부 강경세력의 반발로 탈퇴하면서 노사정위의 위상은 추락해갔다. 사회민주주의적 노동정책이 제대로 뿌리내리지 못한 셈이다.

김대중정권에서 구조조정 대상으로 공표하지는 않았지만 사실상 중요한 구조조정 내용에 포함되는 대외개방은, 외환자유화·무역자유화·자본자유화의 세 부분으로 구성되어 있었다. 이는 IMF의 강력한 요구로 시행된 것인데, 시장만능주의로 비판받을 소지가 가장 큰 분야이다. 물론 대외개방은 대세일 뿐만 아니라 그 자체는 시장의 확대로서 시장만능주의적이지 않다. 또 보수세력이 정략적으로 제기한 국부유출론을 그대로 받아들일 수도 없으며, 대외개방만을 근거로 한국경제의 중남미화를 운운하는 일부 진보세력에 동의할 수도 없다.

그러나 현실의 개방은 자본과 노동을 모두 포괄해 하나의 완전히 자유로운 경제권을 형성하는 게 아니라 노동을 제외하고 부분적으로 진행되고 있다. 게다가 자본의 글로벌화에 대한 세계정부와 세계시민사회의 민주적 견제도 미비하다. 따라서 개방에서는 득실을 따지고 범위와 속도를 조절해야 한다. 그런데 김대중정권은 달러 부족에 의한 외환위기의 충격 때문에 달러를 들고 오는 외국자본에 대한 일종의 우상숭배에 빠졌다. 그리하여 기업경영에는 별로 관심도 없는 외국계 펀드가 한국의 은행을 소유하고 주식시장을 쥐고 흔드는 상황이 빚어진 것이다.

한편 김대중정권 후반기는 구조조정이 일단락되면서 경기침체에 대응하는 데 주력했던 시기다. 신용카드 남발을 방치하고 부동산 관련 규제를 완화하는 조치가 이때 취해진 것이다. 또 IMF의 철수로 정권의 경제정책 수행력이 약화된 반면, 구조조정을 마무리한 재벌이 다시 헤게모니를 회복하면서 개혁은 후퇴의 길을 걷는다. 출자총액제한제 완화와 금융계열사 의결권 허용이 그 대표적 사례다.

4. 노무현정권의 경제정책

노무현정권은 김대중정권에 비해 훨씬 더 강하게 그리고 임기 내내 보수세력에게서는 좌파로, 진보세력에게서는 시장만능주의로 공격받아왔다. 보수세력은 민주투사 출신의 성격이 강한 노무현정권에 대해 더 우려했고, 반대로 진보세력은 그만큼 기대가 컸던 탓에 실제 정책에 더 실망했기 때문이 아닌가 싶다. 또 김대중정권 때는 국가부도 사태에 직면해 보수·진보세력 모두 상당기간 목청을 높이기 어렵기도 했을 것이다. 어쨌든 이런 공격에 시달린 나머지 노대통령이 "그럼 내가 (형용모순인) 좌파 신자유주의란 말이냐"고 내뱉게 된 셈이다.

이런 종류의 공격은 자기중심적, 정략적 요소를 포함하며 과도기 정권이 불가피하게 겪어야 하는 수난이기도 하다. 게다가 노무현정권은 정치기반이 취약해 중심을 잡지 못하고 갈팡질팡함으로써 '좌파'나 '시장만능주의'라는 비판이 더욱 거세졌다. 정치기반의 취약성은 물론 정권이 자초한 측면이 크다. 부적절한 언사나 대북송금 특검, 정당 분열로 일찍부터 대중적 지지가 흔들렸기 때문이다.

다만 노무현정권은 김대중정권과 달리 IMF 같은 외부세력의 '뒷받침'도 없었고, 반면에 보수세력의 중심인 재계는 구조조정을 일단락하고 헤게모니를 회복한 상태였다. 그리하여 노무현정권은 삼성을 중심으로 하는 재계, 보수언론, 보수관료, 부시 치하의 미국이라는 보수세력들에 포위되어 있었다. 이런 제약조건을 정권측은 과대평가하고 진보세력은 과소평가하는 경향이 있다. 여기다 보수세력은 '잃어버린 10년'에 대한 분노로 강력한 결속력을 발휘했지만, 진보세력은 중도과 노무현정권을 어떻게 견인할 것인지에 대한 전략과 전술이 부재했다.

노무현정권은 분단개발독재에서 통일선진사회로 나아가는 과도기에 위치한다는 점에서 김대중정권과 마찬가지였다. 하지만 나라경제의 틀을 바꾸는 커다란 구조조정은 주로 김대중정권에서 입안·시행되었고, 노무현정권은 그 뒤치다꺼리를 하면서 그때 다루어지지 않은 가계, 중소기업, 자영업의 구조조정을 과제로 부여받은 정도였다. 남북 경제협력도 김대중시대 햇볕정책의 단순한 연장선상에 있었다. 그런데도 김대중정권보다 더 심하게 좌우파의 협공을 받은 연유는 앞서 말한 정치적 판도의 차이 때문이다.

물론 노무현정권의 경제정책을 뜯어보면 시장만능주의나 좌파로 공격받을 만한 부분이 없지는 않다. 특히 정권 말기에 추진한 한미 FTA가 시장만능주의의 전형으로 커다란 우려를 자아내고 있다. 정권측에선 '개방이냐 쇄국이냐' 하는 식으로 반대파의 한미FTA 비판, 즉 시장만능주의 비판을 시장에 대한 거부로 매도하면서 협정을 추진했지만, 긍정적 효과는 불분명한 데 반해 부정적 효과는 만만찮다. 대통령이 처음에 목표로 내세웠던 써비스업 구조개혁은 기대할 게 없고, 개성공단 제품의 수출증진 효과도 넘어야 할 산이 첩첩인 형편이다. 반면 투자자-국가소송제를 비롯해 농업의 피해, 의료비 증가 등 부정적 효과에 대해서는 정부가 심각성을 과소평가하고 있다고 보인다. 다만 한미FTA 이전에는, 노무현정권의 시장만능주의로는 해외펀드에 외환은행을 매각한 게 포함될 수 있을 정도였다.

그리고 이와 반대로 노무현정권은 정부지출에 대한 보육 등 복지지출 비중을 집권기간 20%에서 28% 정도로 늘리는 사회민주주의 정책도 시행했다. 하지만 보수세력이 노무현정권을 분배에 주력하는 좌파라고 비난해온 것에 견주어보면, 이런 복지지출 증대 이외에 양극화 해소를 위해 적극적으로 실시한 분배정책은 별로 찾아볼 수 없다. 요컨대 노무현정권이 시장만능주의나 좌파적 철학을 갖추고 그에 입각한 경제정책을 체계적으로 실시한 것은 아닌 셈이다.

노무현정권의 경제정책의 특징은 적극적인 좌파나 시장만능주의라기보다 오히려 '엉거주춤' 또는 '갈팡질팡'이며, 서민대중의 삶에 대한 둔감함이다. 예컨대 신용불량자 문제는 엉거주춤하면서 찔끔찔끔 대책을 내놓기보다 단번에 획기적 정책을 시행했어야 하지 않나 싶다. 또 부동산 정책은 갈팡질팡하지 말았어야 했고, 이른바 '반값아파트' 같은 서민주택정책도 한나라당이 떠들기 전에 진작 시행했어야 마땅하다. 이자제한법이나 영세자영업자 카드수수료 문제도 마찬가지로 좀더 일찍 해결했어야 한다. 그리고 의도가 도덕적으로 선하기는 했으나 실제로는 주변부 서민의 삶을 압박하는 전체주의 성격을 띤 성매매처벌법이나 노래방도우미처벌법을 시행했다가 반발에 놀라 단속을 완화했는데, 이는 서민대중을 위한 정권을 자처했으나 정작 그들의 구체적 경제현실에는 둔감했음을 보여준다.

재벌개혁이나 금융개혁과 관련해서는 한편으로 상속·증여세 포괄주의와 집단소송제를 실시해 시장질서를 바로잡는 데 기여했다. 그리고 무엇보다 불법 대선자금을 앞장서 드러냄으로써 정경유착을 상당히 해소한 것은 큰 공적이다. 하지만 다른 한편 초기의 카드대란에서 구래의 개발독재식 수법에 의존했고 금융관련법 개정에서는 엉거주춤한 자세를 취했다. 정권 말기에는 출자총액제한제도를 빈껍데기로 만들어버리고 지주회사 규제도 완화해 재벌체제를 강화하는 개혁 역행조치를 시행하기도 했다.

조세정책에서는 보수세력의 압력하에 선거공약을 뒤집고 소득세율과 법인세율을 인하하는 등 부유층 편애정책을 취했다. 그런가 하면 부동산투기 진정책에선 그 반대로 사회민주주의적 성격의 종합부동산세를 신설했다. 이를 두고 민주노동당의 부유세와 성격이 비슷하게 되어가고 있다는 대통령의 언급도 있었다. 김대중정권에서도 나타난 현상이지만 재벌정책, 금융정책, 조세정책 모두 개혁의 엑셀러레이터와 브레이크를 동시에 밟는 형국이었다.

노동관련 정책도 갈팡질팡하기는 마찬가지였다. 정권 초기에는 노사정위원회를 강화하고 대화와 타협의 선진적 노사관계를 구축하려는 모습이 엿보였다. 그러나 철도파업을 계기로 정부와 노조의 관계는 악화일로를 걸었다. 노조의 경직된 자세나 일부 대기업노조의 부패가 정권의 노조기피증을 초래한 면이 있지만, 그렇다고 정부가 노사관계 개선을 포기하다시피 한 것도 정권의 참을성 부족과 무책임함을 드러내는 부분이다.

특히 중소기업 노동자나 비정규직 문제와 관련해 대처가 불충분했다. 중소기업 문제를 해결하기 위해 대·중소기업 상생회의 같은 이벤트성 행사를 개최했을 뿐 그다지 실속있는 정책을 내놓지 못했다. 정부 차원에서 볼 때 중소기업과 그 노동자 문제는 세금과 복지 정책에서 접근하는 것이 더 효과적이지 이벤트성 회의로 풀 수 있는 사안이 아니다. 즉 대기업에서 세금을 더 많이 거두고 그 돈으로 교육·의료·주택 같은 문제를 기업복지가 아닌 사회복지로 해결함으로써 대·중소기업 노동자 사이의 실질적 격차를 완화해야 한다. 그런데 이런 해법에 주목하지도 않았고, 이를 알았더라도 취약한 정치 기반에서 실행이 가능했을지 의문이다.

물론 정권측은 중소기업 노동자 문제를 비롯해 비정규직 문제에 대해 고민이 많았으며, 그 결과 비정규직의 차별과 남용을 완화하려는 법률을 제정했다. 이런 노력까지 무시할 필요는 없다. 진보세력 일각에서는 이 법률이 오히려 비정규직을 양산하고 괴롭힌다고 비난한다. 물론 이랜드사태에서 보듯이 이 법률이 만족스런 해결책은 아니며, 이 법률로 인해 비정규직을 용역으로 전환하는 경우가 발생하고 있기는 하다. 하지만 비정규직이나 용역이나 그게 그것이므로 상황이 크게 더 나빠진 것 같지는 않다. 그리고 우리은행, 현대자동차, 신세계의 경우에서 보듯이 비정규직의 정규직화를 이끌어낸 긍정적 측면도 존재한다.

사실 비정규직 문제는 한편으로 임금체계를 연공급 위주에서 직무직능급 요소를 강화하는 쪽으로 바꾸고 다른 한편으로 사회보장제도의 충실화를 바탕으로 정규직의 노동유연성을 확보해야 풀릴 수 있다. 그런데 이런 개혁을 노조가 수용할 수 있을지 의문인 상황이 해결을 어렵게 만든다. 사회보장제도의 충실화를 추진할 정권의 등장 여부나 재계의 동의 여부도 큰 과제다. 다만 이것이야말로 사회적 대타협이 필요하고 가능한 부분이다. 덧붙이자면 임금체계의 변화는 회사 퇴직연령을 늦춰 영세자영업자의 과잉공급 문제를 푸는 길이 될 수도 있을 것이다.

노무현정권의 경제정책도, 굳이 나누자면 그래도 개혁적 인사들이 구색 갖추기 차원에서나마 정권 내부에 자리잡고 동반성장을 내걸었던 전반기와, 2005년에 그들이 물러나고 관료들이 견제 없이 정책을 주무르게 된 후반기가 다르다. 한미FTA 같은 시장만능주의 정책은 후반기에 나타났으며 재벌개혁의 후퇴도 마찬가지였다. 그렇다고 노무현정권의 경제정책을 모두 싸잡아 시장만능주의로 비난할 수 없음은 앞의 정책분석에서 알 수 있는 바다.

재차 강조하지만 노무현정권의 경제정책에서는 엉거주춤, 갈팡질팡, 서민감각 부족이 오히려 더 두드러진다. 시장만능주의와 관련해서도 한때는 대통령이 "신자유주의는 대세니까 어쩔 수 없이 수용해야 한다"고 했다가 다른 자리에서는 "시장이 점차 비대해져서 사람을 위한 시장이 아니라 시장을 위한 사람을 만들어낸다"면서 '시장의 독점적·독재적 지배'를 비판하기도 했다. 후자의 발언은 시장만능주의에 대한 비판인 셈이다. 사실 대통령이 신자유주의라고 했을 때 그것이 시장을 의미하는지 시장만능주의를 의미하는지 알 수 없지만, 어쨌든 노무현정권을 단색으로 규정하기 어렵다는 사실은 분명하다.

5. 시장만능주의와 시장만능주의 논란을 넘어서

김대중-노무현 정권에 대해서는 좌파와 시장만능주의라는 상반되는 평가가 공존한다. 개발독재에서 선진사회로 이행하는 과도기에는 이러한 논란이 불가피한 측면이 있으며, 게다가 총체적 인식을 결여한 자기중심적 사고와 정략적 공세가 난무하는 우리 상황에서는 그러한 논란이 더욱 뜨거울 수밖에 없다. 중도우파 정권의 숙명 같기도 하다.

그러나 이러한 극단적 평가는 과학이라기보다 정권 타도를 부르짖는 선동에 가깝다. 황무지 같은 복지상황을 개선한다든가 전근대적 재벌체제를 규제한다고 해서 좌파로 규정한다면 선진국들은 모두 좌파 아니 극좌파다. 그리고 97년 외환위기 이후 양극화가 심화된 것은 사실이다. 하지만 그렇다고 두 정권의 시장만능주의 때문에 사회경제적 민주주의가 1987년 이전보다 후퇴했다는 식의 주장은 현실과 부합하지 않는다. 1987년 이후 실질임금의 상승과 직장 내 인격적 차별 철폐, 각종 사회보장제도 도입이 다 헛것은 아니다. 지니계수나 노동분배율을 보더라도 마찬가지다.

김대중-노무현 정권의 경제정책에는 물론 시장만능주의적 요소가 포함되어 있다. 그러나 그뿐 아니라 시장질서를 바로잡는 구자유주의, 복지를 강화하는 사회민주주의, 구래의 개발독재가 혼재되어 있다. 이런 갖가지 흐름이 각축을 벌이면서 우리 나름의 선진사회를 지향해온 것이다. 서구에서는 중상주의 이후 구자유주의가 한참 지속된 다음 사회민주주의, 그리고 그에 대한 반동으로서의 시장만능주의가 전개되었다. 그런데 우리는 일종의 중상주의 단계인 개발독재에서 구자유주의, 사회민주주의, 시장만능주의가 한꺼번에 몰려들고 있다. 이 역시 한국경제의 압축적 발전을 나타낸다.

이 가운데서 어느 흐름이 지배적인가 따지는 일이 이론호사가들에게는 유의미할지 모르겠다. 그러나 그 경우에도 '지배적'이란 개념 자체가 모호할뿐더러 한가지 지배적 경향만 파악하는 데 그친다면 정권의 다양성과 역동성을 이해하기 힘들다. 나아가 우리의 현실을 한걸음이라도 진전시키려는 입장에서는 부정적 요소를 최대한 억제하고 긍정적 요소를 최대한 발전시키는 일이 지배적 요소를 확정하는 일보다 훨씬 중요하다.

그리고 시장만능주의에 대한 비판이 범람하면서 시장원리에 대한 과도한 부정이 횡행하는 것도 우려스러운 바다. 물론 시장의 불완전성과 폭력성을 시정하는 일은 대단히 중요하다. 그래서 시장만능주의를 벗어나 시장경제와 민주주의를 병행 발전시켜야 하는 것이다. 그러나 그렇다고 경쟁에 의한 효율이라는 시장이 지닌 긍정성을 무시할 수는 없다. 더구나 시장원리에도 도달하지 못하는 재벌체제 같은 전근대성을 탈근대성으로 착각해서는 안된다. 이렇게 해야 시장만능주의와 아울러 다분히 비생산적인 시장만능주의 논란도 극복할 수 있을 것이다.

김대중-노무현 정권의 성과에 대해서는 평가가 갈라질 수 있다. 다만 그 평가에서는 경제만이 아니라 정치·사회·남북관계도 아울러 고려되어야 한다. 경제의 경우에도 글로벌화라는 세계여건, 과거 정권의 유산, 국내 각 세력집단의 움직임을 고려하면서 정책의 잘잘못을 따져야 한다. 그리고 여기서 도덕적 비판이 중요한 게 아니다. 가능했던 대안이 무엇인지, 앞으로는 어떻게 해야 하는지를 밝혀야 한다. 이것이 바람직한 선진사회상이라는 큰 방향성과 눈앞의 구체적 실천을 결합하는 길이다.*

---

* 이 글은 계간 『창작과비평』 2007년 가을호에 발표된 원고를 이 책에 싣기 위해 다소 손질한 것이다.

제
2
부

신자유주의의 현장

신자유주의와 사회적 양극화

전병유 • 한신대 교수, 경제학

1. 신자유주의와 양극화

필자는 신자유주의라는 표현을 별로 선호하지 않는 편이다. 우리나라 근로대중들의 일상적 삶의 현실을 신자유주의라는 표현으로 담아내기가 쉽지 않다고 생각하기 때문이다. 또한 신자유주의를 구체적으로 정의하기도 어렵기 때문이다. 다만 많은 학자들이 IMF 경제위기 전후의 한국경제의 변화가 신자유주의에 기초하고 있다고 하기 때문에 필자도 나름대로 신자유주의를 정의하고 이를 양극화 문제와 연결지어보고자 한다.

신자유주의는 기존의 노동친화적인 케인즈주의적 자본주의 국가정책을 자본(대자본)친화적인 형태로 변화시키기 위해 시장, 경쟁, 글로벌화, 자유화 등을 이데올로기적으로 그리고 실천으로 활용하는 국가정책 운용방식이라고 정의할 수 있다. 이런 의미에서 신자유주의는 단순히 자유방임주의나 시장주의와도 다르다. 우리나라의 경우, 노동친화적인 케인즈주의적 정책(복지국가정책)을 경험해보지 못했고 시장과 경쟁, 개방의 폐해를 국가가 규제를 통해 억제했다기보다는 국가가 대자본을 위해 시장, 경쟁, 개방을 억압했다는 점에서 경제위기 이후의 시장친화적인 정책들을 모두 신자유주의라고 하기는 어렵다.

다만 신자유주의를 아주 넓게 해석하여, 시장이 공정하고 효율적으로 기능하기 위한 제도 공급이 부족하고, 복지가 제도화되지 않고 있으며, 노동시장의 규제가 정착되지 않은 상태에서 시장이데올로기가 유입됨에 따라 복지제도와 노동시장 규제가 정착하지 못하고, 시장씨스템과 개방 프로쎄스를 정비하지 못하고 있는 현실을 넓은 의미에서 신자유주의적이라고 부를 수는 있겠다.

특히 생산물시장에서의 재벌의 독점적 행위를 규제하지 못하고 있는 점, 국민경제의 불안정성을 높이고 기업의 단기주의적 행위를 조장하는 글로벌 금융자본에 대한 공적 규제가 부족하다는 점, 기업의 단기주의적 인력 활용과 노동시장의 이중구조화를 조장하는 노동시장을 제어하지 못하고 있는 점, 교육기회의 형평성을 보장하지 못한 상태에서 수월성과 경쟁만이 강조되는 교육정책이 확대되고 있는 점 등은 양극화와 밀접한 관련이 있을 것이다.

개인 능력에 기초한 경쟁과 성과에 따른 보상을 특징으로 하는 시장경제에서 불평등과 양극화는 피할 수 없다. 다만 우리나라의 경우 1997년 경제위기 이후 불평등과 양극화의 양상이 이전 시기에 비해 매우 심해졌으며 여타 국가들에 비해서도 그 정도가 매우 심각한 양상이다. 많은 나라들이 글로벌화와 기술변화에 따라 기존의 복지국가를 수정하고 시장과 경쟁의 기능을 강조하는 이른바 신자유주의적 정책기조를 강화하고 있는데 유독 우리나라에서 양극화 문제가 더 심각한 형태로 나타나는 원인은 어디에 있는 것일까? 신자유주의의 어떤 특징이 우리 사회의 양극화 현상과 관련있는지 구체적으로 살펴볼 필요가 있다. 이 글에서는 우리나라의 경제사회적 양극화의 구조와 원인을 검토하고 이에 대한 정책적 대응방안을 제시해보도록 하겠다.

2. 양극화 현황

양극화와 불평등, 그리고 빈곤 등의 개념들은 서로 관련되어 있지만, 엄밀하게 따져본다면 서로 다른 정책적 시사점을 가지는 개념이기도 하다. 그러나 양극화가 불평등이나 빈곤 등과는 구분되는 개념이지만 한국사회에서 현실적으로 양자를 구분해야 할 만큼 차별성을 가지는 것은 아니라는 지적도 있다.[1] 다만 이 글에서 보고자하는 핵심 내용이 '부문간 격차의 심화와 연계의 약화'라는 점에서 양극화라는 표현이 더 적절하다고 판단된다. 이러한 의미에서 양극화라는 표현은 정치적이고 선동적인 용어라는 보수진영의 주장도 제기되고 있지만, 양극화는 '구체적 현실에서 제기되는 구체적인 생활상의 요구'를 더 적절하게 반영하는 용어라고 생각한다.

최근 우리 사회의 양극화는 거시경제, 산업, 기업, 노동, 지역, 소비, 의료, 주택, 심지어 문화 부문까지 사회의 전부문에서 나타나고 있다. 이러한 전방위적 양극화 현상은 사회적 갈등을 유발하는 데 그치지 않고 지속가능한 성장을 불가능하게 하고 어렵사리 확보한 민주주의 기반을 위협할 수 있다.

우리 사회의 불평등과 양극화 현황은 그동안 많이 분석되었다. 지니계수나 양극화 지수 등이 경제위기의 충격을 거치면서 한단계 높아진 이후 낮아지기보다는 오히려 조금씩 상승하고 있는 추세이다. 이 글에서 이러저러한 양극화 현상을 통계로 보여줄 필요는 없을 것이나, 중간층이 줄어들고 있다는 통계 하나만 보고 넘어가자. 우선 1993년 50%였던 중간일자리는 2006년 41%로 감소했으며, 중간임금계층도 같은 시기에 2000년 47%에서 2006년 43%로 감소했다.[2] 중간소득계층도 1995년에서 2005년 사이에 5.5% 감소했다. 그 중에서 1/3이 고소득계층으로 2/3가 저소득계층으로 이동한 것으로 분석되고 있다.[3] 소득의 양극화는 일반적으로 소비의 양극화로 이어진다. 상위소득계층의 경우 자산소득의 증가로 이미 일국적인 소비패턴에서 벗어나 글로벌 소비자로서 행위하는 반면, 저소득계층은 부채를 기반으로 한 소비패턴에서 벗어나지 못하고 있다. 저소득계층의 경우 소득이 감소했는데도 최소한의 생활을 위해 소비를 줄이지 못하고 있다. 저소득층은 자산을 처분하거나 부채를 늘림으로써 필수 소비를 유지하고 있는 것으로 보인다. 1997~2004년 사이에 고소득계층의 저축률이 2%p 감소했고 중위소득계층의 저축률이 12%p 감소한 반면, 저소득계층의 저축률은 21%p나 감소했다.[4]

소득과 소비의 양극화는 교육의 양극화로 이어져 양극화의 재생산 구조를 형성하게 된다. 이미 부모의 소득과 지위가 자녀의 학업 성취와 교육수준을 결정한다는 것은 많은 연구에서 경험적으로 확인되고 있고 나아가 자녀의 노동시장 성과까지 결정하는 것으로 분석되고 있다.

이러한 소득과 소비 그리고 교육의 양극화는 일자리 양극화의 결과이며 이는 경제·산업 구조의 양극화에 기인한다. 삼성, LG 등 제조업 수출대기업들은 이미 글로벌 플레이어로서 세계적 차원에서 기업을 경영한다. 반면 중소기업과 자영업자 그리고 노동자·농민은 글로벌화가 제공하는 기회를 박탈당하고 있을 뿐 아니라 글로벌화의 폐해에 직접적으로 노출되고 있다. 상장기업의 순익은 2000년에 10조이던 것이 2007년에는 48조로 증가했다. 그중 10대 기업이 절반 이상을 가져간다. 그럼에도 대기업과 중소기업 간의 약탈적 하도급 관행은 확대되고 있다. 이른바 글로벌 경쟁에 대응하기 위한 봉건성 강화의 역설이다. 약탈적 하청네트워크와 비정규직 남용으로 부가가치와 이익은 대기업으로 쏠려 들어가고 외국으로 유출된다. 생산성이 높은 영역은 국내 자원을 독점하면서도 생산성이 낮은 쪽으로 고용을 방출한다. 그 결과 성장은 고용을 보장하지 못하고 성장할수록 분배는 악화된다.

경제·산업의 양극화는 고용구조의 양극화로 귀결되어 결국에는 사회적 양극화로 확산되는 것이다. 노동소득분배율은 경제위기 이전 63%에 달하던 것이 이제는 60%대 이하로 떨어졌다. 조직이나 제도·정책의 혜택을 받지 못하고 시장에 의해서만 삶의 질이 결정되는 이른바 사각지대의 빈곤계층이 광범위하게 퍼져 있고, 이들은 글로벌화와 경기침체에 가장 커다란 타격을 받게 된다. 1차적 사회안전망인 기초생활보장제도는 최저생계비 이하 인구 7% 중 3% 정도만 보호하는 데 그치고 있고 전국민의 1/4이 국민연금 체납자이다. 비정규직의 고용보험 가입률은 30~40%선에 머물러 있다. 최근의 이른바 신빈곤 문제는 개발연대(年代)의 고성장 속의 빈곤문제와는 다른 형태와 성격을 가진다. 과거의 빈곤층이 일할 능력과 의지를 상실하여 성장기회에 동참할 수 없었던 퇴적된 빈곤층이라면, 최근의 빈곤층은 일할 수 있는 능력과 의지가 있더라도 성장에 동참할 수 있는 기회가 박탈된 계층이거나 성장기회에 동참하더라도 사회적으로 적정한 생활수준이 보장되지 못하는 근로빈곤층의 형태로 나타나고 있다.

이러한 양극화 경향은 글로벌경제의 심화와 더불어 모든 나라에서 나타나고 있다. 국가간 격차도 심화되어 최고소득국가와 최저소득국가 간의 소득격차는 1913년 11대 1에서 1973년 44대 1, 1992년 72대 1로 계속 확대되고, 세계에서 가장 부유한 200인의 총재산이 전세계 하위 40% 소득계층의 소득을 상회한다고 한다. 그러나 많은 선진국들에서는 90년대 중반 이후 소득불균형이 완화하거나 악화

속도가 둔화되는 것으로 나타나고 있다. 반면 우리는 이 시점부터 양극화가 심화되고 있다.

우리 사회의 양극화는 부문간 양극화(between polarization)의 특징을 가지고 있다. 이는 주요 선진국들이 경험하고 있는 양극화 문제에 비해 더 어렵고 구조적인 문제에 직면하고 있음을 의미한다. 주요 선진국의 경우 동일한 업종이나 동일한 규모의 기업 내에서 개인의 능력 차이에 기인하는 부문내 양극화(within polarization) 경향이 강하다. 이 경우 양극화는 구조변화에 대한 경제주체들의 대처능력 차이에 기인한다. 따라서 교육훈련 기회의 확대 같은 정책 처방으로 대응할 수 있다. 반면 대기업-중소기업, 정규직-비정규직, 제조업-써비스업, 수도권-비수도권 같은 우리의 양극화는 부문간 양극화로서 개인의 대처능력 차이보다는 더 구조적이고 씨스템적인 문제라고 할 수 있다.

이러한 양극화는 한반도내 근로대중의 생활양식의 양극화를 의미한다. 류동민은 이러한 우리나라 양극화의 핵심적인 내용을 다음과 같이 적절하게 지적하고 있다. "현재 한국경제는 광범한 비정규직 노동자와 영세자영업 및 중소기업의 희생 위에 유지되고 있는 경제이며, 비정규직 노동과 영세자영업 및 중소기업의 문제가 핵심적인 민중생활의 문제라는 점에 동의한다면, 그것은 대기업과 중소기업, 심지어는 정규직과 비정규직 사이의 긴장관계라는 구체적 현실 속에서 제기되는 구체적인 생활상의 요구로 파악되어야 한다."[5] 노동자계급의 상층부를 이루는 독점적 대기업의 정규직 노동의 경우

민족적 생활양식의 외부로 이탈하는 경향성을 나타내고 있다는 점, 이들이 소비자 자격으로 얻게 되는 생활상의 이익의 상당부분은 비정규직 노동과 영세자영업자의 희생에 기초하고 있다는 점, 단순히 소득의 양극화뿐만 아니라 안정성의 양극화, 예컨대 공공부문과 민간부문, 대기업 정규직과 중소기업 비정규직 사이의 안정성의 양극화가 문제라는 점, 영세자영업의 문제는 이러한 안정성의 양극화로부터 파생되는 현상이며, 영세자영업의 하층부는 언제든지 절대빈곤층화할 수 있다는 점을 잘 지적하고 있다.

3. 양극화의 원인

양극화는 기존의 박정희식 성장모델의 파탄을 의미한다. 글로벌화와 신자유주의적 정책기조는 성장을 통한 분배라는 메커니즘이 더이상 가능하지 않게 했다. 시장개방, 규제완화, 노동시장 유연화라는 시장주의가 관철되면서, 대내적 재생산 연계고리가 크게 약화되었고 기존의 성장주도형 분배체계는 해체되었다. '사회정책 없는 경제성장'이 고용과 복지를 실현하던 예외적인 동아시아적 실험은 종언을 고한 것으로 보인다. 개방에 따른 대내적 연관관계의 약화와 불확실성 증가에 따른 성장잠재력의 약화, 기업들의 노동유연화 전략 등은 양극화 문제와 직접적인 연관이 있다. 이는 박현채(朴玄埰) 민족경제론의 문제제기를 떠오르게 한다. 국내산업간 연관관계의 약화, 산업과 고용의 이중구조화, 빈곤의 심화 등은 박현채가 60년대 이후에 직면했던 현실과 비슷한 양상이다. 87년 이후 정치적 민주화가 빠르게 진행되었다고는 하지만 여전히 경제사회적 민주화는 지지부진하고, 경제위기를 계기로 글로벌경제로의 편입이 강화되면서 국민경제의 뒤틀림 현상이 심해지는 것 자체가 양극화 현상이라고 할 수 있다.

군부·관료·재벌이라는 산업화를 위한 강력한 주체와 권력·규제권·독점 등 강력한 인쎈티브 구조를 가진 박정희식 개발모델은 고도성장·일자리창출이라는 성장전략으로 양극화를 어느정도 제어할 수 있었다. 그러나 개발모델은 노동 배제, 중소기업 및 지역 소외를 야기하는 대기업 중심의 배타적 모델로서 요소투입중심 성장모델의 한계를 극복하지 못했다. 경제위기 이후에도 성장은 생산성 향상보다는 자본투입 증대에 의해 이루어졌고, 자본생산성은 지속적으로 하락했으며, 출산률 저하와 고령화 등으로 노동투입의 확대를 통한 성장에도 한계가 나타나고 있다. 특히 개발모델의 정당성을 유지시켜주던 성장의 적하효과가 글로벌화에 따른 경제의 이중구조화 심화로 인해 상실되고 말았다. 대기업과 중소기업, 원청기업과 하청기업이라는 위계와 착취구조가 대기업의 글로벌화와 결합되면서 중소기업의 영세화 및 인력의 비정규직화가 촉진되었다.

실제로 경제위기 이후 대기업과 중소기업의 생산성 격차가 벌어지지 않았음에도 수익률 격차가 확대되었다.[6] 대기업과 중소기업의 수익률 격차는 기업의 장기적 경쟁력을 결정하는 생산성 격차에만 기인하지 않는다. 원청대기업과 하청중소기업 사이의 생산성 차이 뿐 아니라 불공정거래에 의해 수익성 및 지불능력의 격차가 초래된 것이다.[7] 대기업의 불공정 하도급 관행은 중소기업의 혁신역량과 잠재력을 억제함으로써 우리 경제의 장기적인 성장잠재력을 떨어뜨리고 양극화를 심화시키게 된다.[8]

다른 한편으로, 대내적인 재생산관계에서 벗어난 수출대기업들의 글로벌 아웃쏘싱 전략은 수출기업과 내수기업 간 연계를 약화시키면서 써비스업의 영세화와 영세자영업의 몰락을 초래하고 있다. 2000~2004년간 기업소득증가율은 18.9%에 달한 반면, 개인소득증가율은 2.4%에 불과했다. 1980년대와 1990년대의 경우 개인소득증가율이 기업소득증가율을 계속 능가했다. 경제성장의 과실이 개인보다 기업으로 집중되는 현상이 뚜렷해졌다. 경제위기 이후 수출증가율이 내수(소비와 투자) 증가율보다 크게 높아졌음에도 교역조건이 악화되면서 국민총생산과 국민소득의 괴리가 발생한 것도 같은 맥락이다. 수출대기업의 성장이 국민들의 소득으로 연결되지 않고 있다는 것이다. 글로벌 시장에서 수출대기업이 성장하더라도 이것이 고용 창출을 통해 국민들의 소득 증가로 이어지지 못한 것이다. 수출대기업들은 대내적인 분업 연관과 재생산 구조에 기여하지 못할 뿐 아니라 대내적 생산활동으로부터 막대한 부가가치를 해외로 유출시키는 역할밖에 못했다.

수출대기업들은 한편으론 하청·도급을 통한 착취구조 관행을 온존시키면서도 다른 한편으로는 대내적 분업연관을 약화시키고 있는 것이다. 한국에서의 신자유주의는 이러한 대자본의 이해에 충실하게 국내 정책과 제도를 유지하고 강화함으로써 경제·사회구조의 양극화를 촉진하고 있다.

양극화의 또 하나의 원인은 경제위기 이후 우리 경제에 불확실성과 불안정성이 증대한 데 있다. 일반적으로 글로벌화와 이에 대응한 신자유주의적 정책기조는 개별 국가의 거시경제 조절 능력을 약화시키고 경제구조의 변동성을 크게 하여 고용창출능력을 전반적으로 떨어뜨리고 불안정한 고용형태를 증가시키며, 자본의 저비용·저세금 지역으로의 재배치 결정을 촉진함으로써 복지국가의 과세 기초를 무너뜨리는 것으로 알려져 있다. 우리나라의 경우도 경제위기 이후 급격한 개방, 특히 금융시장의 개방은 경제의 불확실성 및 불안정성을 증가시켰고, 경제주체들의 단기주의적 행위를 조장했다. 특히 경제의 불확실성 증가에 대한 대기업의 대응은 정규인력의 대규모 감축, 비정규노동의 대체활동, 사업구조의 외주화, 중소협력업체의 하도급화와 수탈적 하도급 계약조건 강요 등으로 나타났다. 물론 이러한 대기업의 신경영전략은 1987년 형성된 노동체제와 재벌기업 노조의 생산현장 권력 장악에 대한 대응으로 시작되었으나 경제위기를 계기로 전면 확산된 것이다. 국민의 정부와 참여정부의 시장개혁은 기업의 단기주의적인 인력활용전략을 법과 제도의 규제라는 그물망으로 걸러내지 못했다. 그 결과 고용안정과 고용의 질 개선을 통한 기업특수적 숙련·신뢰·네트워크 등 인적자본과 사회적 자본 축적 그리고 이에 기초한 개인·국가·기업의 경쟁력 제고라는 선순환 메커니즘은 형성되지 못했다.

한편 신자유주의적 시장개혁을 똑같이 시도한 다른 선진국들에 비해 우리 사회에서 양극화가 심하게 나타나는 것은 사회안전망과 복지제도가 충분하게 효율적으로 공급되지 못한 데 이유가 있다. 주요 선진국들은 시장에서의 양극화 경향을 제도와 정책을 통해 억제하는 복지국가의 경험을 오래 축적해왔다. 물론 신자유주의 흐름은 기존의 복지국가 제도의 비효율성을 공격했지만 복지국가제도의 기본 이념과 틀까지 해체시키는 것은 아니었다. 신자유주의의 이데올로기와 정책방향 속에서도 복지국가제도는 더 효율적인 방식으로 재편되면서 유지되고 있는 것이다. 우리 경우에도 경제위기와 두차례의 민주개혁정부를 거치면서 나름대로 복지제도의 틀을 형성했고 복지 관련 지출을 늘렸다. 김대중정부 하에서는 사회보험과 공적부조 정책에서 나름의 진전이 있었으며 노무현정부 하에서는 방대한 복지 사각지대를 줄이고 사회써비스 정책을 확대하려는 노력을 기울인 것도 사실이다. 예컨대 노무현정부 기간중 복지예산은 2002년 22%에서 2007년 27%로 크게 상승했다.

그러나 경제위기를 거치면서 나름대로 복지의 확장이 이루어졌음에도 이것만으로 양극화에 대응하기는 힘들었다. 시장소득의 지니계수와 가처분소득의 지니계수를 비교하면 제도를 통한 소득불평등의 개선율은 과거 3~4%에서 약 6%로 증가했다. 그러나 주요 선진국의 개선율이 20~40%에 이른다는 점을 고려하면 제도를 통한 불평등의 개선은 대단히 미미한 수준임을 알 수 있다. 우선 우리 사회의 양극화 문제는 복지 제도 및 예산의 확대만으로 대응하기가 쉽지 않다. 앞에서 보았듯이 생산물시장과 노동시장이 이중구조화되어 있어서 너무나 방대한 잠재적 복지수요층이 형성되어 있기 때문이다. 비정규직과 취약근로자, 영세자영업자를 합하면 1,300만명이 넘는다. 이를 모두 국가의 복지제도로 받아내기에는 역부족인 것이다. 우리나라의 사회보험 설계 자체는 보편주의적으로 되어 있지만 실제로 사회보험의 운영과 혜택은 정규직 중심으로 이루어지고 있다. 광범한 복지의 사각지대가 형성되어 있는 것이다. 경제산업정책 및 규제수단 그리고 건설산업 중심으로 형성되어온 우리나라의 국가정책 역량도 사회복지정책을 효과적으로 추진할 수 있을 정도로 높아져 있지 못하다. 특히 사회복지정책을 집적 국민들에게 전달해야 하는 지방정부의 경우는 더욱 그렇다. 사회복지정책의 전달체계가 매우 비효율적이고 복지선진국과 같이 정교한 사회정책을 설계하고 집행할 만한 능력을 갖추지 못하고 있는 것이다.

사회안전망과 복지제도의 미흡은 양극화의 원인이라기보다는 확대를 방지하지 못한 요인이라고 할 수 있다. 따라서 생산물시장과 노동시장의 양극화로 인해 복지로 넘어오는 부담을 먼저 줄여야 한다. 이를 위해서는 비정규직 및 영세자영업의 문제에 관한 해답을 먼저 찾고 이를 복지제도로 보완하는 방식으로 대처해야 한다. 따라서 복지 확장을 고용친화적으로 설계하고 국가의 취약한 복지써비스 능력을 고려하여 복지전달체계를 다양화하는 것까지 신자유주의라고 할 수는 없을 것이다. 다만, 빈곤 해결을 위해서는 복지보다는 성장만이 중요하다거나 복지의 사중손실(deadweight loss)이 크기 때문에 복지의 필요성을 부정한다거나 하는 담론으로 복지 확장을 억제하려는 기조가 신자유주의에서 기인한다고 볼 수 있다.

결국 우리 경제와 사회의 양극화는 신자유주의적 정책기조와 글로벌화가 국가 주도의 성장전략을 무력화하면서 표면화된 것이라고 판단된다. 산업과 부가가치의 대내적인 연쇄고리가 사라지면서 경제의 양극화 구조 및 노동시장의 양극화 구조가 형성되었고, 여기에 정부의 정책 부재로 인해 경제양극화가 고용양극화를 거쳐 사회적 양극화로 확산되고 만 것이다.

4. 양극화에 어떻게 대응할 것인가

양극화 현상에 대한 일반적인 해법으로는 대내적 산업연관 강화, 중소기업 혁신, 복지제도 및 사회안전망 확충, 인적자본 육성 등이 제시된다. 그러나 양극화의 해법으로 한국경제의 여기저기를 이리저리 손질하는 방식에는 한계가 있다. 좀더 큰 틀에서 고민할 필요가 있다. 양극화의 문제는 단순히 분배와 복지 제도의 문제가 아니라 국가발전전략과 성장방식의 문제이기 때문이다.

글로벌화와 신자유주의적 정책기조로 인하여 대내적 연계고리가 약화되고 부문간 격차가 확대된 것이 양극화의 가장 근본적인 원인이다. 이에 대처하기 위해서는 중소기업, 내수써비스업, 영세자영업 등 낙후부문의 역량을 제고할 수 있는 새로운 물적 기반을 만들어내는 것이 중요하다. 양극화를 유발하지 않는 새로운 성장동력을 발굴하는 것이다. 글로벌 대기업이 이미 대내적인 재생산 연관에서 벗어나 활동하고 있는 상황에서 다시 이들을 국내 생산 및 소비 주체들과 연계시키는 것은 쉽지 않다. 오히려 국가정책의 방향은 지식정보, 중소기업, 내수, 써비스에 집중될 필요가 있다. 이들에 대한 명백한 정책의지와 정책방향이 존재해야 한다. 불확실성과 불안정성에 적극 대응할 수 있는 모험투자가 가능하도록 창업과 벤처캐피탈이 활성화할 수 있는 조건을 창출해야 한다. 자원을 배분하는 금융의 기능을 대기업에서 중소기업의 모험투자를 지원하는 방향으로 바꾸는 큰 정책전환이 필요하다.

양극화 없는 성장이 가능하려면 중소기업과 지역에서의 혁신역량이 확충되어야 한다. 그러나 우리나라 중소기업의 경우 대기업 및 글로벌기업들과의 연계를 통한 혁신역량 제고의 기회가 제한되어 있고, 독자적인 혁신역량을 가진 혁신형 중소기업들이 창출될 수 있는 여건도 미흡하다. 우리나라 중소기업들은 성숙화한 기술 중심의 저기술·저부가가치 산업에 집중되어 규모의 경제를 갖추지 못한 채 한정된 시장에서 과당경쟁하고, 자금난·기술난·인력난에 지속적으로 시달리면서 정부의 정책 지원에 의지하여 유지되는 경향이 있다. 지역의 경우에도 인적자원·물적자본·기술 등 자체적인 혁신역량 구축을 위한 자원의 절대적 부족현상이 지속되고 있다. 이러한 지역에서의 중소기업의 전반적 혁신역량의 약화는 이공계기피현상, 청년층 실업문제, 제조업 인력난 등의 문제를 야기하여 악순환을 초래하고 있다.

이러한 낙후부문의 혁신역량을 끌어올리려면 전략적 투자가 필요하다. 전략적 투자란 단기간에는 투자수익이 나지 않고 성장과 재정에 악영향을 줄 수도 있으나, 치밀한 투자계획 및 인쎈티브 구조설계를 통해 외부효과를 극대화함으로써 장기적으로 커다란 성과를 나타내는 투자전략이다. 그러나 낙후부문은 혁신의 수용역량이 떨어지기 때문에 매우 치밀한 제도설계가 필요할 것이다.

한편 낙후부문의 혁신역량을 높이기 위해 과거처럼 국가가 개입해 자원을 집중적으로 배분하는 방식에는 한계가 있다. 예컨대 중소기업의 혁신역량은 정부가 중소기업 지원정책과 규모를 확대한다고 해서 높아지는 것이 아니다. 중소기업 금융지원 규모는 GDP의 6.6%로 미국의 0.2%, 프랑스의 0.5%에 비해 매우 크다. 금융지원의 규모가 부족하다기보다는 전달메커니즘의 문제로 정작 자금이 필요한 중소기업에 전달되지 못하는 문제가 존재한다. 이에 대해서 인쎈티브 구조를 정교하게 설계하고 세심한 정책적 써비스 능력을 키우는 것도 중요할 것이다. 그러나 국가의 정책능력에 기대는 것에는 한계가 있다. 국가의 정책능력이 쉽게 제고되는 것도 아닐 것이다. 따라서 중소기업이 가지는 규모, 기술, 지식, 경영자원이나 시장의 한계를 기능의 상호보완 및 협력과 제휴라는 네트워크 방식으로 극복하는 전략이 필요하다. 국가가 자원을 인위적으로 재배분하는 방식에서 벗어나 경제주체들간의 네트워크를 형성하여 서로의 비교우위를 결합하거나 교환하도록 하고 국가는 이러한 네트워크의 형성을 촉진하고 조정하는 역할을 담당하는 방식이다. 또한 네트워크가 국경을 초월하면서 이루어지고 있기 때문에 중소기업의 혁신역량은 이러한 글로벌 네트워크를 활용함으로써 강화될 수 있을 것이다.

양극화의 또 하나의 중요한 원인은 불확실성과 불안정성이다. 글로벌 시장으로의 편입이 진행되면서 환경변화가 심해짐에 따라 불확실성과 불안정성이 높아졌다. 핵심영역은 이러한 위험과 불안정성, 불확실성을 소화할 수 있는 역량이 있지만, 낙후부문은 이에 더욱 취약하다. 최근 내수, 자영업, 영세써비스업의 위축에는 이러한 경제의 높은 변동성과 불확실성이 큰 영향을 미쳤다. 불확실성에 대응하는 단기주의적인 기업의 인력 활용방식이나 단기주의적 기업경영 방식은 비정규직을 확산시킬 뿐만 아니라 불규칙적인 경기변동을 초래하고 성장잠재력도 떨어뜨린다. 따라서 양극화 문제에 대한 가장 근본적인 대응은 글로벌화와 신자유주의적 정책기조가 초래한 경제의 불확실성과 불안정성을 줄이는 정책이다. 거시경제를 안정적으로 운영하는 메커니즘을 형성하고 과도한 금융화 현상을 억제하고 사회적 안전망을 세밀하게 구축하는 것이 필요하다.

특히 발전국가모델의 해체와 더불어 들어온 신자유주의적 이데올로기와 이에 따른 정책적 방향 상실로, 분배제도의 확충을 통해 성장에 부정적 영향을 주지 않으면서도 양극화를 해소할 수 있는 메커니즘을 형성하지 못했다. 지금 우리가 경험하는 고용의 위기와 빈곤, 불평등의 심화라는 사회적 양극화의 문제는 이전의 사회적 문제와는 성격을 많이 달리하고 있다. 따라서 과거 발전국가의 성장공유(shared growth) 모델로 대응할 수 있는 문제가 아니다. 복지정책은 자본주의 경제씨스템이 초래한 사회적 탈락자들을 사회 내로, 더 나아가 노동시장 내로 통합함으로써 성장과 번영을 공유하고 사회적 정의를 실현하는 것이 일차적인 목적일 것이다. 그러나 복지정책은 시장의 실패와 불완전성을 보완함으로써 자본주의 경제의 장기적 안정성을 보장하는 기능도 한다. 특히 복지정책은 경제주체들의 단기주의적 행위양식을 교정하고 불확실성과 불안정성을 줄여 다양한 위험으로부터 보호함으로써 개인과 국가의 경제적 성과를 높이는 데 기여할 수 있다. 최근 우리 경제에서도 기업경영이나 노조행위의 단기적인 행태에서 잘 드러나듯이 불확실성 및 불안정성은 성장의 커다란 장애요인으로 작용하고 있다. 기업의 단기주의적 고용전략과 노동조합의 단기주의적 임금전략이 경제의 나쁜 균형을 형성하고 있다. 복지정책은 제도적 안정성을 보장함으로써 이러한 단기주의와 불확실성, 불안정성을 제어하는 중요한 역할을 맡도록 해야 한다.

또한 우리의 경우 불확실성과 불안정성이 특히 큰 이유는 세계경제로의 통합 정도가 매우 높다는 점에 있다. 현재 우리나라의 수출과 수입은 GDP의 80%에 달한다. 좀더 커다란 내수시장이 필요하다. 앞에서 보았듯이 대기업의 성장이 내수를 키울 것 같지 않다. 따라서 시야를 넓혀 한반도 차원에서의 좀더 커다란 시장의 형성을 추구할 필요가 있다. 적어도 인구 1억 규모의 내수시장이 확보되면 경제의 안정성 제고에 크게 기여할 것으로 보인다. 남한만의 현 경제규모는 싱가포르나 네덜란드 같은 유연한 강소국 모델에 적합하지도 않고 인구 1억 이상의 일본, 중국, 미국 등의 강대국 모델에 해당하지도 않는다. 글로벌 세계경제체제에 안정적으로 개입해 들어가고 동북아경제권에서 중요한 역할을 하기 위해서는 인구 1억 정도의 규모를 가진 한반도 경제권의 형성이 필요하다고 판단된다. 물론 북한의 소비역량이 워낙 취약하기 때문이 단일한 한반도 경제권이 형성된다고 하더라도 내수가 크게 확장되기는 쉽지 않을 것이다. 그럼에도 내수의 시야를 넓혀가는 것은 경제의 안전성 확보에 매우 중요하다고 판단된다.

즉 양극화를 극복하는 대안적 발전모델에서는 한반도 단일경제권이라는 관점을 검토해볼 만하다. 기존 발전전략의 한계가 분단체제 하에서의 남한경제의 한계로 인해 나타났다면, 양극화 문제 역시 남북을 아우르는 한반도의 발전전략 차원에서 대안을 모색해볼 필요도 있다. 분단체제를 뛰어넘는 상상력은 양극화를 유발하지 않는 성장동력의 발굴에 기여할 수 있을 것이기 때문이다.

성장잠재력의 약화와 분배구조 악화 문제를 한정된 국내 자원과 시장에 초점을 맞춘 정책으로는 해결하기가 쉽지 않다. 양극화를 해결하기 위해서는 낙후부문의 혁신역량을 끌어올리는 국가전략이 필요하고 이를 추진하기 위한 재원 확보가 요구되는데 이를 국내 대기업과 정부 재정 지원에만 의존하는 것은 한계가 있다. 물론 남한만의 모델이라면 사회민주주의적 모델을 세련되게 하여 한국 실정에 맞게 적용하는 데서 대안을 찾을 수도 있다. 그러나 북한 같은 위기와 기회의 요인이라는 변수가 존재하는 상태에서 남한만의 사회민주주의적 모델은 이념적으로 바람직하지 않은 것은 아니지만 현실적으로 실현하기 쉽지 않다. 북한이 위기요인으로 작용할 경우, 남한만의 사회민주주의는 불가능하기 때문이다. 북한이라는 변수를 부정하고 생략한 채 남한만의 발전전략을 모색하는 것은 현실적이지 않다. 성장과 분배의 선순환구조를 구축하기 위해서는 경제주체들간의 새로운 사회계약을 통해 부문간 상생의 네트워크를 구축해야 하듯이, 북한을 기회의 요인으로 만들어 상생의 네트워크를 남북간 경제관계에 적용하지 않는 한 남한만의 사회민주주의적 모델은 실현 가능하지 않을 것이다.

물론 북한의 경우 농업과 제조업 기반이 거의 와해된 상황에서 어떤 방식으로 혁신역량을 강화할지 매우 고민스러운 면이 있다. 북한에 대한 전략적 투자의 중요한 성공요인으로는 시장경제로의 이행과정에 대한 매우 치밀한 제도설계 외에, 한반도 차원의 내수시장 형성, 동아시아지역의 시장 형성 및 확대, 개방에 따른 외국자본의 활용 기회 등이 있을 것이다. 예컨대 나진·선봉의 특구 사례는 동북아 차원의 주변시장에 대한 고려 없이 개발계획이 이루어져 실패한 경우로 볼 수 있다. 동북아 경제협력을 통한 수요창출을 북한경제특구에 활용함으로써 남북한과 동북아 주변국가들이 공동의 이익을 얻을 수 있도록 해야 북한특구도 성공할 수 있을 것이다. 앞에서 중소기업에 적용해본 네트워크형 발전전략은 북한의 경우에도 동일하게 적용할 수 있다. 북한을 포함하여 동북아시아 차원에서 모색되는 에너지협력 네트워크, 교통물류 및 지역개발협력 네트워크, 환황해권 및 환동해권 개발협력 네트워크, 식량농업협력 네트워크 등은 이러한 시도의 일환이라고 볼 수 있다.

성장 정체와 양극화는 우리가 가진 발전모델이 상상력의 한계에 부닥쳤음을 의미한다. 새로운 성장의 원천을 발굴하고 성장과 분배의 조화를 달성하기 위해서는 새로운 상상력이 필요하다. 막힌 곳을 뚫어야 상상력의 한계를 뛰어넘을 수 있다. 이러한 상상력의 개방을 통해 우리는 새로운 성장의 원천을 확보하고 삶의 질을 개선하고 우리의 환경을 개선할 수 있을 것이다. 특히 남북의 분단체제는 이러한 상상력에 족쇄 역할을 했다고 판단된다. 즉 남북한의 국가 발전전략은 국내외의 영토적 경계화에 의해 상상력의 범위가 제한되었던 것이다. 한반도가 잘린 허리를 봉합하고 글로벌 경제체제 하에서 동북아시아의 교통과 소통의 교량이 될 때 한반도에 드리운 양극화의 무거운 그림자도 사라질 수 있을 것이다.*

* 이 글은 『창작과비평』 2006년 봄호에 발표된 「양극화와 한반도경제」를 이 책에 싣기 위해 수정·보완하며 제목을 고친 것이다.

신자유주의와 비정규직 노동

이병훈 • 중앙대 사회학과 교수

1. 신자유주의 구조개혁과 노동양극화

노동양극화(labor polarization)는 지금 우리 사회가 당면한 가장 고질적인 문제 중 하나로 손꼽힌다. 노동양극화는 특히 정규직과 비정규직 간에 엄존하는 고용의 질 차이와 소득격차 그리고 사회적 보호의 차별에 의해 극명하게 드러나고 있다. 실제로 임시직 또는 기간제근로, 파트타임 또는 단시간근로, 파견 및 용역근로, 호출근로, 특수고용 또는 독립 도급노동, 가내근로 등을 포괄하는 비정규직 노동자들은 저임금-불안정 취업-사회적 배제 등을 특징으로 하는 열악한 고용조건으로 인해 노동시장에서의 2등시민으로 자리매김되고 있다.

비정규직 노동은 1997년 외환위기 직후 가파른 증가세를 보이며 과도한 남용의 문제를 드러내고 있어 우리 노동시장의 유연화가 매우 왜곡된 형태로 고착화되고 있음을 단적으로 보여준다. 또한 비정규직들이 기존의 정규직 노동조합들에 의해 제대로 보호받지 못함으로써 노조운동의 연대성 위기가 비판적으로 지적되고 있다.[1] 더욱이 비정규직 문제는 노동시장의 분절구조와 양극화 경향을 대표하는 핵심적인 사안으로, 소득격차 확대에 따른 사회불평등을 갈수록 심화함으로써 자살과 이혼 그리고 범죄 같은 사회해체의 징후들을 확대하고 있으며, 우리 경제의 내수기반을 크게 위축시켜 지속성장의 잠재력을 취약하게 만드는 배후 원인으로 지적된다. 아울러 비정규직 노동과 관련하여, 우리 민주주의가 노동위기를 초래하는 매우 취약한 사회경제적 토대에 기반을 두고 있다는 정치상황에 대한 진단이 제기되기도 한다.[2] 이처럼 비정규직 노동은 단순히 특정 고용형태의 개념 범주를 지칭하는 것을 넘어, 우리 사회·경제·정치 전반에 걸쳐 노동인구의 절반에 대한 차별·불평등·배제·무권리 등의 구조적인 문제를 배태함으로써 더이상 방치할 수 없는 국가적 난제로 상징되고 있다.

우리 사회에서 비정규직 노동이 급증한 배경에는 다양한 요인들이 작용한 것으로 논의되나, 그 증가세가 1997년 외환위기를 전후하여 두드러졌음을 감안할 때 경제위기를 빌미로 우리 사회에 주입되어온 '신자유주의적 경제개혁논리'가 무엇보다 핵심적인 원인으로 여겨진다. 외환위기를 배경으로 IMF의 주문에 따라 전면적으로 도입·시행되어온 신자유주의적 개혁논리는 정부관료와 재계 그리고 보수언론에 의해 장악된 정책담론의 헤게모니를 통해 지난 10년간 국가경제 및 기업경영의 지배구조에 심대한 변화를 야기해왔다. 구체적으로 1998년 이후 추진된 4대부문의 구조개혁은 기존의 관치경제체제를 대신해 시장만능의 지배논리에 따라 금융·재벌·공공부문을 전면적으로 재편했을 뿐 아니라, 노동시장 유연화를 제도적으로 그리고 관행적으로 보장함으로써 비정규직을 양산했으며, 그 결과 심각한 노동양극화 문제를 초래했다. 역설적으로 신자유주의적 구조개혁을 통해 지난 국민의 정부와 참여정부 임기 동안 사회양극화가 갈수록 확대되고 노동자·서민의 민생고가 더욱 악화된 것이다. 이같은 국정실패를 기회삼아 정권교체에 성공한 이명박정부는 친기업(business friendly) 국정기조를 내세우며 더욱 공격적인 신자유주의적 탈규제개혁을 도모함으로써 비정규직 노동을 둘러싼 고용구조가 한층 개악될 것으로 우려된다.

영미권을 비롯한 서구 선진국에서는 1970년대말 복지국가의 비효율성 위기에 직면했다. 당시 보수당 정권들은 자본수익률 저하 경향성을 반전시키고자 정부규제 철폐와 공공부문 민영화 그리고 노동시장 유연화를 통해 시장의 자율적 기능을 극대화하는 신자유주의 구조개혁을 적극적으로 단행했다.[3] 이같은 신자유주의 경제개혁은 개도국들에 외압에 의한 수동적 도입이 강요되었던바, 우리나라의 경우에도 외환위기를 배경으로 IMF의 요구에 따라 전면적으로 추진되기 시작하여 최근에 이르기까지 해외자본과 국내 재벌기업의 수익성 제고를 보장하기 위한 국정담론의 지배논리로 작동하고 있다. 그런데 하비(D. Harvey)와 부르디외(P. Bourdieu)가 지적하듯이, 신자유주의적 구조개혁은 기본적으로 사회적 규율에서 자유로운 시장 본위의 경제질서 — 이른바 탈(사회)배태적 시장자유주의(disembedded market liberalism) — 를 확립함으로써 자본의 수익 독식체제를 공고히함과 동시에, 경제약자를 보호하기 위한 집합적인 규제장치를 무력화함으로써 사회불평등을 전반적으로 확산시키고 있다.[4]

우리나라 역시 신자유주의적 구조개혁이 추진되어온 지난 10여년 동안의 궤적을 통해 비슷한 경제·사회적 변화를 여실히 보여주고 있는데, 대기업 중심의 시장독점구조, 기업경영의 과도한 단기효율성 추구 그리고 경쟁열패자 양산과 승자의 수익독식 등의 문제들을 야기하면서, 결과적으로 노동양극화로 집약되는 '사회정의의 위기'(crisis of social justice)를 표출하고 있다.[5] 그리고 노동양극화의 중심에는 비정규직 노동이 자리하고 있다고 해도 과언이 아닐 것이다.

이 글에서는 우리나라에서 신자유주의적 구조개혁이 추진되어온 지난 10여년간 최대의 희생자로 부각되고 있는 비정규직 노동의 실상을 점검하고 신자유주의적 개혁담론과 연관지어 그들의 문제를 살펴보기로 한다. 2절에서는 비정규직 노동의 실태에 대해 최근까지의 변동추이와 차별현황을 짚어보고, 3절에서는 외환위기 이후 단행된 신자유주의적 구조개혁이 비정규직 노동의 문제에 어떠한 영향을 미쳤는지를 검토할 것이다. 4절 결론에서는 비정규직 노동

의 남용과 차별을 구조화하는 신자유주의적 개혁담론의 문제점을
극복하기 위한 정책대안을 제언하고자 한다.

2. 비정규 노동의 변동추이와 고용관계 특징

우리나라에서는 1997년 이전에도 상당규모의 비정규직 노동이
존재했으나, 외환위기 발발 직후 그 규모가 급증했다. 비정규직 고
용형태에 대한 경제활동인구 부가조사가 실시되기 시작한 2001년
이전까지는 임시·일용직의 비중으로 비정규직 노동의 규모를 추정
해볼 수 있는데, 〈그림 1〉에서 보듯이 1995년 41.8%에서 1999년
51.6%로 급상승했다가 최근 들어 감소하여 2007년 46.0% 수준으
로 하락했다. 경제활동인구 부가조사 자료를 중심으로 살펴보면,
정부의 공식집계로는 2001~2007년 동안 26.8%에서 35.9%로 증가
한 반면 노동계의 집계방식으로는 같은 기간에 대략 54~56% 수준
이 유지되고 있다.[6] 외환위기를 전후하여 최근에 이르기까지 비정
규직 고용비중은 남녀 모두 대체로 비슷한 변화추이를 보이는 가운
데, 성별로 구분해보면 2007년 현재 여성이 65.5%로서 남성의
45.5%보다 월등하게 높은 수준이어서 비정규직의 여성화문제가 심
각하게 제기되기도 한다.[7] 또한 서구 국가들에서는 대체로 비정규
직 고용의 가장 큰 부분이 단시간근로(파트타임)인 데 비해, 우리나
라의 경우 비정규직 노동자들의 대다수(97.9%)가 임시계약직 고용

형태여서 훨씬 열악하고 불안정한 고용지위에 놓여 있다고 평가될
수 있다.

〈그림 1〉 비정규직의 비중 추이 (단위: %)

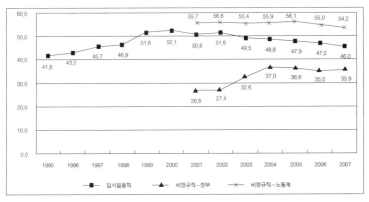

* 임시일용직 규모는 해당 연도의 연간 종합자료이며, 정부와 노동계의 비정규직 규모는 그해 8월의 조사자료다. 『2008 KLI 노동통계』, 한국노동연구원 2008; 김유선, 앞의 글.

우리 사회의 임금노동자 과반수를 차지하는 비정규직 노동은 그 고용관계 면에서 차별과 배제라는 사각지대에 놓여 있다. 2007년 경제활동인구 부가조사자료에 따르면, 우선 비정규직 노동자는 정규직 노동자의 절반 수준(50.1%)에 해당하는 월평균 임금을 받고 있으며, 노동시간을 감안한 시간당 임금에서도 51.1%에 그치고 있다. 〈그림 2〉에서 보듯이, 2000~2007년 기간에 정규직 대비 비정규직 노동의 임금수준이 증가하기는커녕 오히려 53.5%에서 50.2%로 떨어져 정규직-비정규직간 임금격차가 더욱 확대되고 있다. 임금노동자 중위임금의 2/3 미만을 '저임금'으로 정의하는 EU의 LoWER(Low-Wage Employment Research Network) 기준을 적용

할 경우, 우리나라 비정규직 노동자 45.1%(389만명)가 저임금계층에 속하는 것으로 확인되며, 심지어 법정 최저임금에 미달하는 비정규직의 규모가 무려 179만명(20.8%)에 달한다. 이처럼 비정규직 노동자들은 정규직에 비해 상대적으로 저임금에 시달릴 뿐 아니라, 상당수가 절대적인 수준에서 최저생계비에 미치지 못하는 턱없이 낮은 임금을 받고 있는 것이다.

<그림 2> 정규-비정규 노동의 임금격차 추이 (단위: 만원, %)

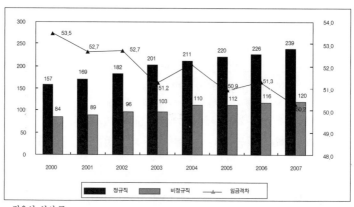

* 김유선, 앞의 글.

또한 <표>에서 보듯이, 사회보험 및 근로기준제도의 적용에서 정규직과 비정규직 간에 현격한 차이가 존재하는바, 비정규직 노동의 15~35%만이 관련제도의 혜택을 받는 것으로 드러나 대다수 비정규직 노동자들이 사용자들의 탈법·편법에 의해 사회적 제도에 의한 보호에서 배제되고 있는 실정이다. 이에 더하여 정규직 노동자들에게 주어지는 기업복지 및 교육훈련의 혜택까지 감안하면, 비정규직 노동자들은 복지격차 및 인적자원 개발 부재에 따른 이중 삼중의 차별을 경험하고 있다고 해도 과언이 아닐 것이다.

〈표〉 정규-비정규직 고용형태별 사회보험 및 법정 노동조건 적용률 (단위 : %)

	국민연금	건강보험	고용보험	퇴직금	상여금	시간외수당	유급휴가	주5일제
임금노동자	63.2	64.4	55.3	57.5	55.9	43.3	49.8	39.8
정규직	98.7	99.3	82.6	99.3	97.3	77.0	86.4	57.8
비정규직	33.3	35.0	32.2	22.3	21.0	14.9	19.0	24.5

* 2007년 8월 경제활동인구 부가조사자료.

경제활동인구 부가조사자료를 활용하여 고용의 질을 측정하는 종합지표[8]를 작성해보면, 〈그림 3〉에서 보듯이 임금노동자의 고용의 질은 '쌍봉형' 분포를 드러내어 노동양극화의 실상을 단적으로 보여준다. 구체적으로 정규직은 고용의 질 지수에서 7~12점으로 우측 상위점수에 주로 분포하며, 비정규직은 0점에 가장 밀집하는 가운데 좌측 하위점수에 대부분 몰려 있다.

〈그림 3〉 정규-비정규 노동의 고용 질 분포 (단위: %)

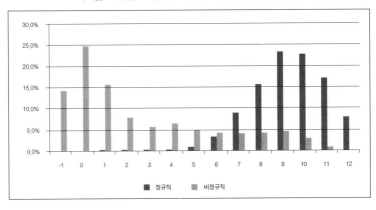

비정규 노동자들의 직업 이동성에 대한 그동안의 연구에 따르면, 비정규직 고용의 또다른 특징은 그들의 일자리가 정규직으로 이행하는 '징검다리'(bridging stone)로 기능하기보다 한번 빠지면 벗어나기 어려운 '함정'(trap)으로 작용하고 있다는 것이다.[9] 이를테면 경제활동인구 조사자료의 시계열 분석을 통해 남재량과 김태기는 단지 비정규 노동자들의 1%만이 항구적으로 정규직으로 이행하는 데 성공한 반면, 80% 넘는 비정규 노동자들이 비정규 일자리에서 이탈한 후 2년 이내에 다시 비정규 일자리로 돌아오는 것을 규명하고 있다.[10]

이러한 연구결과를 보면, 우리 노동시장에서 정규직과 비정규직 간의 일자리 이동성이 철저히 차단된 분절적 구조가 고착화되고 있음을 알 수 있다. 아울러 비정규 노동자들 상당수가 비자발적 형태로 취업되어 있기도 하다. 2007년 8월 경제활동인구 부가조사에 따르면, 정규직 노동자의 94.7%가 자발적 선택으로 현재의 일자리에 종사하는 반면, 비정규 노동자의 절반 이상(51%)이 비자발적으로 취업했다. 이러한 비자발적 취업의 주된 동기는 '생활비 등 당장 수입이 필요해서'(70.4%)와 '원하는 일자리가 없어서'(13.7%)여서, 생계의 압박과 정규직 일자리의 부재가 원인으로 분석된다. 요컨대 우리 사회에서 비정규직 노동은 지난 외환위기 이후 급증하여 산업현장에 과도하게 남용되고 있으며, 임금 및 복지, 근로조건 그리고 고용의 질에서 정규직과 현저한 격차를 보여 고용형태에서 차별받고 있는 동시에, 비자발적 취업의 덫에 갇혀 있음을 확인할 수 있다.

3. 신자유주의적 구조개혁과 비정규직 노동

비정규직 노동의 남용과 차별에 따른 노동양극화가 심각하게 대두·확대되는 배경에는 비정규 고용을 선호하는 사용자들의 노무관리 전략이 주요하게 작용하고 있다. 1990년대 중반 이후 기업들은 인력감축, 외주화, 분사 그리고 비정규직 인력활용 확대 등을 통해 고용관계의 외부화(externalization)를 정책적으로 추구해왔다. 특히 IMF 외환위기를 계기로 정규직 인력에 대한 대규모 고용조정을 실시하는 한편, 필요인력에 대해서는 비정규 노동자들을 적극 활용해온 것이다. 기업들에 의해 외부의 비정규 인력에 대한 의존도가 크게 증가해온 것은 인건비 절감과 수량적 고용유연성을 도모하기 위한 전략적 대응으로 이해할 수 있다.[11] 또한 기업들은 한편으로 정규노동의 보호를 위한 법정 노동기준, 사회복지 준수비용과 노조규제에서 비롯된 경직성 효과를 의도적으로 회피하기 위한 전략적 수단으로서, 다른 한편으로 선행투자를 통해 특정 숙련 및 전문능력을 갖춘 정규노동의 고용보호와 노사관계 안정화를 도모하기 위한 완충인력풀로서 비정규 노동에 대한 의존을 확대하고 있다.[12]

아울러 비정규 인력의 높은 의존도와 관련된 또다른 이유로, 비정규 노동자들이 현행 정규직 중심의 기업별노조 체계에 조직화될 수 없다는 점을 노린, 노조조직 위축을 꾀하는 기업들의 전략적 대응도 지적할 수 있다. 더욱이 외환위기를 계기로 신자유주의적 구조개혁이 지배적인 사회경제적 담론이 되면서, 단기수익을 추구하는 미국식 경영방식이 확산·수용됨에 따라 기업들은 정규직 중심의 기존 내부노동시장(internal labor markets)을 해체하고 '값싸고 방출이 용이한'(disposable) 비정규 인력 활용을 적극 선호하게 되었다. 이처럼 노동시장의 수요자인 기업들이 다양한 이유로 정규직 인력을 대폭 감축하고 비정규직 인력의 대체활용을 폭넓게 확대한 결과, 우리 사회에 불안정고용의 문제가 심각하게 대두된 것이다.

기업들의 비정규직 인력 활용이 유행처럼 확산된 데는 세계화라는 대외적 환경변화가 국내외 시장에서 경쟁을 격화시키는 등 영향을 주기도 했으나, 외환위기를 계기로 전면적으로 추진된 정부 주도의 신자유주의적 구조개혁정책이 직접적으로 작용하였다. 1990년 초반 이래 세계화와 시장개방이 거스를 수 없는 대세로 전개됨에 따라, 정부는 국가경쟁력을 향상하기 위한 핵심수단으로 노동시장 유연화를 강조해왔다. 특히 1998년 2월에는 경제위기 상황하에서 노·사·정 합의를 이끌어내어 사용자들의 대규모 정리해고와 파견 인력 활용을 허용하는 노동법 개정을 단행했다.

이같이 노동시장 유연화를 지향하는 정부의 신자유주의적 정책 기조는 사용자들의 비정규직 인력활용을 제도적으로 뒷받침함으로써 취약노동이 확산하는 데 주요한 조건으로 작용했다고 볼 수 있다. 또한 외환위기 직후 수익성 논리를 강조하는 정부 주도의 금융·기업부문 구조개혁정책은 해당 부문 기업들이 인건비 절감과 고용 유연성 제고를 위해 기존 정규직 인력을 직·간접 고용형태의 비정규직으로 대체하도록 적극 유인하는 효과를 낳기도 했다. 운수·물류부문의 경우에는 신규 사업자의 시장 진입을 전면 허용하는 정책을 추진했는데, 결과적으로 이 부문의 대기업들이 기존 정규인력을 독립사업자로 전환시키는 고용구조 개편조치와 맞물려 이른바 특수고용의 비정규 인력을 양산하는 계기로 작용하기도 했다.

이에 더하여, 정부 스스로 외환위기 직후 '작은 정부, 공공기관들의 경영 효율성 제고'를 강조하는 공공부문 구조개혁을 단행해 공공기관의 대규모 인력감축을 추진했고, 그후 인력 필요에 대해 예산상의 제약으로 값싼 비정규 인력의 대체활용이 크게 늘어나게 되었다. 지난 10여년간 정부의 공공부문 구조개혁정책에 따라 공공기관들은 연례적 경영평가의 핵심지표로서 인건비 절감과 경영합리화를 요구받게 되었고, 필요 업무의 수행을 위해 정원규제를 우회하는 방식으로 비정규 인력을 지속적으로 늘려왔다.[13] 그 결과 2006년 실태조사에 따르면 중앙정부·자치단체·학교·병원·우체국 및 공기업 등에 고용된 전체 비정규 노동자 수가 31만 1천명으로 공공기관 종사자의 20.1%에 달해, 공공부문을 관장하는 정부가 비정규 인력의 최대 사용자라 간주해도 무방할 정도다.

아울러 비정규직 노동을 둘러싼 사회문제의 심각성이 크게 부각되었음에도 정부는 신자유주의적 노동개혁의 유연화논리에 사로잡혀 비정규직 노동의 보호를 위한 제도적 장치를 마련하는 데 미온적 입장을 취해왔고, 특히 사용자들의 비정규직에 대한 탈법·불법적 노무관리를 엄정하게 감독하지 못해 비정규 인력을 인권 사각지대에 방치해왔다. 이에 많은 비판이 제기되자 정부는 논란 끝에 지난 2006년말 비정규직 보호법을 제정했으나, 입법취지에 크게 미치지 못한 제도적 규제장치에 머물러 비정규직 노동의 남용과 차별을 시정하려는 적극적 해결의지가 결여된 것으로 지적되기도 했다.

정부 주도의 신자유주의적 구조개혁과 기업들의 단기수익 추구 경영방식으로 인해 비정규직 노동의 활용이 크게 확산되고 있음에도 이를 저지·규제하려는 노동조합의 대응노력이 매우 미흡했다. 사용자의 비정규 인력 활용을 제한할 수 있는 노조의 규제력이 약화된 점은 노조 조직률의 지속적인 하락에서 확인될 수 있는데, 1989년에 18.9%로 정점에 올랐던 조직률이 그후 하락하기 시작하여 최근 수년간 10% 수준에 머물러 있다. 일부 노조들이 전투적인 활동방식을 고수하고 있기는 하나, 대부분은 조직기반의 위축 또는 전략 부재로 인해 사용자의 비정규 인력 활용을 제한하는 데나 정부로 하여금 비정규 노동자 보호정책을 추진하도록 강제하는 데 효과적으로 대응하지 못하고 있다. 더욱이 현행 노조체계의 분권화된 구조와 정규직 중심의 조직구성으로 인해 비정규 노동자들에 대한 실질적인 보호운동을 펼쳐나가는 데 근본적인 한계를 드러내고 있다.

하지만 최근 수년간 노조단체들이 비정규 고용의 급증추세에 대응하여 비정규 노동자들의 조직화와 보호를 위한 다양한 사업활동을 전개하고 있으며, 일부 산별노조(보건의료노조와 금융노조)의 경우에는 비정규직의 정규직화 및 처우개선을 단체교섭 의제로 요구하여 일정한 성과를 거두었다. 또한 비정규직 노동자들 스스로 조직화하여 자신의 고용조건을 개선하려는 움직임을 형성하기도 했다. 그러나 사용자의 반발과 정부의 미온적 정책 그리고 노조 자체의 분권화된 활동관행 때문에 비정규직 노동의 문제를 근본적으로 치유·개선할 만한 성과를 거두지 못하고 있는 실정이라 하겠다. 그 결과 현행 정규직 중심의 노조체계가 조직화된 정규직 조합원의 권익대변에 치중함으로써 비정규 노동자들의 보호에는 미흡할 수밖에 없어, 정규직-비정규직 노동자들간의 노동양극화를 해소·극복하기에는 역부족인 것으로 지적된다.

4. 비정규직 문제 해결을 위한 정책제언

지난 외환위기를 배경으로 우리나라에서도 신자유주의 구조개혁의 열풍이 불어닥치면서 기업·금융·공공부문과 더불어 노동시장과 노사관계에서 심대한 변화가 전개되어왔다. 그 결과 그런 변화를 추동해온 시장만능주의의 경제개혁 논리에 따라 불평등과 차별의 노동양극화가 고착·심화되어, 우리 사회는 분단-갈등-해체가 심화되는 사회구성체의 위기를 맞고 있다. 앞서 살펴본 대로 신자유주의 구조개혁으로 가장 심각한 시련과 희생을 겪는 집단은 다름아닌 비정규직 노동자들이라 할 수 있다. 실제로 신자유주의적 개혁담론을 바탕으로 경제 및 노동부문 전반이 구조적으로 변화해오면서, 비정규직 노동자들은 양극화된 노동시장의 주변부에 위치하

여 불안정 고용-탈법적 노무관리-사회적 배제 등으로 이어지는 고
용의 질 악화를 경험하고 있다.[14]

　지난 10여년간 정부에 의해 신자유주의적 구조개혁정책이 신성
장 정책담론으로 표방·추진되고 기업들의 단기수익 경영방식이 확
고하게 자리잡으면서, 비정규직 노동의 남용과 차별 문제가 사회적
으로 부각되고 있음에도 별반 개선과 해결의 기미가 보이지 않았
다. 더욱이 정규직 중심의 조직활동 관성 때문에 노동조합들이 비
정규직 문제에 힘있는 규제력을 행사하지 못해, 정규직-비정규직
간의 노동시장 분절구조가 날로 확대되는 실정이다. 이처럼 신자유
주의 개혁논리가 우리 사회에서 정책담론의 헤게모니를 장악하여
정부의 정책기조를 지배하고 시장 본위의 기업 수익활동을 뒷받침
하는 경제체질로 구조화됨에 따라, 비정규직 노동의 문제를 해결하
기가 매우 난망한 상황이다. 그럼에도 우리 사회의 분배정의 위기
를 안겨줄 뿐 아니라 사회 갈등·해체의 고비용을 야기하는 이 문제
를 더이상 방치할 수 없는바, 이를 해결하기 위한 진보적 실천을 모
색하는 데서 고려해야 할 몇가지 제언을 결론으로 갈음하려 한다.

　첫째, 신자유주의 구조개혁은 불가역의 세계적인 대세라기보다
는 기업의 수익률 제고를 위한 자본의 계급적 이해관계와 이념적 논
리에 기반한 정치적·정책적 선택으로 추구·설파되고 있음을 명확
히 인식할 필요가 있다. 유감스럽게도 우리나라에서는 97년 외환위
기를 배경으로 중도개혁의 민주정부가 수립되었지만, 신자유주의
적 개혁논리에 포획되어 국가경쟁력과 경제효율성을 우선시함으로

써 노동양극화의 극복을 소홀히하면서 비정규직 노동의 남용과 차별을 해소하지 못했다. 또한 2007년 말에는 민생고를 겪는 국민들의 악화된 여론에 힘입어 '경제 살리기'를 선거프레임으로 내세운 보수정권이 집권해 공격적인 신자유주의 구조개혁을 추진하고 있다. 신자유주의 구조개혁과 더불어 비정규직 문제가 날로 심각해져 왔다는 지난 10년간의 경험에 비추어, 신자유주의의 국정담론을 돌이키지 않고서는 이 문제의 해결은 기대하기 어려울 것이다.

이처럼 비정규직 노동의 문제가 정치권력의 이념적 지향과 경제체제의 구조화된 작동방식에 의해 확대재생산되고 있음을 유념할 때, 단순히 노동정책 차원의 처방으로 그 해법이 마련될 수는 없으며 사회(노동)양극화를 극복할 수 있는 경제·산업·노동 전반의 진보적 개혁대안이 모색되어야 할 것이다. 다시 말해 비정규직 노동 문제의 해결을 위한 사회경제체제의 진보적 개혁을 추구해야 하는 바, 시장만능주의적 성장담론을 표방하는 신자유주의적 구조개혁의 부작용을 감안하여 시장경제적 효율성과 사회분배적 형평성의 선순환을 도모·구현하려는 탈신자유주의적 대안모델을 구체화하고 그 담론적 공감대를 확산하는 것이 시급히 요망된다. 이때 그동안 진보 지식인을 중심으로 탈신자유주의적 대안모델이 일정하게 소개·전파되었지만 시민대중 사이에 신자유주의적인 경쟁논리가 깊이 침윤되어 그런 담론적 공감대가 폭넓게 형성되지 않았음을 염두에 둔다면, 대안적 정책담론의 설파에 더하여 사회공동체적 연대문화를 생활세계에 널리 확산하는 노력이 필요가 있다.

둘째, 우리 사회의 지배블록이 신자유주의적 정책편향에 사로잡혀 더이상 비정규직 노동 문제의 해결에 무관심하거나 오히려 노동시장 유연화를 추구함으로써 그 문제의 악화를 도모하고 있는만큼, 이를 저지하고 비정규직 노동을 비롯한 다수 서민의 민생을 대변·보호할 수 있는 진보적 대항세력의 구축이 절실히 요구된다. 따라서 진보적 민생민주주의[15]와 탈신자유주의적 개혁대안에 동의하는 노동단체, 시민사회단체 및 진보정치세력을 망라하는 국민적 연대체의 구성과 진보적 개혁운동의 추진주체를 힘있게 꾸리는 일이 우선적 과제로 제기되는 것이다. 또한 2008년의 촛불운동에서 보았듯이, '보이는 손(국가)'의 독단에 맞서 절차적 자유민주주의를 지켜내려는 '적극적 시민역량'이 광범하게 그리고 역동적으로 존재하고 있다는 점에 유의하여, 이같은 시민역량을 '보이지 않는 손(시장)'의 전횡에 대항하는 진보개혁세력의 대중적 기반으로 전환시키기 위한 적극적인 실천노력이 요구된다.

이때 신자유주의적 구조개혁의 폐해와 비정규직 노동 문제의 심각성에 대한 시민대중의 인식을 확산시키기 위해 민생개혁적 대안학습과 노동현장의 현실을 더욱 효과적으로 전파·공유할 수 있는 진보적 소통방식을 개발하는 것이 필요하다. 또한 비정규직 노동 문제를 비롯한 노동양극화를 극복하고 '사회경제적 민생개혁'을 도모하기 위해서는 진보운동의 급진적인 자기혁신이 절실히 요구되는데, 노동조합은 조합원의 이해를 대변하는 폐쇄적 실천방식에서 벗어나 정규직-비정규직 간의 차별구조를 가시적인 실천으로 혁파하려는 사회연대적 운동의 전범을 창출하여 실천해나가야 할 것이다. 시민사회운동의 경우에도 자유민주주의적 개혁의제에 경도된 기존의 활동관행을 탈피하여 민생구제의 반신자유주의 개혁에 전력투구하는 활동으로 중심을 이동할 것이 요망된다.

셋째, 지난 비정규직 보호법 제정을 둘러싼 진보진영의 소모적 논쟁에서 드러나듯이, 여전히 비정규직 노동 문제를 놓고 계급적 원칙론과 현실적 개혁론으로 대표되는 상충된 입장들이 엄존하고 있다. 그 결과 비정규직 문제 해결을 위한 진보개혁진영의 연대를 실천하는 데 적잖은 장애가 노정되어왔다. 비정규직 노동의 남용과 차별은 다름아니라 노동시장의 폐쇄적인 분절구조에서 비롯되고 있는바, 비정규직 노동을 중심으로 왜곡된 노동유연성이 강요되는 이중구조를 혁파하려면 단순히 규제제도를 도입·강제하기보다는 노동시장 주체들의 다양한 행위양태들을 면밀히 검토하고 대응방안을 강구해야 한다. 다시 말해 노동시장의 메커니즘, 즉 노동시장 주체들의 대응행태를 무시한 채 '비정규직 철폐'의 제도화 같은 전면규제의 충격요법으로 접근할 경우, (기간제 및 단시간근로 보호법이 제정된 직후 많은 기업들이 직접고용 비정규직을 간접고용으로 대체하려는 움직임을 보여주었듯이) 노동수요인 사용자들이 새로운 규제회피 전략을 통해 또다른 형태의 비정규직 문제가 야기되거나 일자리 축소로 귀결될 수 있다. 그런 만큼 특히 사용자들의 비정규 인력 선호동기를 억제할 수 있는 제도적·사회규범적 여건을 조성하기 위한 현실적인 접근이 바람직하다. 아울러 소수의 양질 일자리와 다수의 나쁜 일자리로 분절된 노동시장 양극화 구조가 우리 경제의 지속성장과 사회공동체적 단합에 심대한 악영향을 미치고 있다는 점을 공론화하여, 성장-고용-복지의 선순환을 구현하는 사회연대적 노동시장 개혁[16]을 도모할 수 있도록 사회적 대화를 시도하는 것이 필요하다.

마지막으로, 공격적 신자유주의적 구조개혁을 표방하는 이명박 정부에 의해 비정규직 노동이 더욱 양산될 수 있는 노동규제 완화정책이 추진될 것으로 예상된다. 이런 정치지형하에서는 기간제, 파견직 및 단시간근로를 대상으로 하는 현행 비정규직 보호법 개악시도를 저지하고 그 보호제도 시행을 둘러싼 사법적 또는 행정적 해석을 전향적으로 개선하려는 실천이 요망된다. 직접고용의 비정규직 노동에 대한 규제장치 도입에 대처하기 위해 최근 들어 사용자들이 간접고용(용역·도급·하청 등) 및 특수고용의 비정규직 인력 활용을 크게 확대하고 있다는 점에 주목해, 보호규제장치가 불비한 이들 비정규직 고용형태에 대한 추가적인 제도화 논의를 공론화하여 관련입법을 적극 도모·성사하는 실천노력이 필요하겠다.*

---

* 이 글은 『기억과 전망』 통권 19호(2008.10)에 발표된 원고를 이 책에 싣기 위해 다소 손질한 것이다.

이명박정부와 신자유주의

정치·경제·언론권력의 삼위일체

이근 • 서울대 국제대학원 교수, 정치학

1. 들어가며

이 글의 목적은 이명박정부와 신자유주의의 결합이 한국의 정치경제구조를 어떻게 변화시킬 것인지를 분석, 예측하는 데 있다. 현재 이명박정부가 출범한 지 1년이 되었다. 총 집권기간 중 5분의 1밖에 지나지 않은 지금 이명박정부의 정치 및 경제 정책을 규정하고 분석하는 것은 일견 성급하게 여겨질지 모른다. 그러나 이전 김대중-노무현 정부와의 차별성을 일관되고 집요하게 강조하는 현 집권세력이 그 차별화의 방향성을 어떻게 가져가고 있는지를 추출해보면 이명박정부가 추진하는 신자유주의 정책의 성격과 내용이 상당부분 드러나리라 생각된다. 그리고 일단 이명박정부가 추진하는 신자유주의의 성격과 내용이 어느정도 파악되면 다양한 사회세력의 재편과정과 신자유주의가 결합하여 만들어내는 한국 정치경제구조의 미래 역시 한계 내에서나마 파악할 수 있을 것으로 생각한다.

2. 한국에서의 신자유주의의 개혁성과 보수성

신자유주의는 일반적으로 보수적인 우파 정책으로 알려져 있지만 한국에 처음 도입될 때는 상당한 개혁성을 지니고 있었다.[1] 그 이유는 신자유주의적 정책들이 1997년 금융위기의 원인으로 거론된 정실자본주의(crony capitalism)를 개혁하는 수단의 성격을 띠고 있었기 때문이다. 즉 97년의 금융위기 이후 김대중-노무현 정부는 정부와 재벌그룹 간의 유착으로 형성된 정치 및 경제의 독점구조를 해체하는 데 신자유주의를 활용한 측면이 있다. 따라서 보수우파의 이익을 대변하는 것으로 유명한 국제통화기금(IMF)에 의하여 강요되었고, 또 유럽 및 미국 등 선진자본주의 국가에서도 기득권 상위층의 이익을 대변하는 보수우파 정책인 신자유주의가 한국에서는 이른바 '좌파'라고 불린 민주화 개혁세력에 의해서 강력하게 채택, 활용되는 기현상이 생겨났다.

단순화의 우려가 있지만, 신자유주의는 규제완화 및 규제철폐를 통해 시장에 대한 정부의 개입을 최소화하고, 시장에서는 경제행위자의 무한경쟁을 통해 최대한 효율적으로 자원을 배분하는 경제사상과 정책을 뜻한다. 그리고 노동시장의 유연성을 강조하고, 노동시장에서 탈락하는 인력이 재교육을 받고 재취업을 할 수 있도록 이른바 사회안전망을 확충할 것을 권고하고 있다. 흔히 작은 정부에 의해 추진되는 감세정책도 신자유주의의 중요한 내용을 이룬다.

이러한 내용의 신자유주의는 워싱턴 컨쎈써스라는 이름으로, 혹은 글로벌 스탠더드라는 이름으로 세계화시대 경제정책의 큰 흐름을 형성하면서 세계 각지역으로 퍼져나갔다.[2] 특히 이러한 내용의 신자유주의는 한국에서 정부의 다양한 규제와 개입, 그리고 특혜를 통해 형성된 정경유착 구조를 깨는 데 매우 유효한 수단으로 인식될 가능성이 있었다. 또한 복지정책 및 제도가 취약한 한국에서 사회안전망의 확충을 꾀하는 것은 충분히 개혁적이고 진보적인 정책으로 받아들여질 소지 역시 있었다.

그러나 보수우파의 정책을 대변하는 신자유주의는 다른 선진자본주의 국가에서도 그러하였듯이 분배와 복지를 강조하는 좌파 개혁정책이 되기에는 처음부터 한계가 있을 수밖에 없다. 시장에 대한 정부의 개입이 최소화되고 규제가 완화되면 한국처럼 중소기업이 취약한 경제구조에서는 결국 대기업이 다시 경제를 견인하게 되고, 복지제도가 부실한 한국에서 노동시장의 유연화를 과속으로 도입하면 노조와 노동자가 매우 취약해지는 구조로 변화하게 마련이다. 그리고 무한경쟁에 의한 성과주의 도입은 경영진과 노동자 간의 현격한 소득격차를 당연시하는 규범을 착근시키고, 동시에 금융자본주의의 발전에 의해 상위소득층과 나머지 계층 간의 자산소득 격차 역시 빠른 속도로 벌어지게 된다.

결국 국가가 적극 개입하여 분배 위주의 정책을 펴지 않는 한, 신자유주의적 경제정책은 상위층으로의 부의 집중을 당연시하는 사회를 만들게 되는데, 신자유주의는 처음부터 국가가 개입하는 분배 위주의 정책은 경제의 정체를 가져온다고 주장하고 있다. 따라서 신자유주의의 분배 메커니즘인 경제성장에 의한 적하효과(滴下效果, trickle-down effect)는 경쟁의 승자인 상위층의 이타심과 자선심에 막연히 기대는 수밖에 없다. 그러나 기본적으로 인간의 이기심을 시장경제의 기본으로 전제하는 신자유주의에서 승자의 자비심은 기대하기 어려우며, 정부 개입이 없는 상황에서 오히려 시장의 강자는 이기적인 부의 집중을 구조화하는 소수의 독점구조를 추구하게 된다. 이러한 구조는 대기업 임금수준의 양극화와 불경기 때의 구조조정 과정을 보면 잘 드러난다.

예를 들어보자. 보통 한국 대기업의 임원진은 평사원과 달리 억대의 어마어마한 연봉을 받는다. 평사원과 노동시간을 기준으로 비교할 때 도저히 이해할 수 없을 정도의 차이이다. 이에 대한 신자유주의의 설명과 논리는 성과주의이다. 회사의 이익 창출에 기여하는 만큼 연봉을 받아가는 것이 시장논리이므로 평사원보다 기여도가 훨씬 높은 임원이 훨씬 높은 연봉을 받는 것은 당연하다는 것이다.

여기서 우선적으로 기여도와 연봉을 어떻게 기계적으로 계산하는지에 논란이 생겨나는데, 일단 그 논란이 정리되었다고 가정하더라도 경기가 침체될 때의 신자유주의 기업의 행태를 보면 자유방임시장의 기업은 일반노동자보다는 소수 상위층의 보호에 치우침을 알 수 있다. 예컨대 회사가 경영난에 허덕이고, 적자를 내는 상황에 돌입하면 기업은 수익을 낼 때 적용한 논리와는 반대로 경영난과 적자에 책임이 있는 임원진은 최대한 보호하고 평사원 혹은 비정규직을 노동시장 유연성이라는 이름으로 재빨리 고용조정한다. 임원진이 구조조정되는 경우에도 사회안전망이 없는 노동자와는 그 충격이 비교가 되지 않는다. 이들의 상당수는 이미 막대한 자산을 축적했거나, 상당수준의 퇴직금을 받거나, 상호간에 구축된 인적 네트워크를 통해 재취업의 기회를 높인다. 미국 월가의 투자은행 임직원들이 회사가 파산했는데도 흥청망청 보너스를 챙기는 것이 당연시되었던 것을 보면 신자유주의라는 이름으로 얼마나 잘못된 규범이 형성되어 있었는지 알 수 있다.[3] 이렇게 신자유주의는 경제가 잘나갈 때 수익에 대한 기여도라는 개념으로 상위층의 엄청난 소득을 정당화하면서 경제가 어려울 때는 노동시장의 유연성이라는 전혀 다른 차원의 개념으로 경영진보다는 하위층이 책임을 지도록 한다.[4]

　국가경제 전체의 시각에서 볼 때 이러한 신자유주의는 결국 소수 대기업과 상위층의 독점구조 강화, 비정규직 양산과 노조의 약화, 대기업의 아웃소싱과 보수적 투자에 의한 고용 없는 성장, 금융시장에서의 자산소득 격차 등으로 인한 경제와 사회의 양극화로 흐를 가능성이 크다. 정부가 사회안전망을 확충하려 해도, 대기업과 재벌세력이 이를 분배를 강조하는 좌파정책으로 몰아 세계화시대의 경쟁력 약화요인이라고 공격하면, 복지는커녕 사회안전망 확충도 쉽지 않게 된다. 결국 신자유주의는 정실자본주의 타파와 경제민주화라는 개혁세력의 목표에서 멀어지면서 오히려 상위 소수의 독점구조를 강화하는 보수우파 경제정책으로 변모하게 된다.

따라서 97년 금융위기 이후 정경유착과 재벌독점 구조를 개혁하기 위하여 도입된 신자유주의는 오히려 권위주의시기에 권력과 부를 독점해왔던 한국의 보수 기득권세력을 더욱 강화하는 결과를 낳았고, 분배를 강조하는 좌파정권이었어야 했던 김대중-노무현 정부는 보수우파의 강화된 경제력과 그들의 언론 및 담론시장의 장악으로 인하여 오른쪽으로 떠밀려가게 된다. 이렇게 오른쪽으로 떠밀려간 노무현정부가 한국에서는 계속 '좌파정부'로 규정되는 기현상이 벌어졌는데, 이러한 맥락에서 이명박정부의 경제정책 기조는 이들 우파적인 '좌파정부'에서 얼마나 더 오른쪽으로 가고 있는지를 파악하는 것에서 시작해야 한다. 그러려면 우선 '좌파정부'라고 불린 노무현정부에 대한 성격규정이 필요하고 그후 노무현정부를 준거점으로 이명박정부가 움직인 궤적을 좇아가야 할 것이다.

3. 노무현정부의 성격규정

노무현정부는 한국의 보수세력에 의해 '좌파정부'로 규정되어왔다. 이러한 규정은 보수세력이 정권을 잡으면서 스스로를 '우파정부' '실용정부'로 규정하고 경제 및 외교 등 제반 정책을 노무현정부와 차별화하여 오른쪽으로 움직이게 하는 준거점이 되고 있다. 그렇다면 노무현정부가 얼마만큼 좌측에 있었는지를 파악해야 새롭게 들어선 보수정권인 이명박정부가 얼마만큼 반대방향으로 움직이고 있는지를 알 수 있다.

결론부터 말하자면 노무현정부는 스스로 "좌측 깜빡이를 켜고 우측으로 간다"고 인정한, 내용적으로 상당히 우파적인 정부였다고 할 수 있다. 만일 우파정부라는 개념규정이 너무 과하다면 최소한 좌와 우라는 이념을 가리지 않고 정책을 혼용한 '실용정부'라고 규정할 수 있다.[5] 대개 좌와 우의 구별은 정부가 시장규제를 통하여 분배와 복지를 얼마나 강조하느냐의 정도 차이로 구별되는데, 일반적으로 시장규제를 통한 분배 및 복지를 강조하는 정부를 좌파정부라 하고 그 반대편에 있는 정부를 우파정부라 부른다. 이러한 관점에서 볼 때 노무현정부의 경제정책은 재벌의 독점구조를 타파하기 위하여 신자유주의를 받아들인 개혁적 요소를 제외하자면 특별히 '좌'의 요소를 발견하기 어렵고, 설사 복지와 세제개혁 면에서 좌측으로 움직였다 하더라도 서구의 사민주의와 비교하면 매우 우파적인 정부라고 할 수 있다. 다만 경제권력이 아니라 정치권력의 민주화와 탈권위화라는 면에서는 과거와 비교할 때 매우 개혁적인 정부임에 틀림이 없다. 그러나 시장의 규제와 복지제도, 노조의 활성화 등을 기준으로 좌와 우를 나누는 일반적인 분류에 있어서 노무현정부는 좌측보다는 우측에 위치하고 있다.

좌측 깜빡이는 물론 진보개혁세력을 대변하는 신호였지만 97년 금융위기와 IMF의 강압적 권고, 그리고 재벌구조 타파라는 이유로 도입된 신자유주의적 정책방향은 앞에서도 언급했듯이 정부가 시장의 권력인 대기업에 오히려 종속되는 신자유주의의 덫을 만들고, 결국 경제정책이 전반적으로 오른쪽으로 향할 수밖에 없게 된다. 그럼에도 보수세력과 보수언론이 노무현정부를 좌파정부라고 규정한 이유는 이미 회복한 경제권력뿐 아니라 정치권력까지 되찾아오기 위한 전략 때문이었으며, 그 전략은 보수세력의 언론과 담론시장 장악을 통해 성공하여 마침내 정치권력의 탈환인 정권교체까지 이루어내게 된다.

이는 결국 김대중정부 이전과 마찬가지로 한국의 보수세력이 정치권력과 경제권력을 다시 독점하게 됨을 의미하는데, 노무현정부의 신자유주의적 요소와 이명박정부의 신자유주의적 정책방향은 의도하건 안하건 이러한 보수의 경제 및 정치권력의 탈환과 공고화에 각각의 역할을 했다. 즉 노무현정부의 신자유주의적 요소는 보수세력의 경제권력을 강화해 결국 정치권력 탈환의 물적 기반을 만들어주었고, 이명박정부의 신자유주의적 정책방향은 이러한 경제 및 정치권력의 연합을 구조화·공고화하기 위하여 장애물을 제거하고 이를 정당화하는 역할을 하고 있다. 다만 노무현정부에서는 신자유주의가 탈권위화와 언론자유를 만개시킨 민주화와 함께 진행되어 경제권력과 유착된 언론권력이 자유롭게 사회 전반의 우경화를 유도할 수 있도록 방임하면서 정치권력을 뒷받침할 기반이 모두 상실되었던 반면, 이명박정부는 경제권력과 언론권력이 정치권력과 함께 상명하달식의 권위주의화를 진행하여 정치권력-언론권력-경제권력의 삼위일체화를 추구하고 있다.

다시 노무현정부의 성격규정으로 돌아가보자. 노무현정부는 검찰, 경찰, 국세청, 국정원 등 이른바 국가권력기구와 공안기구의 독립성을 보장했다는 면에서 가장 탈권위적인 정부였고, 권력기관과 사정기관을 통한 언론탄압을 최대한 자제했다는 면에서 가장 민주적이고 자유주의적인 정부였다고 할 수 있다. 한편 자신의 지지기반이 과거 민주화 운동세력과 호남 등이었고, 대통령 본인이 3김과 달리 오랜 기간 자신의 정치세력과 학맥·인맥을 키워오지 않았다는 점에서 1945년 해방 이후 한국정치사의 흐름에서 가장 비주류적인 정권에 속한다고도 할 수 있다. 또한 노무현정부는 대북정책에서 김대중정부의 햇볕정책을 계승했고, 외교정책에서도 미국·일본과 불편한 관계를 마다하지 않는 자세를 보여 보수세력과 차별화된 정책방향을 견지했다. 한편 수도이전과 지방균형발전 같은 중앙집중화 해소정책을 추구했다는 점에서 지역적 탈권위화, 분권화도 적극적으로 추진한 정부였다.

하지만 이러한 탈권위성, 민주성, 비주류성, 보수와 차별화된 대북 및 외교정책 등만으로 노무현정부를 좌파정부로 규정할 수는 없다. 탈권위화와 민주화가 정부의 시장개입을 통한 강력한 복지국가, 사민주의화로 연결된 것도 아니고, 햇볕정책이 한국의 북한화를 지향한 것도 아니었다. 또한 노무현정부의 외교정책이 한미동맹 철폐와 반일을 통하여 사회주의국가인 중국과 연합하려는 정책도 아니었다. 노무현정부의 가장 일관된 정책방향은 오히려 권력기관의 중립화를 통한 자본주의 시장경제의 활성화였고, 정경유착의 탈피였다고 할 수 있다. 그런 의미에서 개혁적이었지만 좌파적이라고 할 수는 없다.

그런데 여기서 노무현정부가 시장경제의 활성화, 그리고 정경유착의 탈피를 위하여 도입한 정책은 앞에서도 언급한 신자유주의적 정책들이었고 이 정책들은 전세계적으로 우파정책으로 인정받는 소수 상위층을 위한 정책이라고 할 수 있다. 예컨대 신자유주의 국가에서 가장 전형적으로 채택하는 법인세 인하, 특소세 인하 등을 통해 시장의 활성화를 꾀했고, 97년 금융위기 이후 무분별한 재벌의 확장을 막기 위해서 만들어놓은 재벌규제를 완화의 방향으로 바꾸었다. 정권 말기에는 출자총액제한제도를 상당히 완화했고, 지주회사 규제도 완화하여 재벌체제의 강화에 기여한 측면도 크다. 노동정책에서도 노사관계의 개선에 그다지 기여하지 못했고, 중소기업과 비정규직 문제도 수요창출과 복지 혹은 사회안전망 정책으로 대응하지 못했다.[6] 더욱이 정권 말기에 추진한 한미FTA는 미국의 신자유주의적 경제제도를 상당부분 도입하는 가히 한국 역사상 가장 우파적인 경제정책이라고 할 수 있는데, 짧은 임기중에 이를 무리하게 추진하면서 전통적 지지기반인 진보개혁진영의 지지를 잃게 된다.

이렇게 보면 노무현정부는 보수세력의 공격과 달리 '좌파'적 요소보다는 '우파'적 요소가 훨씬 강한 정부였고, 그 우파적 요소의 상당부분은 세계화시대의 흐름으로 인식되었던 글로벌 스탠더드, 즉 신자유주의적 경제정책이었다고 할 수 있다. 그런데 여기서 신자유주의 경제정책과 민주화가 가져온 한국사회의 권력구조 변화를 눈여겨볼 필요가 있다. 왜냐하면 이러한 권력구조와 권력지형의 변화를 이해해야만 이명박정부의 신자유주의가 지닌 정치경제적 성격을 좀더 명확하게 파악할 수 있기 때문이다.

노무현정부의 신자유주의 경제정책과 민주화는 사회의 권력구조를 구성하는 중요한 세가지 요인에 커다란 영향을 미친다. 우선 자본주의 권력구조의 물적 구성인 경제력 면에서 대기업과 소수 상위층에 경제권력의 집중을 가져다주었다. 대기업과 재벌세력에 대한 규제완화와 재벌에 대한 권력기관의 중립화는 다시금 국가에 대한 재벌세력의 힘의 우위를 만들었고, 자산격차와 소득불균형의 정당화 및 규범화는 보수적 성향의 상위층을 특권세력화했다. 사회 권력구조의 두번째 요인은 이념적·담론적 요인인데, 이 역시 노무현정부가 언론의 자유화, 언론시장의 통제 회피를 추구했기 때문에 시장지배력이 강한 보수언론이 사회의 이념과 국민 의식구조의 흐름을 강하게 좌우하는 위치로 올라섰다. 세번째 요인인 제도 면에서도 절차적 민주주의가 결코 진보개혁세력에 유리하게 왜곡되지도 않았고 신자유주의적인 제도의 도입은 노동자, 비정규직의 약화와 재벌의 시장지배력을 제도화하는 결과를 가져왔다. 즉 경제력인 물적 요소, 담론이라는 이념적 요소, 그리고 절차를 특정 방향으로 유도하는 제도적 요소 모두가 신자유주의에 의해 혜택받는 대기업 재벌, 보수언론, 그리고 소수의 상위소득계층에 유리한 방향으로 권력 구조와 지형을 바꾸어버린 것이다.

결과적으로 노무현정부는 가장 민주적이고, 탈권위적이며, 비주류로 구성된 정부였음에도 불구하고 언론자유 및 민주주의에 신자유주의를 결합시키는 바람에 민주적인 절차적 정당성을 갖는 가장 강력한 우파세력을 탄생시켜버렸다. 2007년의 수평적 정권교체의 의미는 바로 이러한 권력 구조와 지형의 변화라고 할 수 있다. 이러한 흐름을 따라가다보면 노무현정부를 좌파로 규정하고 우측으로 정책과 이념을 옮기려는 이명박정부와 신자유주의의 결합은 어떠한 정치경제적 구조를 탄생시킬지 예측할 수 있다.

4. 이명박정부와 신자유주의의 결합

이명박정부의 경제노선은 신자유주의적 경향을 강하게 띠고 있다. 작은 정부, 공기업 민영화, 감세, 출자총액제한제 폐지, 노동시장 유연성 강화, 노조 적대적 노동정책, 규제완화 등의 정부정책들이 모두 영국과 미국에서 추진한 신자유주의적 정책과 유사하다. 물론 이러한 신자유주의적 정책이 어느정도 현실화될지는 반대자와 저항세력의 투쟁, 그리고 심화되는 경제위기를 정부가 얼마나 용이하게 극복할 수 있는지에 달려 있지만, 금융위기를 겪는 선진국에서 이미 신자유주의 정책을 재고하고 반성하는 움직임과 달리, 이명박정부하에서는 지난 1년간 굳건하고 일관되게 신자유주의 정책을 추진해왔다. 최근 미래기획위원장으로 부활한 곽승준 전 청와대 경제수석이 "선진국들이 규제를 강화하는 움직임이 있으나 이는 어디까지나 규제완화가 많이 진전된 나라에 해당하는 것"이라며 한국은 규제완화를 지속 추진해야 한다고 발언한 것을 보면 이명박정부의 신자유주의에 대한 일관된 애착을 알 수 있다.[7] 이러한 경향이 한국의 정치경제에 미치는 영향을 좀더 심층적으로 이해하기 위해서는 이명박정부의 신자유주의가 이전 노무현정부의 신자유주의와 어떻게 차별화되고, 또 어떠한 다른 정치경제적 요인과 결합하는지를 파악해야 한다.

앞선 노무현정부는 스스로 '좌파 신자유주의' 정부라고 말했듯이 신자유주의 정책을 도입했음에도 불구하고 분배와 복지라는 좌파적 목표의 중요성을 포기했다고 할 수 없다. 오히려 시대적 상황과 흐름에 충실한 실용주의 정부에 더 가깝다고 하겠다. 그러나 이명박정부는 이러한 노무현정부를 아예 극단적 좌파로 규정했기 때문에, 스스로를 실용주의 정부라고 불렀지만 노무현정부의 '좌파 신자유주의'에서 좌파를 지워버리고, 신자유주의를 더욱 철저하게 추구하는 방향으로 정책노선을 이동했다.

다시 말하면 처음부터 복지와 분배의 문제는 정부가 개입할 문제가 아니라고 확정하고, 모든 것은 시장이 해결해줄 것이라는 믿음으로 대부분 정부의 역할과 기능에 속했던 것들을 민간에 넘기는 정책노선을 채택했다. 공기업 민영화, 재벌기업에 대한 출자총액제 폐지, 금산법 완화, 법인세·종부세·양도세 인하 등 다양한 감세, 기타 규제완화 및 철폐, 사회복지의 시장화, 한미FTA의 추진 등이 그러한 조치들이며, 정부는 이러한 자유방임형 시장의 형성에 방해되는 저항세력과 요인을 철저히 통제하고 제거하는 역할을 한다. 물론 시장실패가 생겨나는 경우 정부가 개입하겠지만 그 개입의 형태도 결국은 시장권력을 구제해주는 형태로 일어날 가능성이 크다.

그런데 이러한 철저한 '우파 신자유주의'가 앞서 언급한 권력구조 및 지형의 변화와 결합하면 매우 뚜렷이 권력의 독점구조가 공고화됨을 발견할 수 있다. 우선 노무현정부의 신자유주의적 정책은 자의냐 타의냐를 떠나서 소수 상위계층, 그리고 재벌 대기업으로의 부의 집중과 양극화를 가져왔는데, 이는 신자유주의적 경제구조에서 소수의 경제권력 기득권세력을 탄생시킨 것을 의미한다. 이들의 경제력이라는 물적 기반은 국민의 대다수를 점하는 양극화 저편의 계층을 압도하고 있다. 이러한 소수 독점구조에 대한 견제장치는 역시 정부와 노동조합, 그리고 비판적 시민사회와 지식계, 그리고 언론이라고 할 수 있는데, 이러한 견제장치는 좌파정부에서 우파정부로 이행한다는 명분하에 강압적인 통제의 대상이 된다.

대기업 최고경영자 출신의 대통령과 소수 상위층이 주축인 보수세력이 연합하여 획득한 정부권력은 경제의 기득권을 보호하는 방향으로 국가권력을 사용하게 될 것인데, 그것은 비판세력과 견제세력에 대한 통제이다. 노동조합, 비판적 시민사회, 그리고 비판 언론

과 지식인은 공권력에 의한 통제의 대상이거나 좌파로 색칠된 불온
세력으로 치부된다. 그리고 비판적 언론기관, 특히 방송국은 집권
세력의 친위세력이 지배할 수 있도록 강압적 조치 등이 취해지고 주
요 방송국의 사장은 친이명박 인사로 채워지고 있다. 종이신문은
이미 보수지가 시장을 장악하고 있기 때문에 특별히 정부가 개입할
여지가 없으나 촛불정국 시기 이들 신문의 광고기업 불매운동에 대
한 공권력 동원과 차단 노력은 기득권 보호와 동일한 맥락이라고 할
수 있다.

경제력의 소수 독점구조를 보호하기 위해서는 신자유주의적 정
책방향을 다시 좌측으로 이동시킬 수 있는 정치권력의 등장을 막아
야 한다. 물론 민주주의하에서는 이러한 권력이동은 선거를 통하여
이루어지기 때문에 과거 권위주의 독재시절같이 물리력을 독점하
여 정치권력의 독점구조를 지속시키기는 어렵다. 따라서 신자유주
의세력이 지속적으로 행정부와 입법부를 장악할 수 있도록 유권자
의 사고를 통제할 필요가 생긴다. 여기서 언론권력이 중요해지는
데, 이미 신문시장을 장악한 보수신문과 정부가 새롭게 장악을 시도
하는 방송국이 이러한 통제기능을 하게 된다.

이렇게 되면 경제권력–정치권력–언론권력이라는 권력의 삼위일
체가 형성되고, 이러한 권력의 독점구조는 '권력의 상호출자' 같은
형태를 통해 서로를 강화하게 된다. 행정부와 입법부 및 사법부는
신자유주의정책하에서 생겨난 소수 상위층의 기득권을 지키는 도
구로 쓰이게 되며, 이러한 중요한 도구를 쟁탈하는 장이 바로 선거

의 장이다.

5. 신자유주의 독점권력구조와 정경유착의 가능성

앞에서 본 대로 노무현정부에서는 신자유주의적 경제정책을 도입하고 민주주의 원칙을 충실하게 지킴으로써, 경제력과 시장지배력을 바탕으로 한 대기업 재벌 및 소수 상위층의 경제권력을 강화했고 보수적 언론권력의 등장을 막지 못했다. 따라서 이 시기의 대한민국은 행정부를 장악한 개혁적 정치권력이 경제권력과 언론권력을 장악한 신자유주의 기득권세력에 대항하는 형태의 정치경제구조를 가지고 있었다고 할 수 있다. 이러한 구조에서는 대기업과 소수 상위층의 경제권력이 시장에서는 비교적 자유롭지만, 끊임없이 정치권력의 견제를 받게 되고 정치권력으로부터 특혜성 사업을 제공받거나 독점구조의 보호를 받기는 어렵다. 즉 정경유착이 일어날 가능성은 매우 약하다. 물론 삼성 로비사건에서 어렴풋이 드러났듯이 경제권력이 정치권력과 언론권력에 침투하는 노력을 끊임없이 보이면서 자신의 보호막을 치려 하겠지만, 기본적으로 '좌파 신자유주의' 세력을 '우파 신자유주의' 세력으로 재생하기에는 한계가 있다.

그렇지만 결국 개혁성향의 정치세력을 제거하고 정권교체에 성공한 경제 및 언론권력은 선거를 통하여 정치권력을 명실상부한 '우

파 신자유주의' 세력으로 교체하고, 정치권력-경제권력-언론권력
의 삼위일체를 창출해냈는데, 이러한 삼위일체 구조는 기본적으로
정치와 경제와 언론이 유착된 97년 금융위기 이전의 한국 정치경제
구조로 돌아가는 것을 의미한다. 물론 이러한 삼위일체 독점구조의
주체는 과거에 비해서 그 규모가 상대적으로 줄어든 소수 상층부이
며 과거와 달리 두터운 중산층이라는 완충지대가 존재하지 않는다.
그리고 그 상층부에 금융자산의 기득권세력이 새롭게 편입된다.

이제 이명박정부와 신자유주의의 관련성을 정리해보자. 이들의
관련성은 결국 정치권력-경제권력-언론권력이 모두 신자유주의적
경제정책으로 혜택받는 소수 상위층에 의해 독점되고 있다는 데서
찾을 수 있다. 즉 신자유주의는 단순히 경제영역에 국한되는 것이
아니라, 정치와 경제와 언론에 모두 연관되어 있고, 이 정치권력과
경제권력, 그리고 언론권력은 신자유주의정책이 제도화·공고화되
는 것에 공통의 이해를 갖는다. 그래서 아이러니하게도 이명박정부
는 신자유주의라는 이름으로 다시금 정경유착구조를 만들어내고
있으며, 보수언론은 이러한 구조를 은폐하고자 한다. 이러한 정경
유착구조가 현실화되는 순간 신자유주의 세력은 그 정당성과 자기
동력을 상실하게 되는데, 지금 이명박정부에서 과거 정부주도형 경
제정책과 자유방임형 신자유주의 시장경제정책이 자연스럽게 섞여
나오는 모순은 바로 이러한 '신자유주의적 정경유착구조'에서 생겨
나는 것이다. 이명박정부의 정치경제구조는 그래서 정경유착과 신
자유주의가 결합된 형태로 자리잡아가면서 결국은 가장 반(反)신자

유주의적인 정치경제구조를 배태할 것으로 전망된다.

6. 정경유착과 신자유주의의 공존이라는 모순

기본적으로 신자유주의에서는 시장에 대한 정부의 개입을 최소한으로 하고 정부는 시장실패의 경우에만 시장에 개입하게 되어 있다. 따라서 정치와 경제의 유착은 가장 반신자유주의적인 구조라고 할 수 있다. 정치와 경제가 유착되면 특혜구조와 부패가 생겨나 시장에서의 자원배분이 합리적이고 효율적으로 이루어지지 못하고, 정부가 대기업을 보호하게 되어 이른바 도덕적 해이(moral hazard)가 생겨난다. 또한 시장에 대한 정부의 감시기능이 약화되어 탈법적이고 불법적인 시장행위와 무모한 투자가 일어나고 결국 시장이 붕괴될 가능성을 사전에 예방하지 못한다.

이런 것들이 바로 한국의 97년 금융위기를 설명하는 요인들인데, 불행히도 현정부의 신자유주의는 다시금 한국 정치경제구조를 97년 이전으로 돌리고 있다. 정치-경제-언론권력이 권력을 상호 순환출자하여 권력의 독점구조를 유지하려 하기 때문에 생기는 현상이다. 결국 이러한 권력의 순환출자는 경제 및 정치 위기의 불씨를 스스로 안고 권력의 독점구조를 강화하게 된다. 부패의 고리와 비효율적 자원분배, 불법과 탈법에 의한 정치·경제의 위기는 폭발하게 되어 있고, 그렇게 되면 다시 권력의 독점구조는 무너지게 마련이다.

문제는 여기서 다시금 선거에 의한 정치권력의 이동이 생겨나면 이번에는 새로운 정치권력이 신자유주의적 경제권력과 언론권력을 해체하려 할 가능성이 커진다는 점이다. 이 경우에도 신자유주의 기득권세력의 강한 반발이 예측되는데, 이명박정부와 보수세력이 소수로 뭉쳐 앞으로 얼마나 극단적인 배제의 정치(politics of exclusion)를 하느냐에 따라 정권교체가 있을 경우 경제권력과 언론권력에 대한 해체의 정도와 배제의 크기가 결정될 것이다.

이러한 극단적인 배제의 정치가 반복되는 것은 한국 정치와 경제의 안정적 발전 및 사회통합의 시각에서 볼 때 결코 바람직하지 않다. 결국 이러한 정치-경제-언론권력의 삼위일체 결합에서 생긴 모순이 터져나오고, 극단적인 배제의 정치가 반복되는 것을 사전에 막기 위해서는 정부가 삼위일체 권력의 독점구조를 추구하는 것보다 정치·경제의 자정기능이 작동할 수 있게 비판세력과 견제장치의 공간을 남겨두는 것이 중요하다. 방송사를 장악하고, 비판세력을 체포·구금하는 현시점에서 이명박정부는 그러한 자정기능을 살려둘 의도가 없는 것으로 보인다. 하지만 한국 시민사회가 바로 이러한 비판세력과 견제장치를 보호하기 위해 촛불도 들고, 시위와 불매운동도 하면서 최대한 노력하고 있다. 대한민국의 미래를 분열과 배제의 역사로부터 지켜내기 위해서는 사회의 투명성과 자유로운 사고 및 비판이 가능한 자정기능을 확보하는 것이 반드시 필요하다. 이를 위해 우리는 항상 정보의 흐름에서 배제되지 않고 깨어 있는 사고를 하면서, 적극적으로 그리고 올바르게 투표하는 시민의 자세를 견지해야만 한다.*

* 이 글은 이 책에 수록하기 위해 2008년 3월에 새로 집필한 원고이다.

제
3
부

신자유주의의 대안 찾기

신자유주의와 대안체제
복지국가혁명을 위하여

정승일 • '복지국가 Society' 정책위원

87년 6월항쟁 20주년과 김대중-노무현 정부 집권 10년을 경과하면서 오늘날 우리 사회가 직면한 경제사회적 문제에 대해 개혁진보 진영 내에서 나름의 대안으로 제시된 것은 다음의 다섯가지 정도이다.[1] 그것은 각각 '생태·평화 사회민주주의론'(조희연 등) '노동중심 통일경제연방론'(손석춘 등 새로운 사회를 여는 연구원) '사회연대국가론'(진보정치연구소) '사회투자국가론'(유시민 김연명 양재진 등) '신진보주의 국가론'(이일영 정건화 조형제 등 한반도사회경제연구회)이다. 이 글에서는 이들의 입장에 대한 비판적 분석과 함께 새로운 진보대안으로서 '복지국가혁명론'을 제시하고자 한다.[2]

1. 신자유주의와 현 위기의 원인 진단

앞의 다섯가지 입장은 신자유주의와 관련하여 우리 사회가 직면한 위기의 원인을 진단하는 데서 큰 차이를 보여준다. 먼저 생태·평화 사회민주주의론과 노동중심 통일경제연방론 그리고 사회연대국가론은 모두 사회양극화 등 현 위기의 원인을 신자유주의적 세계화와 시장개방, 시장개혁에서 찾고 있으며 따라서 신자유주의에 반대하는 태도를 분명히한다. 가령 이들 세가지 입장 모두 주주자본주의와 한미FTA를 거부한다.

이에 반해 사회투자국가론은 지난 10년간의 '시장개혁'이 거둔 성과를 대부분 수용하며 현 위기의 원인을 IT기술이 야기한 일자리 축소 등 기술결정론적 요인과 인구고령화 같은 다른 점들에서 찾고 있으며 오히려 신자유주의의 긍정성, 가령 주주자본주의와 한미FTA의 긍정성에 주목한다.

한편 신진보주의국가론은 이런 점들에 관해 절묘한 균형(?)을 취하는데, 재벌개혁과 금융개혁 등 신자유주의적 시장개혁의 긍정성을 대부분 수용하면서도 동시에 그것과 결부된 노동시장 유연화와 공기업 민영화나 그것이 초래한 단기주의 전략의 횡행과 고용의 질 저하에 대해서는 비판적이다. 또한 '능동적 세계화'를 주문하면서도 한미FTA에 대해서는 비판적 태도를 취하고 있다.

2. 경제사회적 대안모델의 방향

이렇듯 다섯가지 입장은 위기를 타개하기 위한 대안적 방향에 관해서도 큰 차이를 보이고 있다. 먼저 조희연 등의 생태·평화 사회민주주의 국가론은 유럽형 사회민주주의를 새로운 대안으로 제시하지만, 우리에게 알려진 사회민주주의를 "국가주의와 성장주의의 한계에 갇혀 좌초한 20세기형 사회민주주의"로 규정하며 "생태·평화주의를 접목한 더욱 이상주의적인 사회민주주의"를 우리 사회 진보의 대안으로 내놓는다. 하지만 과연 유럽의 사회민주주의가 국가주의와 성장주의 때문에 좌초했는지는 의문이다. 먼저 대표적인 사회민주주의 국가인 스웨덴과 핀란드에서 1990년대 초반에 발생한 복지국가의 위기는, 1980년대 중후반 이들 나라에서 진행된 금융규제 완화 등 (신)자유주의적 금융개혁과 그로 인한 금융위기 때문이었지 국가주의 때문은 아니었다. 더구나 북유럽만이 아니라 독일, 프랑스, 심지어 영국의 사회민주주의자들도 전통적으로 복지와 성장의 선순환을 추구해온 점을 고려할 때 유럽 사회민주주의가 성장주의의 한계에 갇혀 좌초했다는 지적은 별로 설득력이 없다. 그리고 생태 및 평화의 가치는 이미 40년 전의 68혁명 이래 유럽의 사회민주주의 좌파, 즉 북유럽의 집권 사회민주주의 정당들과 독일 프랑스 이딸리아 영국 등의 사회민주주의 좌파의 핵심 아젠다로 자리잡아왔으므로 세계사적으로 별로 새롭다고 할 수 없다.

이에 비해 손석춘(孫錫春) 등 '새로운 사회를 여는 연구원'(새사연)의 노동중심 통일경제연방론은 서구 사회민주주의에 대해 비판적인데, 왜냐하면 그것 역시 노동주도성 원칙이 소실된 기존의 자본주의체제와 별로 다르지 않기 때문이다. 오히려 새사연은 IT기술의 가능성에 크게 주목하면서 현대적 IT기술을 통해 '경제의 지식기반화'와 '노동력의 지식노동자화'가 새로운 경제체제, 즉 '(지식)노동주도 경제'를 가능케 할 것이라고 기대한다. 새사연은 현대적 IT기술과 접목된 노동주도 경제야말로 지금까지의 자본주의체제와 사회주의체제, 나아가 사회민주주의체제도 뛰어넘는 획기적인 체제라고 주장한다. 하지만 IT기술에 대한 과도한 기대와 결부된 1990년대 말의 IT산업버블과 벤처버블 그리고 과장된 신지식인론 등의 폐해를 고려할 때, 그리고 IT기술과 결합된 오늘날의 금융세계화와 탈숙련 비정규직의 급증 등을 고려할 때, 새사연의 '(지식)노동주도 경제론'은 아직 미해결의 과제들을 많이 안고 있다고 할 수 있다.

한편 진보정치연구소가 제시한 사회연대국가론은 교육복지와 숙련·지식노동자화를 통한 하이로드(high road)형 성장전략, 노동자 경영참여 등 유럽 사회민주주의 국가들의 복지정책과 노동정책을 대부분 수용한다. 하지만 민주노동당이 당강령 차원에서 자본주의 배격과 사회주의 도입을 천명하고 서구형 사회민주주의 역시 자본주의와의 타협이라며 거부해왔다는 점을 상기할 때, '사회연대국가'가 사회민주주의 복지국가를 뜻하는지 아니면 사회주의 국가를 말하는 건지는 모호하다.[3]

이 세가지 입장이 서구 사회민주주의보다 더 좌파적인(?) 혹은 더욱 반시장적인 대안모델을 지향하고 있는 데 반하여, 사회투자국가론과 신진보주의국가론은 서구 사회민주주의보다 더 우파적인 혹은 더욱 친시장적인 대안모델을 모색한다.[4] 이 두 입장의 주창자들은 대체로 영국의 앤서니 기든스(Anthony Giddens)가 주장한 이른바 '제3의 길' 사상을 수용하고 있는 것으로 보인다.

이는 사회투자국가론과 신진보주의국가론의 경제사상과 노동·복지사상 양쪽에서 다 관찰되는데, 먼저 두 모델 모두 김대중-노무현 정부의 지난 10년간 추진되어온 금융개혁과 기업지배구조 개혁 등 금융 및 기업 관련 개혁의 긍정적 성과를 인정한다. 이는 1990년대에 집권한 영국의 토니 블레어 노동당이 마거릿 새처 보수당에 의해 80년대에 추진된 '금융빅뱅'의 성과를 전면 수용한 것과 매우 유사하다. 그리고 전통적인 케인즈형 복지국가를 거부하고 실직자 직업훈련 등 스웨덴식의 적극적 노동시장정책의 요소들을 도입하면서 '생산적 복지'를 주장했던 블레어의 노동당과 마찬가지로, 두 대안모델 공히 국가의 교육투자 등 인적자본에 대한 투자와 지역혁신클러스터 같은 정책을 강조한다. 특히 신진보주의국가론의 주창자들은 한반도경제 및 동북아경제 구상 등의 지역경제 구상과 함께, 지역혁신클러스터 같은 지방균형발전에 높은 가치를 두고 있다.

하지만 사회투자국가론과 신진보주의국가론은 '요람에서 무덤까지'로 표현되는 베버리지-케인즈형 복지국가에는 별다른 관심을 보이지 않고 있다. 영국형 제3의 길에 대한 높은 관심에 대비되는

북유럽형 복지국가(사회민주주의)에 대한 무관심 혹은 비판적 태도
는 두 모델 모두에서 관찰되는 공통점이다.

이렇듯 사회투자국가론과 신진보주의국가론은 주요 논점들에서
매우 큰 상호친화성을 보여주지만 서로 다른 점들도 많다. 논자에
따라 차이가 있지만, 대체로 사회투자국가론의 주창자들은 시장주
의 혹은 신자유주의 옹호를 분명히하면서 김대중 및 노무현 정부의
경제적 성과를 거의 모두 수용하고, 한미FTA에도 찬성하는 경향이
강하다. 이에 반하여 신진보주의국가론의 주창자들은 대체로 시장
주의 개혁의 성과를 인정하면서도 그것에 내재한 폐해를 지적한다.
가령 투명성 강화 등 재벌개혁의 성과를 수용하는 동시에 주주자본
주의의 만연이 가져온 문제점을 인정하고 있으며, 세계화와 시장개
방의 불가피성과 그 장점을 받아들이지만 또한 OECD 가입과 한미
FTA로 인한 폐해를 지적하고 있다.

3. 분배·복지정책과 조세정책

앞의 다섯가지 입장은 모두 분배정책 혹은 사회복지정책의 중요
성에 대해 말하고 있다. 하지만 사회복지 혹은 사회안전망을 위한
구체적 정책들을 얼마나 마련하고 있는가의 관점에서는 각각 차이
를 보인다.

아무래도 정당조직과 시민단체 차원에서 활동하는 까닭에 매우

구체적인 사회복지정책들을 구상하고 발전시킬 수밖에 없는 처지인 진보정치연구소와 참여연대 소속 연구자들이 이 점에서는 가장 앞서 있다. 평생학습과 직업훈련, 아동보육과 장기요양 보호 등 제반 사회복지정책에서 사회투자국가론과 신진보주의국가론의 구상은 거의 동일하다. 진보정치연구소가 '사회연대적 복지'를 구호로 내걸고 있지만, 구체적인 정책차원으로 들어가면 역시 거의 같다고 할 수 있다.

이에 반해 생태·평화 사회민주주의론과 노동중심 통일경제연방론의 주창자들은 별다른 사회복지 구상을 보여주지 못하고 있는데, 여기에는 두가지 이유가 있는 것으로 보인다. 먼저 가치의 문제인데, 전자의 경우 생태·평화를, 후자의 경우 지식노동자화와 통일경제를 사회복지에 비해 더욱 높은 가치로 놓는 까닭에 상대적으로 사회복지 혹은 분배정책에 대한 관심이 떨어진다. 다음으로 전문성의 문제인데, 양자 모두 사회복지의 중요성을 인정하지만 그 구체적 정책은 정당 혹은 시민단체의 복지정책 전문가들에 의존하는 까닭에 굳이 언급하지 않기 때문으로 보인다.

이처럼 다섯가지 입장이 모두 사회복지의 중요성을 인정할 뿐 아니라 일부는 구체적인 정책들을 발전시키고 있음에도 불구하고 이들 모두에는 공통적인 한계가 있다.

첫째, 다섯가지 입장은 모두 서구형 복지국가(사회민주주의)를 진부한 모델로 치부하며, 따라서 복지를 '정책'의 차원(즉 사회복지정책)에서 '국가체제'의 차원(즉 복지국가)으로 격상하는 것에 상당한 거부감 혹은 무관심을 보인다. 먼저 사회투자국가론과 신진보주의국가론은 (기든스의 '제3의 길' 사상에 따라) 복지국가를 베버리지-케인즈형 복지국가로 이해하고 있으며, 따라서 실패한 모델로 간주한다.[5] 그리고 생태·평화 사회민주주의론 역시 서구의 복지국가를 국가주의와 성장주의의 한계에 갇혀 좌초한 낡은 모델로 본다는 점은 앞서 말한 바와 같다. 노동중심 통일경제연방론도 사회민주주의 복지국가를 노동주도형 경제를 창조하는 데 실패한 진부한 모델로 여긴다.

둘째, 복지국가 구상의 결여와 밀접하게 결부되어, 다섯가지 입장은 모두 복지재원 마련을 위한 조세개혁 구상을 진지하게 전개하지 않고 있다. 먼저 생태·평화 사회민주주의론자들은 조세개혁의 중요성과 그 구체적 방안에 거의 무관심한 것으로 보인다. 이일영(李日榮) 등 신진보주의 국가론자들은 국민들의 맹렬한 조세저항을 거론하며 아예 한국사회에서 사회민주주의 복지국가의 실현가능성을 부인한다. 박세길(朴世吉) 등 노동중심 통일경제론자들 역시 국민들의 조세저항으로 인해 서구형 복지국가가 우리 사회에서 가능한지 의문이라고 말하고 있다. 물론 통일경제가 가져올 군비축소에 따른 복지재원 증대의 가능성은 이와 다른 문제이다.

조세개혁 구상을 일부 발전시키고 있는 것은 그나마 민주노동당 진보정치연구소와 참여연대 정도인데, 이들의 조세개혁 구상은 사회연대국가론과 사회투자국가론에서 드러난다. 그것은 변호사 의사 등 고소득 자영업자에 대한 조세투명성 강화와 신용카드 사용 등에 대한 조세감면 혜택의 축소 등 여러가지 구상으로 나타나는데, 그중 상당수는 이미 재정경제부에 의해 채택되어 실행에 옮겨지고 있다. 하지만 재경부는 이러한 소소한 조세개혁을 넘어서는 획기적이고 과감한 조세개혁 구상에는 맹렬히 반대하고 있다. 또한 중산층을 포함한 대부분의 국민들 역시 실제로 저출산-고령화 대책을 위한 소폭의 조세부담 증가조차도 반대하고 있는 것이 현실이다. 이러한 난관을 어떻게 극복하고 사회복지 재원을 마련할 것인지에 대해 민주노동당과 시민단체들은 별다른 뾰족한 대안을 만들어내지 못하고 있다.

앞에서도 언급했지만, 사회투자국가론과 신진보주의국가론 그리고 사회연대국가론을 주창하는 대부분의 학자와 연구자들의 공통점은 베버리지-케인즈형 복지국가에 무관심하다는 것이다.[6] 따라서 이들은 케인즈 및 포스트 케인즈 경제학의 전통에 별 흥미를 보이지 않으며, 균형재정론과 조세축소를 주장해온 신고전파 경제학, 특히 주류 공공재정학에 어떤 이론체계를 가지고 맞설 것인가의 문제에 관심이 없다. 재정적자 가능성을 무릅쓰고라도 국가적 복지지출을 과감하게 늘리며, 동시에 소득세 누진율 대폭 확대 등 과감한 조세혁명을 하고 이를 국민들에게 설득할 논리적 토대가 턱없이 부족한 것이다.

4. 새로운 진보적 대안을 위하여

먼저 분명히할 점은 국민들이 느끼는 삶의 불안이 이른바 민주정부가 집권한 지난 10년 동안 확실히 심화되었다는 것이다. 국민들은 민주화가 되면 과거보다 더 공정하고 더 잘사는 세상이 될 것이라고 은연중 기대했는데, 이것이 좌절된 데서 오는 실망과 불만족이 매우 크다. 더구나 민주화와 함께 들어온 자유주의 시장원리의 확산에 따라 무한경쟁의 각박하고 비정한 승자독식 게임에 모든 사람들이 빨려들어갔다. 높은 수준의 인격과 인간의 존엄성, 사회적 연대를 추구했던 민주화의 기본정신이 사라져버린 것이다. 그런 점에서 지난 10년간의 민주주의를 철저히 자기반성해야 한다.

앞에서 본 대로 기존의 다섯가지 대안은 모두 생태·평화, 동북아 공동체, 지식기반 경제, 지역혁신클러스터, 투명성과 시장원리, 재벌개혁, 기술혁신 등에만 관심을 기울일 뿐 사회보장 혹은 복지국가는 주된 관심사가 아니다. 물론 부분적으로는 모두 복지정책과 사회적 연대의 필요성 등을 주장하지만, 그것이 가장 중요한 가치로 자리매김하지는 못하고 있다. 그리고 사회연대가 가장 중요한 가치라고 선언하는 경우에도 실제 정책에서는 조세개혁의 비현실성을 거론하며 복지국가의 실현 불가능성을 주장하는 까닭에, 복지정책은 주변적인 아젠다로 밀려나고 있다.

주목해야 할 것은 '시장개혁' 담론이 '혁신주도형 경제'니 '지식

기반 경제'니 하는 담론과 밀접하게 결부되어 있다는 점이다. 하이
에크(F. A. Hayek) 같은 (신)자유주의 경제학자에 따르면 불확실성
이야말로 혁신의 원천이다. 슘페터(J. Schumpeter)도 마찬가지로
생각한다. 그리고 시장원리의 확산은 모든 것을 유동화·유연화하
고 불확실하게 만드는 까닭에 더욱 높은 혁신성을 추동해낸다.

　하지만 하이에크의 생각은 틀렸다. 혁신을 위해서는 유연성과 불
확실성만으로는 안되고 안정성이 반드시 필요하다. 대표적인 사례
가 오늘날 OECD와 다보스포럼조차 세계 최고의 혁신능력을 지녔
다고 인정하는 덴마크다. 덴마크는 대표적인 복지국가인데 노동시
장 유연성을 과감히 받아들였다. 기업주가 언제든지 노동자를 해고
할 수 있다. 정리해고의 천국이다. 하지만 노동자들은 해고를 인생
의 실패가 아니라 오히려 휴식으로, 재충전의 계기로 이해한다. 왜
냐하면 국가가 개인에게 노동시장이 요구하는 숙련과 지식을 새로
갖출 때까지 2년이고 3년이고 재교육을 해주고 실업수당으로 먹고
살게 해주기 때문이다. 기업주와 경영진의 필요에 따라 구조조정되
더라도 종업원들이 이를 쉽게 수용하는 까닭에 산업혁신과 기업혁
신, 고도화가 매우 쉽다.

　98년 이후 시장개혁과 함께 지식기반 경제, 혁신주도형 경제라는
개념과 이론이 개혁진보세력에서 유행하는데, 지금처럼 소수만 안
정된 삶을 누리는 사회구조에서는 소수의 선발된 핵심인력들만 혁
신과 지식기반에 필요한 능력을 습득하고 지식노동자화될 뿐 나머
지 대부분은 배제된다. 선진국 수준의 사회보장과 주거·의료·노후

보장이 마련되지 않는 한, 선진국형 혁신경제로 나아갈 수 없다.

5. 세계화, 시장개방과 복지국가

세계화의 압력이 있어도 사회복지가 국민생활을 뒷받침해주면 사회가 불안하지 않게 유지될 수 있다. 가령 핀란드는 인구 5백만, 스웨덴은 1천만 정도이기 때문에 내수시장만으로 경제를 유지할 수 없다. 이런 나라들은 적극적으로 시장을 개방했는데도 국민들은 불안 없이 잘살고 있다. 세계화가 그대로 삶의 불안으로 연결되는 것은 아니라는 증거다. 핀란드가 복지국가 유지를 위해 매우 높은 개인소득세를 부과하는데도 기업들과 사람들이 떠나지 않는 이유는 핀란드만이 가진 경쟁력 때문이다. 따라서 문제는 복지국가 씨스템의 결여이지 세계화가 아니다. 한미FTA의 경우에도 복지국가 구상을 빼놓고 투쟁만 하니 답이 나오지 않는 갑갑한 상황이 된 것이다. 시장개방과 노동시장 유연화를 반대하는 것보다 더 중요한 것은 보편적 복지제도의 확립이다. 이것이 빠져 있으니 진보의 정신과 영혼이 사라진 꼴이다.

왜 우리나라 개혁진보세력은 지난 20년간 복지국가 구상을 내놓지 않았을까? 우리 진보세력 중 다수는 자본주의 시장경제의 인정을 거부하고 있다. 그들의 눈에는 핀란드와 스웨덴 같은 복지국가도 결국 자본주의 시장경제에 불과하므로 더이상 관심이 없다. 그들의 유일한 대안은 자본주의 시장경제와 미제국주의를 타도하는 것이다. 이들은 항상 반대만 했지 구체적 대안은 한번도 보여준 적이 없다.

이에 반해 '현실주의' 개혁을 주장해온 세력, 특히 시민단체들은 매우 구체적 대안들을 제시했는데, 사실 그 대안들 뒤에 있는 큰 방향은 자유주의적 시장개혁노선과 대동소이했다. 그들은 투명성 강화, 벤처기업 육성, 지식기반화 등 시장원리의 관철에만 주력했을 뿐 복지국가에는 별다른 관심을 기울이지 않았다. 이런 맥락에서 지난 10년간 한국의 개혁진보세력은 대안 제시에 무능했다. 무능한 진보라는 비난을 들어 마땅한 것이다. 오늘날 진정한 진보는 복지국가 지향성이다. 그것 없이 진보를 말하는 것은 사기행위이다.

6. 새로운 거대담론, 복지국가혁명

우리 사회가 나아갈 방향에 대한 뉴라이트운동과 공병호(孔柄淏) 등 신보수주의자들의 진단은 단순하고 명쾌하다. 자유시장(free market) 원리에 맡기면 된다는 것이다. 즉 FTA로 시장개방을 가속화하면 시장원리에 의해 국민경제가 저절로 선진화될 것이고, 교육에서도 규제를 완화하고 민영화하면 교육시장에서 자연히 글로벌 인재가 육성될 것이며, 기업에 대한 규제를 완화하면 기업들이 자발적으로 투자를 활성화해 일자리를 창출할 것이라는 주장이다.

분명 그들의 논리는 상당부분 현실성이 있다. 그들이 주장하는 철저한 (신)자유주의 정책이 이 땅에서 앞으로 5~10년 정도 시행되고 나면, 글로벌 시장경쟁력을 갖춘 상위 10~20%의 계층들, 즉 금융자산계급과 글로벌 경쟁력을 가진 소수 대기업 및 벤처기업 들에는 '황금시대'가 열릴 것이다. 그리고 이들이 닦아놓은 길을 따라 한국은 바야흐로 중진국을 넘어 선진국 대열에 들어가는 것이 가능할지 모른다. 따라서 그들이 말하는 '선진화혁명'은 허무맹랑한 구호가 아니라 실현 가능한 구호로 보인다.

그렇다면 이러한 '미국식 선진화'에 맞서는 진보의 대안은 무엇인가? 사실 이런 질문은 진보세력을 당혹스럽게 만든다. 개혁진보세력이 과연 투명성 강화와 정경유착 근절, 재벌개혁 외에 그 어떤 커다란 대안적 경제사회모델을 제시한 적이 있었는가? 개혁진보세력이 과연 (신)자유주의에 맞서는 대안적 경제이념을 제시한 적이 있었는가?

1987년 독재를 타도하는 데 성공한 개혁진보세력은 20년이 흐른 요즈음 부쩍 정치적 민주화를 넘어 실질적 민주화로 나아가야 한다고 말한다. 그런데 실질적 민주주의가 구체적으로 무엇을 뜻하는지 물으면 제대로 답변하는 사람이 없다. 어떤 이들은 신자유주의 반대가 바로 실질적 민주주의이며, 따라서 한미FTA 반대야말로 실질적 민주주의로의 길이라고 한다. 부분적으로 옳다. 한미FTA는 이 나라를 미국식 시장만능주의 사회로 만들 것이고 미국 수준의 사회 양극화를 불러올 것이니 맞서 싸워야 한다.

문제는 그다음이다. 만약 한미FTA가 성사되지 않으면, 그러면 그만인가? 과연 진보는 반대의 아젠다를 넘는 적극적이고 긍정적인 대안, 희망에 찬 미래 아젠다를 가지고 있는가? 반대에 머무르는 반대는 공허하다. 예컨대 반(反)공산주의를 내세워 민주세력을 탄압해온 수구세력은 정신적으로 공허하고 황폐해졌으며, 따라서 민주주의라는 긍정적 아젠다를 앞세운 민주화운동의 공세 앞에서 수세적인 방어에 급급했다.

그러나 오늘날의 보수주의자들은 자신들의 견해를 집약하는 긍정적 이념을 발견했는데, 그것이 바로 (신)자유주의이다. 그들은 자유주의로 충만한 희망찬 '공세적' 미래 아젠다를 차례로 제시해왔는데, 90년대의 WTO와 OECD 가입, 98년 이후의 '글로벌 스탠더드' 등이 그것이다. 그리고 이제 한미FTA를 통해 달성되리라는 '선진화혁명' 역시 그 일부이다. 전세는 역전되었다. 진보세력은 신자유주의 반대, 한미FTA 반대 등 반대에서 반대로 이어지는 수세적 방어에 급급한 형편이다.

부정이 부정에 그친다면 활력을 얻을 수 없다. 긍정적 내용과 실질이 충만한 아젠다만이 국민 개개인에게 희망찬 미래를 보여줄 수 있으며 그래야만 수천만 국민의 지지와 성원을 얻을 수 있다. 그렇다면 신자유주의 '반대'를 넘어 진보가 '찬성'해야 할 긍정적 내용은 무엇인가? 실질적 민주주의는 구체적으로 무엇을 의미하는가?

소련 사회주의가 무너진 90년대 이래 지금까지 이 땅의 진보는 거대담론 기피증에 빠져 허우적거렸다. 하지만 명심해야 할 것은 신자유주의 혹은 시장만능주의 역시 엄청나게 거대한 담론이며, 거대담론에는 거대담론으로 맞서야 한다는 점이다. 이제 진보세력은 신보수주의자들이 내놓은 '선진화혁명'에 대항해서 '복지국가혁명'이라는 새로운 거대담론을 내세워야 한다. '미국형 선진화'에 맞서는 '북유럽형 선진화'의 길을 제시해야 한다. 이 두가지의 선진화 담론을 놓고 치열한 이념 논쟁, 거대담론 논쟁을 벌여야 한다.[7]

많은 이들은 북유럽형 복지국가(사회민주주의) 모델이 과연 우리 현실에서 실현 가능성이 있는지 의심하며 비웃을지도 모르겠다. 하지만 대부분의 여론조사가 보여주는 것은 국민의 3분의 2가 세금을 더 내더라도 복지를 대폭 늘리는 스웨덴식 모델을 선호한다는 사실이다.

7. 선(先)복지혜택 후(後)조세부담의 원칙

우리 국민들은 복지국가를 맛본 적이 없다. 복지국가가 국민들, 모든 개개인의 인생을 얼마나 행복하고 풍요롭게 만들 수 있는지 감격적인 체험을 한 적이 없다. 먼저 이런 기회를 마련해주어야 한다. 당장이라도 그런 복지국가를 만들기에 우리 국가재정은 충분하다.

극빈층을 제외한 대다수 국민들은 한번도 국가의 복지혜택을 받아본 적 없기 때문에, 복지국가 하면 '세금 더 걷자는 거냐'면서 반발만 한다. 경험이 없는 까닭에 국가권력과 정치권이 아무리 미래

복지를 약속하더라도 믿지 못하는 것이다. 따라서 그러한 국민적 반발은 자연스럽다. 이를 고려할 때 반드시 선복지혜택 후조세부담의 원칙을 지켜야 한다. 먼저 민주주의 국가가 매우 질 높은 복지혜택을 제공한다는 것을, 그리고 그것이 아주 유익하고 반가운 혜택이라는 것을 국민들이 수년간 체험해야 한다. 1년으로 부족하고 3~4년 정도 그렇게 되어야 한다. 그런 후에야 비로소 국민들에게 "이렇게 좋은 복지국가를 지속가능하게 만들기 위해서는 증세가 필요하다"는 점을 호소하며 조세개혁에 대한 동의를 구해야 한다.

이때 '균형재정'의 원칙은 잠시 유보될 필요가 있다. 주류 경제학자들과 재경부, 기획예산처 관료들은 적자재정이 되면 마치 하늘이 무너질 것처럼 호들갑을 떤다. 하지만 우리 국가재정이 선진국에 비해 상당히 양호한 까닭에 몇년 정도는 적자재정으로 가도 별 문제가 없다. 그리고 우리가 지향하는 복지는 퍼주기식 복지가 아니라 기술혁신과 지식노동자화를 통해 경제성장으로 선순환되는 복지이기 때문에 결국은 조세수입이 증가하여 균형재정을 회복할 수 있다.[8]

선진국들도 1930년대의 대공황기에 먼저 복지예산을 급격히 확충했다. 대공황이 낳은 대량실업과 삶의 파괴가 너무나 끔찍했기 때문이다. 복지예산 확충을 위한—그리고 2차대전 전쟁비용을 위한—재원은 우선적으로 상류층에 대한 소득세를 높임으로써 확보했다. 그후 1950년대를 거치면서 비로소 서서히 중산층에 대한 조세부담을 늘려나갔다.

우리나라에서도 1997년 금융위기시 정부가 공적자금 150조를 퍼부었던 적이 있다. 지금 우리가 직면한 삶의 위기는 97년 금융위기에 버금가는 것이다. 따라서 제대로 된 민주주의 국가라면 재정적자를 걱정하면서 주저할 것이 아니라 100조 이상의 국가예산을 시급한 복지의 확충에 과단성있게 쏟아부어야 한다. 중산층을 비롯한 모든 국민에게 먼저 복지혜택을 과감히 제공해야 하는 것이다.

더구나 이런 길은 국민 3분의 2의 지지를 받고 있다. 앞에서 이야기했듯이 최근의 여론조사에서는 국민 60% 이상이 세금을 더 내더라도 복지혜택이 큰 유럽식 복지국가모델을 선호하고 있다. 먼저 세금부터 더 내라는 노무현식 복지혁명이 아니라, 복지혜택을 우선 대폭 제공하고 나중에 증세에 대한 동의를 구하는 방식의 복지국가 혁명이라면 대다수 국민이 적극적으로 찬성할 것이다.

8. 중산층을 포함한 보편주의 복지국가로

사회복지가 단지 경제적 약자에 대한 시혜적·선택적 복지에 머물러서는 안되며, 중간층을 포함하는 보편주의적 복지로 확대될 때만이 비로소 조세개혁에 대한 중간층의 반발을 극복할 수 있다. 즉 월급생활자 등 중간층에게는 세금만 뜯어내려 하고 아무런 혜택을 제공하지 않는 복지국가, 가난한 사람들만을 대상으로 삼는 전통적 복지국가상에서 벗어나야 한다. 다시 말하면 중산층이 복지국가의 맛을 제대로 느껴야 한다는 것이다. 그렇게 될 때 중산층을 포함한 모두가 혜택을 누리는 보편주의 복지국가로 나아갈 수 있다. 중산층까지 복지국가 지원세력으로 동원하기 위해서는 그들이 고민하는 주택·의료·보육·교육·노후 문제를 해소할 수 있는 구체적 대안을 보여주어야 한다. 이것은 또한 빈곤층의 걱정거리를 해소하는 것이기도 하기에 우리 국민 90% 이상의 고민을 해결하는 셈이다.

선진국 문턱에 다다른 우리나라의 발전단계로 볼 때, 바야흐로 복지를 혁명적으로 확대할 시점에 도달했다. 앞으로 몇년간은 그야말로 폭우가 내리붓듯이, 폭포수가 쏟아져내리듯이 급격하게 국가적 복지혜택을 늘려야 한다.

9. 성장과 복지, 복지와 성장의 선순환

복지국가 역시 지속적인 경제성장을 필요로 한다. 역으로 지속적인 경제성장을 이어나가기 위해서도 복지국가가 필요하다. 가령 중소기업 문제를 보자. 우리나라 일자리의 80%를 중소기업이 담당하는 형편이고, 앞으로의 경제성장을 위해 가장 중요한 것이 국제경쟁력 있는 중소기업들을 키워내는 일이다. 그런데 중소기업들이 직면한 가장 큰 곤란은 괜찮은 인력을 구할 수 없다는 것이다. 일을 가르쳐 쓸 만해지면 대기업으로 이직해버리기 때문에 중소기업이 고부가가치화되지 않고 있다. 산업고도화가 되지 않으니 경제가 성장하지 못하는 것이다.

이 문제를 해결하기 위해 노무현정부는 지난 4년간 많은 노력을 기울였다. R&D(연구개발) 인력을 채용하는 기업에는 병역특례 특혜도 주었다. 하지만 이런 것들이 중소기업에는 별 도움이 되지 못했고 인력난은 계속되고 있다. 만일 복지씨스템을 혁명적으로 견실하게 구축하여 국민들이 중소기업에 다니더라도 생활 면에서 대기업에 비해 별다른 차이를 느끼지 못하게 된다면 우수한 인재들이 굳이 중소기업을 떠날 이유가 없다. 또한 혁명적 복지체계 아래에서 체계적인 직업훈련과 대학교육을 국가가 책임짐으로써 우수한 인재가 중소기업에도 많이 공급된다면 그야말로 '기업 하기 좋은 나라'가 될 것이고, 기업들의 생산성이 높아짐과 아울러 기술혁신·경영혁신이 이루어질 것이니, 경제가 자연스레 성장할 것이다.

노무현정부는 혁신클러스터를 이야기하는데, 실은 R&D만 강조할 뿐이다. 사실 혁신클러스터의 성공을 위해서도 '복지클러스터' '교육클러스터' '생태·문화클러스터'를 만들어야 한다. 교육과 문화, 의료, 체육과 레저, 생태환경 등 삶의 기본영역에서 질 높고 저렴한 복지씨비스가 제공되는 '사람 살 만한' 지역이 되어야 비로소 사람들이 모여든다. 이제는 외국인투자 유치를 위해서도 먼저 외국인들에게 '사람 살 만한' 환경을 만들어주는 것이 중요하지, '기업할 만한' 환경 만드는 것이 우선이 아니라는 것은 누구나 알고 있다. 그래야만 그곳에 우수한 인재들이 모이고 이들을 노린 중소기업과 대기업 들이 옮겨와 혁신클러스터가 형성될 것이다.

이렇듯 오늘날에는 과학기술정책과 교육·문화정책, 복지정책 등이 하나의 패키지로, 하나의 '거대담론' 즉 보편주의 복지국가 담론(북유럽 사회민주주의)으로 크게 묶이지 않으면 경제성장이 담보되지 않는다. 우리가 추구하는 복지국가는 소비적·정태적 복지국가가 아니라 생산적·역동적 복지국가이다. 보편적 복지제도의 토대 위에서 역동적 복지국가를 만들어나가는 것이 필요하다. 능동적 복지와 혁신경제의 결합, 이것이 바로 혁신동력인 것이다.

능동적 복지란 아동·여성·노인·장애인 등에 대한 복지, 직업훈련과 평생교육 씨스템의 확립을 통해 모든 국민의 잠재능력을 극대화하는 것을 핵심으로 한다. 혁신클러스터를 넘어 복지·교육·직업훈련·문화 클러스터가 구축되어야 하며, 이러한 토대 위에 혁신적 중소기업과 대기업의 성장이 결합되어 산업고도화를 이루어야 한다. 그리고 이러한 산업고도화를 도와주는 금융구조를 만들어내기 위해서는 주주자본주의와 동북아 금융허브 등 미국식 금융개혁이 아니라 우리 고유의 구조를 만들어야 한다. 그래야만 중국의 추격을 물리치고 선진경제를 이룰 수 있다.

10. 복지국가혁명을 위한 사회운동과 정치운동

혁신원리와 경쟁원리는 장기적으로 받아들일 수밖에 없다. 그러나 그 원리를 작동 가능하게 만들기 위해서라도 복지국가혁명이 필요하다. 그것이 받쳐주지 못한다면 그야말로 삶의 불안밖에 남지 않는다. 복지국가라는 새로운 방향을 제시하지 못했기 때문에 노동운동마저 이익집단화되었던 것이다. 이제 새로운 가치를 만들어내야 한다. 과거 민주화에 앞장섰던 사람들이 새로운 관점에서 한국사회의 향후 백년을 내다보는 패러다임을 제시해야 한다. 복지국가 혁명이라는 새로운 패러다임으로 다시 뭉치지 않으면 막강한 시장주의세력의 힘을 막을 수 없으며 국민들의 불안은 계속될 것이다.

인간을 소중하게 생각하고 인간복지를 성장의 근간으로 삼으며 인간을 경제의 목적으로 삼는 세력이 나타나야 한다. 지금은 재정경제부와 건설교통부 등 경제관련 부처의 공무원들이 국가예산을 좌지우지하고 있다. 이들과의 사상투쟁에서 승리하지 못하면 국가예산권을 쥘 수 없고 그러면 복지국가혁명은 공염불에 불과하다. 노무현정부가 '민주복지국가'를 내세웠지만 실은 복지회관, 노인회관 같은 건물을 짓는 데 예산이 다 소모돼버렸다. 건설업자 좋은 일만 하고 끝난 것이다. 경제부처 공무원들의 편협한 성장주의와 싸워 그것을 압도해야 한다.

국민들이 절차적 민주주의의 권리를 행사하여 대통령과 국회의원을 뽑았으나 그들은 제대로 국민을 위한 정치를 할 정신적 준비가 되어 있지 않다. 그 공백을 선출되지 않은 권력, 즉 관료들이 장악하고 있다. 정당과 정치인이 무능하니 관료들이 행세하고 있는 셈이다. 이것은 민주주의가 아니다. 그러므로 가장 비판받아야 할 것은 관료보다는 정책주체들, 특히 정당들이다. 이제는 새로운 사회운동과 정책정당, 새로운 정책주체가 필요하다.

　복지국가혁명을 대통령과 국회의원 몇명이 시도하기에는 역부족이다. 정책과 슬로건, 미래비전을 가지고 움직이는 수십만, 수백만명의 사회운동과 정책정당운동이 필요하다. 이들이 수천만 국민들을 감동시켜나가는 동력이 되어야 한다. 1980년대에 '의식화'운동이라는 것이 있었다. 정치적 독재에 대항하는 정치적 민주화의 정신을 계몽하는 운동이었다. 그런데 그 의식화의 약효가 이제 다 떨어졌다. 신자유주의의 시대, 시장만능주의의 시대에 맞서 복지국가혁명의 정신을 계몽하는 제2의 의식화운동이 필요하다.*

---

* 이 글은 계간 『창작과비평』 2007년 가을호에 수록된 원고이다.

신자유주의 대안 구현의 정치제도적 조건

최태욱 • 한림국제대학원대 국제학과 교수

우리 사회에서 신자유주의의 폐해는 이미 심각한 수준에 달했다. 다행인 것은 많은 이들이 이제 신자유주의는 결코 거스를 수 없는 대세가 아니며 그것의 문제는 대안모델을 통해 극복해갈 수 있다는 (이 책에서도 강조하고 있는) 메씨지에 공감하고 있다는 사실이다. 그러나 그것으로 모든 두려움과 의문이 해소된 것은 아니다. 어떤 대안이 바람직하며 그것의 실현가능성은 어느 정도인지 등에 대해서는 여전히 많은 의문이 남아 있다. 이와 관련하여 제기될 수 있는 다양한 차원과 수준에서의 수많은 의문 중 본고는 다음의 하나에 집중하고자 한다. 즉 아무리 대안이 훌륭하다 할지라도 그리하여 거기에 국내는 물론 한반도와 동아시아, 그리고 세계 차원의 해법까지 포함돼 있다 할지라도, 현실에서 그 실천을 누가 어떻게 효과적으로 추진해갈 수 있겠느냐는 의문이다.

1. 정당정치 활성화

본격적인 논의에 앞서 미리 밝힐 점이 있다. 여기서 논의의 대상으로 삼는 신자유주의의 대안모델들이 시장경제를 부정하거나 세계화 자체를 반대하는 것들은 아니란 점이다. 즉 시장경제체제의 발전과 세계화의 흐름은 긍정적 측면이 분명히 존재하는 엄연한 대세로 인정하되, 다만 그것들이 신자유주의적으로 진행되는 것은 경계하는, 따라서 그 방지책을 제시하는 모델들만을 대상으로 하여 논의를 전개한다는 것이다. 여기에는 유럽식 사민주의 모델도 포함된다. 이에 대해선 약간의 추가설명이 필요하다.

초기의 사민주의가 자본주의의 대안체제로서 사회주의의 실현을 목표로 했던 것은 사실이다. 다만 혁명에 의한 자본주의 전복이 아니라 민주주의와 개혁을 통한 점진적 사회주의 건설을 도모했다는 점에서 맑스-레닌주의와 구별될 뿐이었다. 그러나 전후 서유럽 사민주의는 이러한 수정주의적 태도마저 점차 버리게 된다. 이른바 '신사민주의'의 등장이다. 이는 자본주의의 핵심요소인 생산수단의 사적 소유와 시장 경쟁을 인정하고, 다만 조세 및 복지정책 등에 의한 재분배를 통해 사회경제적 약자를 제도적으로 보호함으로써 사회적 정의와 연대를 지켜가고자 하는 '(자본주의)체제내' 모델이라 할 수 있다. 말하자면 사민주의는 이제 사회주의 이념에서 사실상 벗어난 것이며 자본주의를 타도가 아닌 "교정(correction)의 대상으로만 인식"하는 "체제내의 '충성된 반대자'(loyal opposition)"로 진화한 것이다.[1] 그렇다면 신정완(辛貞玩)의 지적대로 "현재의 사민주의는 사회주의 우파라기보다는 오히려 자유주의 좌파에 가까운 이념"으로 봐야 한다.[2]

유럽식 사민주의를 포함한 신자유주의 대안모델들의 공통된 주장은 한국형 혹은 한반도형 조정시장경제체제를 갖추자는 것으로 요약할 수 있다. 신자유주의가 지향하는 영미식 자유시장경제체제로 갈 경우 그 '자유시장'에서 발생하기 마련인 양극화 심화나 비정규직 급증 등의 문제는 우리에게 특히 매우 심각한 사회통합의 위기로 다가올 것이며, 따라서 방임시장이 아닌 우리 나름의 '조정시장' 건설이 필요하다는 것이다.[3] 대안모델들이 강조하는 분배와 사회복지 수준의 제고, 중소기업 중심의 부품 및 소재산업 육성, 사회써비스부문 강화, 적극적 노동시장정책이나 평생교육제도 등을 통한 노동의 유연안정성 확보 및 혁신주도형 혹은 지식기반형 경제로의 전환, 그리고 국가연합의 틀을 전제로 한 남북한 경제의 선순환관계 창출 등은 모두 국가의 적절한 개입과 조정을 전제로 하는 처방들이다. 즉 대안모델들은 공히 시장조정자로서의 국가의 역할을 중시한다는 것이다.

이는 실제로 우리의 헌법정신에 부합하는 것이기도 하다. 헌법 제119조 2항은 "국가는 균형있는 국민경제의 성장 및 안정과 적정한 소득의 분배를 유지하고, 시장의 지배와 경제력의 남용을 방지하며, 경제주체간의 조화를 통한 경제의 민주화를 위하여 경제에 관한 규제와 조정을 할 수 있다"고 함으로써 국가가 시장조정권을 행사할 수 있음을 명시하고 있다. 이뿐만이 아니다. 헌법 제9장에 속해 있는 대부분의 경제조항들과 "재산권의 행사는 공공복리에 적합하도록 하여야 한다"고 천명한 헌법 제23조 2항 등도 공공의 복지와 이익을 위해서는 국가가 시장과 자본의 자유를 일정부분 조정하고 제한할 수 있다는 사회경제적 민주주의 정신을 담고 있다. 결국 우리 헌법은 조정시장경제체제를 한국이 선택할 자본주의 유형으로 제시하고 있는 것이다.

그런데 여기서 유의할 점이 있다. 시장 조정의 주체로서 대안모델이나 헌법이 지시하고 있는 '국가'라는 것의 실체는 집권정당이란 점이다. 대의제 민주주의에서 국가의 역할은 정권을 잡은 정당이 수행한다. 현재의 집권당이 정권을 놓치면 '국가'는 다른 정당에 넘어간다. 이 책의 제3부에서 정승일(鄭勝日)은 "복지를 '정책'의 차원(즉 사회복지정책)에서 '국가체제'의 차원(즉 복지국가)으로 격상"[4]시키는 사민주의 복지국가 모델을 제시했다. 그리고 그것을 혁명이라 일컬었다. 그러나 그 복지국가혁명의 주체도 실상은 국가가 아닌 정당임을 명심해야 한다. 요컨대 시장 조정은 사실상 집권당에 기대해야 할 기능이란 것이다. 아무리 좋은 처방을 내놓을지라도 집권정당에 그것을 실현할 의지나 능력이 없다면, 모든 대안모델은 그저 종이 위의 구상으로만 남을 뿐이다. 이러한 현실은 한국적 정당정치 상황에서 다음과 같은 의문으로 이어진다. 우리는 과연 한국형 조정시장체제를 구축해갈 의지와 능력을 지닌 정당을 갖고 있는가?

민주화 이후 20년 동안 한국의 절차적 민주주의는 어느정도 발전했지만 실질적 민주주의는 여전히 한심한 수준에 있다. 헌법이 당부하고 있는 '경제의 민주화'를 제대로 이뤄내지 못했다는 것이다. 다시 말해서 우리는 아직 적당한 시장조정기제를 작동시키지 못하고 있다는 것인데, 이는 무엇보다 그것을 가능케 할 이념 및 정책 정당들이 없거나 있더라도 충분한 힘을 갖지 못한 때문이다. 현재 국회를 구성하고 있는 정당들은 군소정당에 불과한 민주노동당 외에는 모두 기본적으로 정책이나 이념적 차이가 분명히 드러나지 않는 인물 혹은 지역 중심의 선거전문 정당들이다. 지역 기반이 튼튼하거나 대중적 인기가 상당한 인물을 확보하고 있으면 선거정치에서 충분히 유리하다고 믿는 이들 정당은 사회경제적 약자들을 위한 시장조정기제 마련에 큰 노력을 기울일 인쎈티브가 애초부터 약하다. 결국 지금 같은 정당구조로는 한국의 경제민주화는 앞으로도 어려우리라는 것이다.

혹자는 대통령의 의지와 능력에 희망을 걸기도 한다. 한국의 현 권력구조가 보장하는 대통령의 권한은 실로 막강하며, 따라서 '좋은' 대통령을 선출하면 그가 한국형 조정시장을 훌륭하게 가꾸어낼 수 있으리란 기대이다. 그러나 김대중과 노무현 양 정부가 보여준 수행능력은 이러한 기대가 타당한 것인지 의심케 한다. 김대중정부가 초기에 내세운 '시장경제와 민주주의의 병행발전'이나 노무현정부의 '동반성장론' 모두 국가의 시장 조정을 통해 실질적 민주주의를 진전시키거나 분배의 적정선을 담보하겠다는 것이었다. 그러나 결과는 그리 신통치 않았다. 외압이든 내압이든 어떤 이유로 인해 대통령의 초심이 흔들리면 그 개인에 의존했던 정책구상 자체가 덩달아 흔들렸고, 그 와중에 조정시장체제 구축작업은 중단되거나 왜곡되곤 했다. 예컨대 이 책의 제1부에서 김기원(金基元)이 규정한 대로 이같은 상황에 처한 노무현정부는 좌파도 신자유주의도 아닌 "엉거주춤" 혹은 "갈팡질팡" 정부에 불과했다.[5] 설령 이명박정부 이후 새로운 진보정권이 등장한다 할지라도 동일한 현상이 반복될 가능성은 앞으로도 상당하다.

대통령에 대한 기대마저 어려운 현실 역시 상당부분 정당정치 미발전 문제와 연결돼 있다. 대통령을 배출한 정당 자체가 뚜렷한 정체성을 갖고 있지 못하기 때문이란 것이다. 집권당이 확실한 정책기조와 이념으로 승부하는 소위 제도적 지속성을 갖춘 '족보 있는' 정당이라면, 그 정당은 대통령이 자당의 이념 및 정책기조에서 벗어나는 정책을 수립·집행하는 것을 최선을 다해 방지하고 견제한다. 대통령은 단임으로 끝날지라도 정당은 무한히 계속되는 선거정치에 임해야 하기 때문이다. 말하자면 대통령의 정책적 일관성 및 수행능력 등을 그가 속한 정당이 국민에 대하여 책임지는 구조가 된다. 이 경우 대통령의 정책은 자신의 것이 아니라 그가 속한 '정당의 정책'에 해당한다. 이러한 연계구조, 즉 대통령은 자신이 속한 정당에 대해 책임지고 그 정당은 다시 국민에 대해 책임지는 구조가 되어 있으면 대통령의 '엉거주춤'이나 '갈팡질팡'은 정당권력에 의해 제어된다. 그러나 그렇지 않을 경우 대통령에 대한 기대는 대부분 허망하게 끝날 공산이 크다.

결국 한국형 조정시장경제 건설을 위해서는 정당정치의 활성화가 필수이다. 정책 수립 및 수행의 핵심주체는 (국가나 대통령이 아닌) 정당이어야 하는바, 그 역할을 담당할 정당들은 인물이나 지역이 아닌 이념 및 정책에 기반을 둔, 그리하여 상당한 정체성과 영속성을 갖춘 정당이어야 한다는 것이다. 무엇보다 사회경제적 약자들의 이익을 효과적으로 대표해줄 유력정당이 필요하다. 한국의 정당체제가 이러한 정당들로 구성돼 있어야 비로소 국민들은 어느 정당의 조정시장 구상이 가장 적합한 것인지 선거를 통해 가려낼 수 있다. 선택된 정당은 집권을 통해 자당의 구상을 구현해가면 된다. 그렇다면 향후 우리 민주주의의 핵심과제는 정당정치의 활성화이다. 이를 위해 시급히 필요한 것은 무엇인가?[6]

2. 선거제도 개혁

한국의 정당정치가 이념 및 정책 중심으로 운영되고 있지 못한 가장 큰 이유는 한국정치의 고질병인 지역주의와 결합되어 작동하는 소선거구 1위대표제 때문인 것으로 파악된다. 사실 지역주의의 만연은 그 자체만으로도 이념이나 정책을 앞세우는 신생 개혁정당들의 부상을 어렵게 한다. 정책선호보다는 지역선호에 의해 대부분의 선거결과가 결정되는 까닭이다. 이런 현실에서는 지역명망가 중심으로 구성된 지역정당들에 의해 정치사회가 분할 지배될 가능성이 높다. 이 상황에서 예컨대 복지나 분배를 강조하는 신생 정책정당이 기존 지역정당들의 벽을 뚫기는 어려운 일이다. 결국 지역할거주의는 신생 개혁정당들의 정치시장 진입을 가로막는 장벽인 셈이다.

그런데 소선거구 1위대표제는 지역주의에 기초한 이 진입장벽을 더 공고하게 한다. 지역에 기반을 둔 기존의 거대정당들에게 제도적으로 유리한 환경을 만들어주기 때문이다. 이 선거제도는 한 지역구에서 한 사람만을, 즉 오직 1위에 오른 득표자만을 국회에 보낸다. 2위 이하의 득표자들에게 던져진 표는 모두 사표(死票)로 처리된다. 따라서 이념 혹은 정책 정당들이 선거에서 약진하기 위해서는 상당수의 소속 후보들이 모두 자기 지역구에서 1위를 차지해야 한다. 2위 이하의 후보들은 (득표율에 관계없이) 아무런 도움이 되지 않는다. 그런데 지역주의가 만연한 곳에서 신생 개혁정당의 후보가 제일 많은 표를 차지할 가능성은 매우 낮다. 무엇보다 유권자들의 '전략적 투표' 경향 때문이다. 자신의 표가 사표로 버려지는 것을 꺼려하는 대부분의 유권자들은 1위로 뽑힐 가능성이 낮은 후보에게는 (설령 그를 선호한다 할지라도) 투표하지 않는 경향을 보인다. 그런데 한국의 유권자들은 정책이나 이념보다는 지역선호가 총선의 더 중요한 결정변수임을 잘 알고 있다. 따라서 그들이 지역이 아닌 전국정당의 '낯선 후보'가 1위를 차지할 것으로 판단할 가능성은 낮다. 결국 대다수는 자기 지역에 기반을 둔 '낯익은' 정당의 후보에게 표를 던지기 마련이다. 바로 현 선거제도가 낳는 이러한 전략적 투표 경향이 지역 지지기반이 취약하기 마련인 신생 이념 및 정책 정당들의 국회 진출 가능성을 더욱 희박하게 만드는 것이다. 거꾸로 이것은 기존의 지역정당들에는 그만큼 유리한 제도가 된다.

1996년의 제15대 총선은 이 문제의 심각성을 잘 보여주는 사례이다. 당시 선거는 영남 기반의 신한국당, 호남의 국민회의, 그리고 충청권의 자민련이 벌이는 3파전이었다. 그런데 선거를 몇달 앞두고 정책 중심의 개혁적 전국정당으로 발전해갈 것을 선언하며 통합민주당이 창당되었다. 통합민주당은 참신한 개혁정당의 등장을 바라던 상당수 국민들의 지지에 힘입어 신생 정당임에도 불구하고 (또한 예의 그 전략적 투표 경향에도 불구하고) 총선에서 무려 11.2%의 전국 득표율을 기록한다. 그러나 그 득표율은 고작 3.6%(9석)의 지역구 의석점유율로 전환될 뿐이었다. 지역정당 후보들을 제치고 1위에 당선될 수 있었던 통합민주당 후보들은 소수에 불과했으며, 1위가 아닌 한 2위 이하의 후보들이 획득한 표는 모두 사표로 처리됐기 때문이다. 결국 모처럼 나타난 개혁정당은 군소정당으로 잠시 머물다 사라지고 만다. 반면 당시 지역정당들이 누린 제도 혜택은 지나칠 정도로 컸다. 예컨대 신한국당은 부산지역에서 55.8%의 득표로 지역의석 전부를 얻었다. 즉 지역 의석점유율 100%를 기록한 것이다. 국민회의는 전남에서 71%의 득표로 100%의 의석을, 그리고 자민련은 대전에서 49.8%의 득표로 역시 100%의 의석을 차지했다. 이 사례는 현 선거제도가 존속하는 한, 지역주의 정서가 여전한 한국의 정치현실에서 정책 및 이념 정당들이 의미있는 개혁세력으로 부상할 가능성은 매우 낮다는 것을 보여준다.

결국 우리의 관심은 일단 선거제도의 개혁에 모아져야 한다. 핵심은 정당의 득표율과 의석점유율 간의 비례성이 높은 선거제도를 도입하는 일이다. 예컨대 전면적인 비례대표제를 도입하는 경우를 가정해보자.[7] 비례대표제에서는 유권자들이 전국 혹은 중대선거구 이상의 광역지역에서 인물이 아닌 정당에 대하여 투표한다. 따라서 협소한 지역선호나 인물선호보다는 정당선호가 가장 중요한 투표 변수로 부상한다. 이 상황에서 각 정당이 자신을 여타 정당들과 차별화하는 최선의 방법은 지역이나 인물이 아닌 이념이나 정책을 앞세우는 일이다. 선거정치는 비로소 정책경쟁의 양상을 띠게 된다. 이것은 당연히 특정 지역이나 인물에 의지해서가 아니라 보편적인 이념이나 정책에 기반을 두어 성장하고자 하는 신생 개혁정당들에 유리한 환경이 조성됨을 의미한다. 또한 이 제도에서는 의석 배분이 각 당의 득표율에 비례하여 이루어지므로 신생정당들은 적은 득표율로도 (반드시 1위를 할 필요 없이) 그에 비례한 의석을 차지할 수 있게 된다. 게다가 여기서는 사표가 발생하지 않으므로 유권자들의 투표는 자신들의 정당선호 그대로 이루어진다. 이러한 비례성 보장이 이념 및 정책 정당들의 득표와 의석 확보에 커다란 도움이 됨은 물론이다.

비례대표제의 도입이 한국의 지역할거주의 현상을 감소시킬 것이며 소규모나 신생 정당들의 의석 점유율 확보를 용이하게 할 것임은 기존의 여러 씨뮬레이션 연구에서도 이미 밝혀진 바 있다.[8] 앞서 예로 든 15대 총선 당시 통합민주당의 경우도 만약 전면 비례대표제나 독일식 연동제를 택했더라면 9석이 아니라 31석이나 32석 정도를 확보했을 것으로 추정된다.[9] 사실 우리의 정치현실에서도 이미 비례대표제의 정치효과는 일정부분 증명된 바 있다. 2004년 총선에서 이념정당인 민주노동당이 무려(?) 10석이나 차지할 수 있었던 것은 당시 처음으로 도입된 1인2표제의 정당명부식 비례대표제 덕분이었다. 비록 총 299석 중 불과 56석만이 비례대표 의석으로 주어졌지만, 따라서 비례성 증대 효과는 미미했지만, 그래도 비례대표제의 부분적 도입이 주는 의미는 적지 않았다. 향후 한국 정당구도의 개혁 가능성에 희망을 주는 것이었기 때문이다.

비례성을 유의미할 정도로 높이기 위해서는, 그리하여 정책정당 중심의 정당정치를 활성화하기 위해서는 비례대표 의석을 획기적으로 늘릴 필요가 있다. 참고로 1994년 선거제도 개혁으로 소선거구–비례대표 병립제를 도입한 일본의 경우, 총 500석 중 비례대표 의석이 200석을 차지하지만 그것이 거대정당의 과도대표 현상을 크게 약화시키지는 못했다는 평을 받고 있다.[10] 비례성 확보를 위해서는 최소한 50%가 넘는 의석을 비례대표에 할당하거나, 더 바람직하기로는 아예 전면 비례대표제나 독일식 연동제로 가야 한다는 의견이 일고 있는 이유이다. 한국의 경우도 가장 바람직한 선거제도는 독일식 연동제라는 데 많은 학자들이 동의하고 있다. 비례성이 충분히 확보되는 동시에 지역대표성 역시 보장될 수 있는 제도이기 때문이다.

3. 권력구조 전환

지금까지 신자유주의 대안 구현의 정치제도적 조건으로 정당정치의 활성화와 그를 위한 선거제도 개혁의 필요성을 논했다. 그런데 이 논의는 권력구조의 문제로까지 이어져야 비로소 매듭지어진다. 권력구조에 관한 논의는 두가지가 핵심이다. 하나는 정치제도 간의 부조화 문제이다. 비례성이 높은 선거제도가 (군소정당의 난립을 방지하기 위한 적정 기제와 함께) 도입될 경우 한국의 정당구도는 이념과 정책 중심의 (온건)다당제로 정착될 가능성이 크다.[11] 소선거구 1위대표제가 거대 지역정당들에 부여해온 프리미엄이 사라지면서 다양한 정책정당들이 부상할 것이기 때문이다. 이때 문제가 되는 것은 소위 '분점정부'(divided government) 상황의 고착화이다. 사실 대통령제와 다당제가 결합할 때 발생하는 여소야대 현상은 오히려 정상상태이기도 하다.[12] 문제는 이 상태에서는 대통령의 '정당권력'(partisan power)이 보장되지 않아 행정부와 입법부 간에 잦은 교착이 일어나고 따라서 정부의 수행능력이 떨어진다는 데 있다.[13] 그렇다면 설령 대통령의 의지가 강할지라도 대안모델의 도입이나 사회경제체제의 개혁은 계속 난관에 봉착해 표류할 가능성이 크다.

지역이나 인물 중심의 다당제가 대통령제와 부딪치곤 했던 한국의 경우, 지금까지는 이 문제의 해결을 위하여 노태우정부 때는 3당합당, 김영삼정부에서는 타당 의원의 영입, 김대중정부에서는 'DJP 공조'라는 일종의 정당연합, 그리고 노무현정부에서는 '대연정' 등과 같은 인위적인 정계개편을 시도했다. 그러나 주지하듯 그것들은 모두 미봉책에 불과했고 오히려 정당간 반목과 대립의 심화, 정당과 정치인에 대한 국민들의 불신 확산, 의회정치의 위상 추락 같은 심각한 후유증만 남기곤 했다. 사실 나눠 가질 수 없는 대통령권력의 속성상 대통령제하에서의 합당, 연합, 연정 등이 안정적으로 유지될 가능성은 구조적으로 낮은 것이었다. 그런데 선거제도의 개혁으로 정책 중심의 온건다당제가 구축될 경우 그나마 활용되어온 그 미봉책들마저 쓰기 어려운 상황이 된다. 이념이나 정책기조 차이가 분명한 정당들을 대상으로 합당, 연합, 연정, 의원영입 등의 시도를 하기는 더욱 힘들어질 것이기 때문이다. 따라서 정부의 수행능력을 제고하려는 노력은 더 큰 한계에 갇히고 만다.[14] 이같은 제도간의 부조화 문제는 궁극적으로 권력구조의 전환을 통해서만 해결할 수 있다.

정책이나 이념에 의해 구조화된 온건다당제는 대통령제가 아닌 의원내각제와 조화를 이룬다는 사실은 이미 경험이나 이론으로 공히 증명된 바이다. 무엇보다 여기서는 다당제와 결합된 대통령제에서 문제가 되는 정부와 의회 간의 교착상태가 거의 일어나지 않는다. 유력정당이 여럿인 까닭에 온건다당제에서는 통상 연립정부가 들어서기 마련인데, 이 연립정부는 의회에서 실질적 다수를 차지하는 정당연합에 의해 구성된다. 따라서 (돌발변수가 개입하지 않는 한) 정부가 정당권력 부족 문제로 고생하는 일은 애초부터 생기지 않는다. 정부 자체가 의회에서 구성되므로 양자간에 교착이 일어날 구조가 아닌 것이다. 더구나 내각제에서 정부권력은 정당간에 나누어 가질 수 있는 것이므로 대통령제하에서의 불안정한 정당연합 등과는 달리 내각제의 정당연합(연립정부)은 상당한 지속성과 안정성을 유지한다. 이것이 온건다당제에서 연립정부가 자신의 수행능력을 확보할 수 있는 요인이 됨은 물론이다.

권력구조에 관한 두번째 논의는 국가정책의 연속성 혹은 안정성과 관련된 문제이다. 정책 안정성이 담보되지 않는 한, 국가 차원의 장기구상 실현은 기대하기 어려운 일이다. 한국형 혹은 한반도형 조정시장경제체제의 구축도 마찬가지다. 이는 장기에 걸쳐 지속적으로 추진해야 성사 가능한 일이다. 그리고 그 실질 주체는 앞서 지적한 대로 국가가 아니라 정당이다. 결국 우리식의 조정시장 건설은 그에 대한 의지와 능력을 갖춘 특정 정당이 상당기간 집권할 수 있어야 가능한 일이란 것이다.

예를 들어 이 책의 제3부에서 정승일이 제시한 "선(先)복지혜택 후(後)조세부담"이라는 사민주의 복지국가 구상의 실천방안을 살펴보자. 그는 재정적자를 감수해서라도 먼저 훌륭한 복지체제를 구축하는 것이 필요하다고 주장한다. 일단 중산층을 포함한 일반시민들이 복지혜택을 충분히 맛볼 경우 이들이 우리 사회에서 거대한 '복지세력'을 형성할 것이며, 정부는 바로 이 세력의 지원에 힘입어 사후적 재원 마련을 위한 조세개혁 등을 성공적으로 추진해갈 수 있으리란 것이다. 정치권력 변수를 상수(常數)로 둔다면 이는 매우 설득력있는 주장이다. 그러나 현실에서 정치권력이 상수인 경우는 거의 존재하지 않는다. 이 방안이 성공적으로 추진될 수 있으려면 사민주의 혹은 친복지 정당이 집권해야 함은 물론, 그 집권기간이 장기여야 한다.[15] 정승일은 유력한 복지세력 형성에 필요한 기간을 3~4년 정도로 잡고 있다. 이 기간에 재정적자를 무릅쓰고 충분한 복지를 제공해야 한다는 것이다. 물론 이보다 더 긴 기간이 필요할 수도 있다. 아무튼 이 정도의 기간이라면 거의 대통령의 임기와 일치한다. 복지제공까지는 충분히 긴 기간일 수 있으나 조세개혁은 결국 후임정권으로 넘겨야 할 정도의 짧은 기간이다. 정권 재창출에 성공하면 모를까 그렇지 않다면 이념이나 정책기조가 다른 타당 출신의 후임 대통령이 이 복지국가 구상을 지속해가리란 보장은 없다. 게다가 후임자가 맡을 작업은 시민들의 환영을 받을 복지제공이 아니라 (특히 복지세력의 형성이 여전히 미흡한 상황이라면) 사회적 저항을 초래하기 마련인 증세와 누진율 확대 등의 조세개혁이 아닌가.

이는 복지국가모델의 경우에만 국한된 문제가 아니다. 살펴보면 신자유주의 대안모델들의 거의 모든 처방들은 진보정당의 장기집권을 요하는 것들이다. 한국 사회경제체제의 개혁을 위한 것들은 물론 분단경제체제의 극복을 위한 한반도경제권 창출 방안들 역시 그러하다. 그러나 대통령제하에서, 그것도 온건다당제와 결합된 상황에서 특정 정당이 집권당의 지위를 장기적으로 유지하기란 매우 어려운 일이다. 정권은 비교적 쉽게 바뀌고, 따라서 국가정책의 안정성과 지속성은 오래가지 못한다. 실제로 대통령제에서는 대선으로 정권이 교체되면 국가의 이념이나 정책 들이 일시에 전환되는 경우가 자주 목격된다. 기본적으로 승자독식의 제도이기 때문이다. 권력구조의 전환을 생각하게 하는 또 하나의 지점이다.

온건다당제에 기초한 의원내각제에서는 승자독식이 거의 불가능하다. 여기서는 연립정부가 일반적인 정부형태이므로 국가정책은 기본적으로 특정 정당의 독주에 의해서가 아니라 다수 정당간의 협조와 타협에 의해 결정된다. 연립은 애초부터 상호간의 정책 및 이념 차이가 심한 정당들간에는 일어나지 않는다. 대개는 중도를 중심으로 그 최근거리의 좌파 혹은 우파 경향 정당들이 연립정부를 구성한다. 게다가 일단 연립정부가 성립되면 참가정당들은 서로 견제와 균형을 통하여 일정한 정책 수렴에 이르곤 한다. 설령 선거를 통하여 참가정당 중 일부가 교체된다 할지라도 여전히 크게 다르지 않은 그들간의 수렴 노력은 지속적으로 일어난다. 이것이 내각제 연립정부의 경우에 국가의 이념과 정책기조가 커다란 변화 없이 상당 기간 지속되는 경향을 보이는 핵심 이유이다.[16] 예컨대 전후 독일을 보면 사민당(SPD)이든 기민당(CDU)이든 연립정부에 참여하는 좌우파 경향의 정당들은 여러차례 교체되었지만, 그 대부분의 기간 국가정책의 중도적 연속성은 지속돼왔음을 알 수 있다. 그간의 모든 연립정부에 중도정당인 자민당(FDP)이 참여하여 정당간 협상을 통한 정책 수렴의 구심적 역할을 해왔기 때문이다.[17]

정책 및 이념 정당들에 의해 온건다당제가 구조화돼 있을 경우, 예컨대 사민주의정당 등의 친복지정당이 연립정부에 참여할 가능성은 언제나 열려 있다. 유효정당의 수가 셋 내지 다섯에 불과하기 때문이다. 그 경우 사민주의정당의 정책기조는 당연히 정부의 정책결정 과정에 반영된다. 직접 영향력을 행사할 수 있는 것이다. 그리고 설령 어느 시점에 특정 연립정부에의 참여가 이루어지지 않는다 할지라도 간접 영향력은 유지될 수 있다. 의회내 권력이 남이 있기 때문만이 아니다. 그 특정 정부에 참여한 정당들이 다음 차례에 들어올 가능성이 여전한, 즉 다른 어느 시점에 자신들의 연정 파트너가 될 수 있는 사민주의정당의 정책선호를 무시할 수는 없기 때문이다. 결국 유력한 사민주의정당의 존재만으로도 국가정책의 복지지향성은 상당정도 안정적으로 유지될 수 있다는 것이다. 신자유주의 대안 구현에 필요한 국가정책의 안정성은 대통령제보다는 의원내각제에서 더 확실하게 보장되리라는 주장이다.

4. 맺음말

사민주의나 조합주의적 복지체제를 완비한 유럽의 복지국가들이 거의 예외없이 비례대표제, 정책 및 이념에 의해 구조화된 온건다당제, 그리고 의원내각제를 유지하고 있다는 사실은 결코 우연이 아니다.[18] 그같은 정치제도하에서 강력하고 안정적인 복지국가가 탄생할 수 있다는 의미이다. 한국의 정치제도가 유럽의 복지국가들과 같아질 경우 우리의 복지국가 형성과정은 과연 어떻게 진행될까? 아래와 같은 상상이 향후 좀더 구체적인 제도개혁 논의에 얼마간의 도움이 되길 기대하며 그 내용을 간략히 적어본다.

우선 비례대표제가 도입된다면 우리의 정당구도도 이념 및 정책 중심의 온건다당제로 구조화되어갈 가능성이 상당하다. 여기서 국민들의 이념 분포에 따라 다음과 같은 경향을 가진 네 정당이 부상한다고 가정해보자. 분배 중시·편향의 진보(좌파), 성장과 분배를 모두 중시하나 분배가 좀더 중요하다고 여기는 중도(중도좌파), 성장과 분배를 모두 중시하나 성장이 좀더 중요하다고 여기는 중도(중도우파), 그리고 성장 중시·편향의 보수(우파) 정당 등이 그것이다. 이때 국민들의 정당 지지가 거의 균등하게 나뉠 경우 네 정당은 각각 25% 내외의 국회 의석을 점유할 수 있게 된다.[19] 이 상황에서 권력구조가 의원내각제로 전환되면 어느 한 정당도 국회 의석의 과반을 차지할 수 없으므로 한국형 의원내각제의 정부형태는 언제나 연립정부가 된다.

　이러한 정치구조하에서라면 분배를 중시하는 국가정책 기조가
크게 흔들릴 가능성은 매우 낮다. 좌파정당과 중도좌파정당이 연립
할 경우 분배와 복지정책은 가장 강력하게 추진될 것이다. 좌파정
당과 두 중도정당들이 연립할 경우에도 커다란 변화는 없다. 두 중
도정당들이 우파정당과 연립할 경우에는 변화 가능성이 있지만 중
도정당들의 존재로 인해 그 변화의 폭은 크지 않을 것이다. 가장 큰
폭의 변화는 역시 중도우파정당과 우파정당이 연합할 경우에 발생
할 수 있다. 그러나 여기서도 대통령제에서의 정권교체와 같은 정
도의 정책 전환은 일어나기 힘들다. 중도우파정당의 정부내 영향력
과, 야당이지만 언제 다시 여정의 대상이 될지 모를 좌파정당들의
간접 영향력 때문이다.

　이 경우 복지국가는 혁명이 아니라 점진적 개혁에 의해 형성되어
갈 것이다. 개혁작업은 물론 복지와 분배의 강화를 중시하는 좌파
나 중도 정당들에 의해 시작된다. 정도의 차이는 있겠지만 그들 중
누구라도 연립정부에 참여한 정당은 복지 확충을 위해 노력한다.
그렇다면 앞서 말한 대로 연립정부의 구성이 조금씩 바뀔지라도 친
복지정당들의 정책영향력은 다소간 항상 유지될 것이므로, 복지 제
공의 총량은 시간이 갈수록 늘어간다. 점차 복지체계가 갖추어져간
다는 것이다. 한편 이것은 복지정책의 비가역성과 맞물려 사회내
복지세력의 성장으로 이어진다. 복지세력이 점차 커지면서 조세개
혁의 추진 수준과 그 성공 가능성도 높아간다. 제공되는 복지의 누

적량만큼 조세부담률과 누진율 등의 점진적 확대가 용이해진다는 것이다. 결국 어느 시점에 이르러서는 훌륭한 복지체계가 균형재정 상태에서 가동된다.

요컨대 신자유주의의 대안은 복지 확충 등의 분명한 조정시장체제 구상을 갖고 있는 이념 및 정책 정당들에 의해 개혁적 방식으로 구현될 수 있으리라는 것이다. 본고는 이를 위해 필요한 것이 비례성이 확실한 선거제도의 도입, 구조화된 온건다당제의 구축, 권력구조의 전환 등의 순으로 추진돼야 할 한국의 정치제도 개혁임을 강조했다. 물론 이 일련의 제도개혁 작업 중 가장 시급한 것은 선거제도 개혁이다. 그것이 먼저 성사돼야 다른 두 개혁작업도 합목적적으로 진행될 수 있을 것이기 때문이다.[20] 이하에서는 이렇게 중요한 선거제도 개혁이 어떤 조건에서 가능할 것인지를 대략 짚어보면서 글을 맺고자 한다.

유럽의 정치제도 발전사를 보더라도 비례성이 높은 선거제도의 도입은 1위대표제 등의 다수대표제하에서는 스스로의 단독집권이나 단일 다수당 지위의 확보 가능성이 구조적으로 희박하다고 여기는 정파나 정당(들)이 추진하는 것이 일반적이다. 대부분의 경우 승자독식 혹은 그와 유사한 결과를 초래하기 마련인, 따라서 소수당의 생존이나 정책영향력은 거의 보장되지 않는 다수대표제보다는 자기 나름의 권력 지분을 적게나마 안정적으로 향유할 수 있는 비례대표제 등이 더 유리하다는 판단에서다. 그렇다면 한국의 선거제도 개혁 가능성은 향후 얼마나 많은 정당들이 이런 판단에 이르게 될 것인지에 달려 있다고 할 수 있다. 생각건대, 그 가능성은 이미 열려 있다.

한국의 현 정치지형에서 민주노동당이 비례대표제 도입을 주장하는 것은 당연하고 정당하다. 민주당도 조만간 이같은 현실 인식을 공유할 소지가 상당하다. 그야말로 획기적인 변화가 없는 한 지금의 민주당이 스스로 다수당의 지위를 차지할 가능성은 앞으로도 매우 낮아 보이기 때문이다. 자유선진당이나 창조한국당은 말할 것도 없다. 그렇다면 선거제도 개혁을 목표로 하는 범야권 정당들간의 '제도연합' 형성이 가능한 형국이다. 범야 정당들은 연합전선을 구축하여 자신들이 바라는 것은 선거제도의 개혁을 통하여 지역주의를 타파하고, 특정 정당의 과도대표 문제를 해소하며, 정책 중심의 정당정치를 활성화함으로써 다원화된 한국사회에 부응할 수 있는 선진적 정치구조의 형성이라는 점을 국민들에게 강조할 수 있다. 반면, 이에 맞서는 한나라당은 '개혁 대 반개혁'이라는 대립구도에 직면하여 수세에 몰리게 된다.

일견 한나라당의 선호는 유일하게도 소선거구 1위대표제의 유지이며, 따라서 범야 제도연합세력의 공세에 대한 저항이 매우 거셀 것으로 보일 수 있으나, 동태적으로 살펴보면 반드시 그런 것만은 아닐 수도 있다. 예컨대, 이명박 대통령과 한나라당에 대한 지지율 하락세가 회복되지 않고 그 결과가 2010년의 지방선거에서 명백히 나타날 경우, 한나라당 역시 자신의 다수당 지위의 안정성에 대하여 회의를 품게 될 공산이 클 것이기 때문이다. 게다가 여기에 1990년대 초중반의 일본이나 뉴질랜드에서처럼 선거제도 개혁이 주요한 사회적 현안으로 부상하는 상황이 겹치게 될 경우 한나라당의 양보나 타협의 가능성, 즉 선거제도 개혁의 가능성은 더욱 커진다. 정치제도의 개혁이란, 따라서 신자유주의의 대안을 현실에서 구현해내는 일이란 참으로 어려운 일임에 분명하다. 그러나 그것은 결코 불가능한 일은 아니다.*

---

* 이 글은 계간 『창작과비평』 2007년 겨울호에 발표된 원고를 이 책에 수록하기 위해 다소 손질한 것이다.

신자유주의의 미래와 한반도의 시간표
「다시 지혜의 시대를 위하여」 중에서

백낙청 • 문학평론가, 서울대 영문과 명예교수

1. 신자유주의의 대안은 없는가

현행 세계화의 주도적 논리는 흔히 신자유주의라고 불린다. 이에 대한 많은 논의 중 나는 극히 일부를 접해본 것뿐이지만, 한마디로 신자유주의는 '인간의 가면을 벗어던진 자본주의'가 아닌가 하는 것이 내 생각이다. '인간의 얼굴을 가진 자본주의'를 이룩하려던 수많은 이들의 노력을 통째로 웃어넘기려는 것이 아니다. 다만 자본주의의 인간화를 위한 노력이 결국은 단편적이고 한시적인 것일 수밖에 없음을 어쩌면 솔직하게 고백하고 나온 것이 신자유주의가 아니겠느냐는 것이다.

'신'자유주의라고 하지만 실상 그 내용은 '구'자유주의보다 더욱 오래됐다. 17세기 영국의 로크(John Locke) 등으로 대표되는 자유주의가 프랑스혁명기 이래 거세어진 민주주의의 물결과 점차 합류하면서 적어도 선진국 내부에서는 다수 대중의 권익을 어느정도 인정해준 자유민주주의로, 더러는 사회민주주의로까지 발전해온 데 반해, '자유방임'(laissez-faire)의 구호 아래 기업가의 자유를 주창할 뿐 민주주의에는 반대했던 원래의 자유주의 이념으로 되돌아가고 있는 것이 신자유주의인 것이다.[1]

이러한 회귀는 당연히 원래의 자유주의보다 더욱 나쁜 것으로의 반동을 뜻하기 마련이다. 예컨대 애초의 자유주의는 비록 자본가계급의 특권 확립에 주력할지언정 자신보다 더욱 폐쇄적이고 부패한 구체제의 특권들을 철폐하는 진보성을 자랑할 수 있었던 데 비해, 오늘의 '새로운 자유주의'는 시민 대중에게 그나마 할당됐던 혜택을 앗아가면서 초국적화된 소수 거대기업들(이른바 TNCs, transnational corporations)과 금융자본의 특권을 옹호하기에 급급한 것이다.

물론 전근대적 특권구조의 폐해가 워낙 심한 곳에서는 신자유주의도 원래의 자유주의가 지녔던 것과 같은 개혁성을 일정하게 발휘할 수 있다. 예컨대 구제금융을 계기로 IMF가 한국의 금융시장에 대해 요구한 변화 가운데는 실제로 한국 민중의 이익에 합치되는 조치들도 전혀 없었달 수는 없다. 그러나 크게 보면 복지비용 삭감을 골자로 하는 긴축재정, 고금리정책, 자본시장 개방, 그리고 대량해고가 수반되는 기업구조조정 등 IMF의 단골 처방들은 다수의 희생을 토대로 한 유동성회복 처방 — 그나마 일시적인 것이기 쉬운 —

이며, 못사는 나라에 빚 줬다가 떼일 위기에 놓인 세계적 큰손들을 건져주는 구제금융에 다름아닌 것이다.

그렇다고 신자유주의에 대한 도덕적 규탄만으로 대세가 달라질 수는 없다. 바로 '대안이 없다'(There Is No Alternative)는 것이 신자유주의자들의 당당한 주장이기도 하다. 대안을 찾아 제시하는 것이야말로 이런 신자유주의에 대한 이중의 타격이 되는 것이며, 대안이 정말 없을 경우 과연 어떻게 될 것인지도 사실에 입각해 분석해볼 필요가 있을 것이다.

신자유주의자들이 '대안이 없다'고 외칠 때는 ①대안이 없어서 이대로 간다고 인류 자체가 멸망하거나 대대적인 문명붕괴를 겪는 일은 없을 것이며, ②개별 자본가의 운명에는 변동이 있을지라도 자본가계급의 특권적 위치는 유지되리라는 두가지 전제를 깔고 있다. 이때 ①만 맞고 ②가 틀렸다면 '대안이 없다'가 아니라 '있다'가 될 테니 논외의 일이지만, 문제는 ①이 틀렸을 경우이다. 그때는 종말론자가 아닌 한 '대안이 없다'는 말을 함부로 꺼낼 수가 없게 되며, 대안을 찾는 데까지 찾아볼 의무가 우리 모두에게 부과된다.

인류의 멸망이니 문명의 붕괴니 하는 이야기는 공허한 거대담론으로 들릴 수도 있다. 그러나 예컨대 월러스틴(Immanuel Wallerstein)처럼 자본주의라는 역사적 체제가 이미 5백년 이상 지속되어왔다고 본다면, 6백년 이내의 체제 수명을 설정한 거대규모의 시간대에 관한 담론과 향후 50년, 아니 그보다도 짧은 기간에 일어날 수 있는 변화에 대한 중간규모의 담론은 결과적으로 겹치게 된다. 이는 당장에 한반도 '통일시대'의 시간표에 대한 전망과 그에 따른 단기적 실천의 과제를 좌우하는 문제이기도 하다.[2]

예컨대 남북이 통일되는 데는 20년, 30년이 걸릴 것이라는 김대중 대통령의 발언이 보도된 바 있다. 이 경우 물론 통일을 어떻게 규정하는가라는 문제도 있고 정치지도자의 발언을 학술적인 명제처럼 다룰 필요가 있겠느냐는 점도 감안할 일이기는 하다. 그러나 비슷한 발언들이 학계에서도 심심찮게 들리는데, 그런 전망을 할 때 향후 2, 30년에 걸친 세계 전체의 궤적을 어떤 식으로 그리고 있는지를 밝히지 않고서는 그야말로 공허한 담론이 된다. 신자유주의자의 주장처럼 대안이 없지만 세계 차원의 파국도 없는 맥락에서 실현되는 통일인지, 자본주의의 내부 모순이나 지구환경에 대한 부담이 너무 커서 대안적 체제가 성립하거나 태동하고야 마는 과정 속의 통일인지, 아니면 적절한 대안을 못 찾아 전세계가 혼란의 도가니에 휩쓸린 가운데 유독 한반도에서만 새로운 질서가 성립할 수 있다는 것인지, 한반도라는 제한된 구역에서의 비교적 단기간의 시간표를 제대로 짜기 위해서도 우리가 세계사의 어떤 시간대에 처해 있는지가 절박한 문제로 떠오르지 않을 수 없다.

2. 다가올 세계체제의 파국

21세기초 2, 30년의 세계는 어떤 세상이 될 것인가?

이 거대한 주제에 대한 연구가 부족한 나는 월러스틴 등의 '세계체제분석'(world-systems analysis)에 크게 의존하고 있음을 고백하면서 논의를 진행코자 한다. 월러스틴의 저서는 우리나라에도 여러 권이 번역되었는데, 그중 향후 수십년 즉 그가 생각하는 자본주의 세계체제의 최종국면에 대해 간명하게 논술한 책으로 '21세기의 역사적 선택들'이라는 부제를 단 『유토피스틱스』[3]가 있으며, 홉킨스 등과 공저한 『이행의 시대: 세계체제의 궤적, 1945~2025』[4]에 실린 개별연구들도 참고함직하다.

21세기 초엽의 세계체제를 전망하는 월러스틴의 논의 중에서 '꼰드라띠예프 주기(장기적인 경기순환주기)'설이라든가 특정 국가의 '헤게모니(패권)'설, 또는 미국의 헤게모니가 쇠퇴기에 들었다는 진단 등은 세계체제론자들 사이에서도 논란의 대상인 것으로 안다. 이에 대해 나는 어떤 판단을 내릴 형편이 못되는데, 본고의 맥락에서 중요한 것은 월러스틴 자신이 그간의 자본주의 세계체제의 역사에서 관찰되어온 장기주기나 패권국의 교체가 더는 정상적으로 되풀이되지 않을 것임을 주된 논지로 삼고 있다는 점이다. 자본주의가 그 자신의 성공과 자기논리 전일화의 결과로 멸망하게 마련이라는 전통적인 학설이 드디어 실현될 때가 왔다는 것이 그의 진단이다. 이제까지의 많은 예측들은 세계경제 전체가 아닌 일국 또는 지구상의 일부 지역을 분석대상으로 삼았기 때문에 빗나갔던 것이며, 자본주의의 멸망이 필연적으로 사회주의를 탄생시킨다는 안이한 진보론 때문에 올바른 대응을 낳지도 못했다는 것이다.

여기서 새삼스럽게 『유토피스틱스』의 내용을 소개하기보다 그와 매우 다른 성격의 저서를 언급하는 방식으로 진행할까 한다. 『루가노 리포트』라는 책이다.⁵ 저자(부록과 후기의 저자로 되어 있지만 실제로 책 전체의 저자인 쑤잔 조지)의 기본 논지는 월러스틴과 마찬가지로 자본주의 세계체제가 야기한 범인류적 위기를 맞아 민중적인 대안을 찾자는 것이지만, 학계보다 실천활동의 세계에 자리잡은 저자답게 그 표현방식이 특이하다. 즉, 20세기말 세계의 현실을 볼 때 자본주의 세계체제의 '주인들'에 해당하는 기득권층 지도자들도 심각한 위기의식을 느끼고 있으리라는 가정 아래, 그들이 당대 최고 수준의 친체제적 지식인들에게 주문해서 아무런 환상이나 가식이 없는 대책을 건의받는다면 어떤 내용이 담길지를 상상해본 것이다. ('루가노 리포트'라는 명칭은 인류학자, 생물학자, 인구학자, 경제학자, 철학자, 역사학자, 정치학자, 사회학자, 생태과학자 각 1명으로 구성된 이 가상의 연구팀이 — 당연히 최고급의 예우를 받으면서 — 스위스의 명승지 루가노 호숫가에서 작업하여 만들면서 그렇게 붙인 것으로 되어 있다.) 그러나 가상적인 보고서라 해서 스위프트(Jonathan Swift)의 「겸허한 제안」(A Modest Proposal)식의 풍자문학은 아니다. '부록'에서 기본전제를 달리하는 사고의 필요성을 제기한 것말고도 실제로 체제측의 관점을 택했을 때 나오리라 예상되는 가장 합리적인 진단과 처방을 아무런 과장 없이 탐구해보았다는 것이다.⁶

21세기 자본주의의 실상에 대한 '보고서'의 진단은 월러스틴이 말하는 '어려운 이행기, 또는 지상의 생지옥?'(『유토피스틱스』 2장의 제목)과 너무도 흡사하다. 생태계의 파괴는 거의 파국적인 규모에 근접하고 성장의 내용은 온갖 반사회적 활동으로 채워지며, 빈부격차가 극대화되고 그에 따른 극단적 갈등으로 사회혼란이 가중되는 가운데 금융시장 파탄의 위험도 날로 증대한다. 이런 상황에서 국민국가 등 종래의 통제기구들은 사태를 감당할 능력이 없고 세계무역기구(WTO), 국제통화기금(IMF) 등 초국적 장치들의 권력은 훨씬 강화되어야 할 상황이다. 그러나 무엇보다 중요한 것은 세계 인구를 대폭 감축하는 일이다. 지금도 이미 그렇지만 유엔의 통계에 의하면 2020년에 80억까지 늘어나리라 예상되는 인구를 갖고서는 생태계의 파괴와 체제불안 요소의 폭발적인 증가를 막을 길이 없다는 것이다.

'보고서' 작성자들의 대전제는 '시장경제' 외에 다른 대안이 없다는 것이므로 결론은 명료하다. "만약에 21세기 자본주의가 예상가능한 인구 조건 아래 최적의 상태로 — 어쩌면 전혀 — 작동할 수 없다면, 그러한 조건은 바뀌어야 한다."(62~3면, 강조는 원저자) 그리하여 이들이 제시하는 목표는 2020년까지 현존 60억의 3분의 2에 해당하며 유엔 예상치 80억의 절반인 40억 정도로 인구를 줄인다는 것이다.

이 목표의 달성을 위한 전략들, '인구감축전략'(Population Reduction Strategies)을 약자화해서 그들 스스로 PRS라 부르는데 이들 대책 중 '치유적 PRS'에 해당하는 것들은 한마디로 끔찍한 내용이다. 하지만 나찌의 유대인학살 같은 '종족근절'(genocide)과는 다르다. 그런 것들은 합리적 계산을 떠난 몽매하고 비효율적인 대응이었던 반면, '보고서'의 작성자들은 어느 누구도 미워함이 없고 다만 자본주의의 생존에 필요한 인구감축의 가장 효과적이고 능률적인 방안을 찾고 있을 뿐인 것이다.

그 내용을 작성자들은 「요한계시록」 6장의 네명의 말탄 자가 표상하는 '정복, 전쟁, 기근, 역병'으로 정리한다. 그러나 전통적인 정복이 아니라 무엇보다 인간의 정신에 대한 정복이며, 전쟁도 세계대전이 아닌 주로 제3세계 내부의 전쟁과 상호학살을 뜻한다. 기근의 경우, 세계의 식량생산을 전인류에 평등하게 분배한다는 씨나리오는 가능하지도 않고 바람직하지도 않은 만큼, 적정한 영양섭취를 할 구매력을 지닌 인구를 상정할 때 대규모 기근은 불가피하며, 인구조절을 위해 선택적으로 조장할 필요도 있다. '역병'('「계시록」에는 '죽음'으로 나옴)의 경우도 결핵·말라리아 등 한때 자취를 감춰가던 전통적인 질병들이나 후천성면역결핍증(AIDS) 같은 신종 역병의 만연이 현대의학 — 적어도 현존 의료체제 — 의 한계를 드러내주는데, 복지예산의 감축과 의료써비스의 사기업화 등을 통해 인구감소 효과가 지금보다도 더욱 제3세계와 빈곤층에 집중되도록 해야 한다는 것이다.

'보고서'가 적시하는 많은 현상들은 월러스틴의 논의에서도 자본주의 세계체제 위기의 징후로 지적되고 있다. 다만 '보고서'는 그런 현상들이 현재의 인구수준에서 불가피함을 인식하는 데 그치지 않고 인구감축의 적극적인 정책으로 활용할 것까지 건의하고 있는

바, 르완다 내전이나 아프리카대륙에서의 에이즈 확산에 대한 선진 국들의 무관심, 상습적 기근지역에 대해 실질적인 도움은 안되고 현지민의 구제불능상태를 바깥세계 사람들의 뇌리에 심어주는 데나 알맞은 전시용 구호활동 등을 보노라면, 그야말로 누군가가 '루가노 리포트' 비슷한 것을 이미 써서 세계체제의 주인들에게 돌렸는지 모른다는 생각이 들 법도 하다.

인구감축을 위해 '보고서'가 산 사람을 줄여가는 '치유책'만 제시하는 것은 아니다. 낙태·불임시술·피임 등을 통한 '예방적 PRS'도 내놓는데, 이들 가족계획 방안의 효과적인 보급과 저들 '치유책'이 실현되는 상황은 양립하기 힘든 모순관계를 이루는 게 아닌지에 대해서는 본격적인 검토를 하지 않는다. 다만 "비록 현존 여건에서는 실현가능한 대안이 아니지만 최선의 '피임' 방책은 여성들의 대대적인 교육일 것이다"(158면)라고 말함으로써, 자본주의의 존속을 전제할 때 '치유책'의 비중이 한정될 수밖에 없음을 암시하고 있다.[7]

아무튼 위기의 징후로서든 '치유책'의 일부로서든 각종 억압과 수많은 국지전 및 내전, 대량 기근과 신·구 질병들의 위세가 20세기 말 21세기초의 지구현실을 특징짓고 있는 것은 어김없는 사실이다. 그리고 이들 중 어느 것도 정보화의 진전 자체로 시정되리라고는 믿기 힘들다. 아직도 많은 사람들간에 지식의 발전과 시간의 흐름이 무언가 나은 세월을 가져오리라는 막연한 기대가 습관화되어 있을 따름이다. 이것이야말로 '신자유주의'에 와서 드디어 무너지기 시작한 자유주의 이데올로기이자 『루가노 리포트』가 건의한 '정신적 정복'의 결과가 아닐까.

3. 한반도의 시간표와 분단체제 극복

이 정도의 논의로 세계체제의 앞날을 논증했다는 것은 물론 아니다. 단지 그러한 시간표도 있을 수 있음을 진지하게 감안하자는 것이다.

이런 시간표의 개연성을 인정하더라도 범세계적인 시간대 속의 다양한 지역에서는 다양한 국지적 시간표가 가능하다. 다만 후자가 어떤 식으로든 전자의 제약을 받을 것은 물론이며, 예컨대 한반도 '통일시대'의 일정을 잡는 데도 세계체제가 그리는 커다란 궤적을 무시하고는 현실적인 구상이 불가능할 것이다.

먼저 자본주의 세계체제가 본질적인 변화 없이 지속되리라는 가정에서 출발하는 길이 있다. 남한뿐 아니라 국제 학계에서도 그 주류는 이런 전제로 한반도 통일을 논하고 있지 않은가 싶은데,[8] 그럴 경우 『루가노 리포트』가 제시한 정도의 냉철한 신자유주의적 구상이 없이도 현실적인 통일논의가 가능한지 자문해볼 필요가 있다. 이 전제에 따른 통일은 시기의 빠르고 늦은 차이는 있을지언정 결국 자본주의 남쪽에 의한 흡수통일일 것이며, 그것도 대다수 흡수통일론자들의 달콤한 꿈대로 '독일식'(적어도 준독일식) 합병이 아니라, 대규모 기근과 질병 및 유혈사태를 동반하며 대대적인 '정신적 정복'이 수반되는 강압적 통일이기 십상이다. 아니, 강대국(들)의 자본력뿐 아니라 무력까지 동원되는 비자주적 통일이 되고 그 결과 한반도 전역이 '치유적 PRS'가 집중되는 현장으로 전락할 확률이 높다.

반면에 세계체제분석과 무관한 반자본주의 혁명의 시간표도 생각해볼 수 있다. 지금은 워낙 도도한 자본주의적 세계화의 물결에 밀린 느낌이지만, 1980년대 급진운동권의 '민족해방'론이나 '민주혁명'론이 모두 여기에 해당했던 셈이다. 북에서 이미 이룩된 민족해방이 남에까지 미칠 때 나머지 세계에서 자본주의가 존속하건 않건 — 물론 세계자본주의가 심대한 타격을 입을 것은 분명하지만 — 한반도에서는 전혀 다른 시간대가 자리잡으리라거나, 남한사회 자체가 사회주의혁명에 성공하여 자본주의 세계체제로부터 이탈함으로써 이미 '근대'가 아닌 '현대'에 들어서 있는 '사회주의진영'의 일부가 되어 북과의 통일도 무난히 이뤄내리라는 발상들이 모두 세계체제적 시간표의 구속력을 도외시 또는 과소평가한 것이었다.

한반도에서는 큰 세력이 아니지만 자본주의 세계체제로부터의 일방적인 이탈을 더욱 분명하게 주장하는 원리주의적 종교집단의 시간표도 있다. 이슬람 원리주의의 선례에서 보듯 이러한 '이탈'이 과연 자본주의 세계체제의 바깥을 형성하는 데 성공한 것인지는 의문이다. 아무튼 우리의 경우 이런 전략은 통일의 시간표라기보다 분단체제가 장기화될 때 동시다발적으로 발생할 시간대들이기 쉽다. 남쪽에서는 신자유주의적 개편에 대항하여 독자적 경제모델을 창출하는 통일작업에 실패함으로써 각종 미신적 종교집단이 더욱 더 창궐하게 될 터이고, 북쪽은 농성체제가 항구화함에 따라 사회 전체가 유사종교적 특성을 강화하게 되는 사태도 예견해볼 수 있는 것이다.

　자본주의 세계경제의 궤적에 대한 세계체제론자들의 분석을 대체로 공유하면서 그 틀 안에서 분단체제 극복을 내다보는 시간표는 위의 어느 것과도 다르다. 자본주의적 근대가 지속되는 동안은 분단체제의 일익으로서든 통합된 단위로서든 탈근대로의 진입 ― 또는 근대로부터의 독자적 이탈 ― 이 불가능하지만, 분단체제 극복의 시간표가 세계체제의 최종국면과 일부 겹침으로써 반드시 근대의 틀에만 얽매이지 않으면서 세계 차원의 '근대이후'를 향한 중대한 진전이 한반도에서 일어날 수 있다는 것이 분단체제론의 시대인식인 것이다. 경제모델을 예로 들면, 통일과정에 투입되는 민중적 동력이 아무리 커지더라도 통일 한반도가 세계시장의 논리를 외면한 경제체제를 형성할 방도는 없어 보이지만, 신자유주의가 모든 개발도상국들에 강요하는 비자주적·반민중적 제도들의 수용을 극소화함으로써 세계시장 안에서의 경쟁력도 높이고 신자유주의가 적나라하게 노출시킨 시장논리의 궁극적 극복에도 뜻있는 기여를 할 수 있다는 것이다. 바로 근대에 적응하면서 근대를 극복해가는 이중과제의 수행이다.[9]

　신자유주의적 세계화의 시대가 한반도에서 '지혜의 시대, 민중의

시대'가 무르익어가는 시간과 겹칠 수 있는 것도 그때문이다. 분단
체제 극복작업은 한편으로 세계화의 물결을 탄 움직임이면서, 다른
한편 세계체제의 위기가 열어놓은 틈새를 활용하는 움직임이라는
양면성을 지닌다. 이런 양면성이 없이 세계적인 대세에 대한 일방
적인 거부만을 뜻하는 작업이라면 세계체제의 붕괴현상이 한층 가
시화한 시점이 아닌 바에야 성공하기 어렵다. 그러나 동서냉전이
뒷받침하던 한반도 및 동북아시아의 분단 내지 분열은 자본주의의
전일화라는 대세에 의해 약화되고 있는 동시에, 냉전종식이 자본주
의 세계체제의 안정화라기보다 도리어 결정적인 불안정화의 시작
이라는 점에서 그 하위체제인 분단체제에도 변혁의 가능성이 열리
고 있다. 말하자면 이중의 현실성이 따르는 작업인 것이다.

4. 동아시아라는 중간항

끝으로 한반도와 세계체제의 중간항에 해당하는 동아시아(또는
동북아시아)의 '시간표'에 대해 잠시 살펴보는 것으로 결론을 대신
할까 한다.

먼저 분명한 것은, 동아시아가 공간적으로 중간항을 이룬다고 해
서 시간적으로도 반드시 '중기적'인 단위를 대표하지는 않는다는
점이다. 이러한 오해는 분단체제론이 한반도 분단체제와 그 상위체
제인 세계체제 사이에 '동아시아 지역체제'라는 중간항을 설정하고

있다는 일부의 착각과도 통한다. 실제로는 아무리 '체제'라는 말을 신축성있게 사용한다 해도 세계체제와 분단체제를 매개하는 중간 규모의 체제가 동아시아에 존재한다고는 보기 힘들다.

앞으로 존재할 수 있으며 존재하는 것이 바람직한지는 물론 별개 문제다. 그러나 유럽연합이나 북미자유무역협정 수준의 지역통합의 전제조건들이 동아시아에는 결여되었다는 많은 학자들의 지적을 감안할 때, 일부 세계체제론자가 전망하는 30년 안팎 남은 자본주의 세계경제의 잔여기간 내에 그러한 '지역체제'가 형성될 확률은 적어 보인다. 반면에 자본주의가 훨씬 오래 훨씬 안정적으로 지속된다고 하면, 그런 역사 속에서 일본과 중국 및 남북한(또는 통일한국)을 포괄하는 동아시아 내지 동북아시아 지역경제블록은 ―그것이 가능하다고 가정할 때― 유럽이나 북미대륙의 지역체제와 비교가 안될 초대형 공룡이 될 것이며, 세계민중(특히 동남아 민중)과 지구환경을 위해 엄청난 재앙을 뜻할 것이다.

다른 한편, 동아시아문명의 유산이 알게모르게 집결된 지역으로서의 동아시아라고 하면 ―'동아시아문명'이라는 것이 아직도 독자적인 문명으로 존속하는지는 논란거리겠지만― 그것이 대표하는 시간대는 근대 세계체제의 6백년(?) 역사보다 훨씬 장구하다고 봐야 한다. 이 문명적 유산을 활용하여 서양이 주도해온 근대를 넘어설 새로운 문명의 건설을 이 지역에서 선도한다는 미래의 기획에 한정하더라도, 그 시간표는 최소한 현존 세계체제의 남은 기간과 맞먹는 길이가 되며 그보다 더 길어질 가능성도 있다.

그러므로 우리는 막연히 동아시아적 시간표를 말할 것이 아니라 아시아 또는 아시아·태평양지역에서 구체적으로 어떤 나라와 지방들 간에 어떤 성격을 위주로 어떤 역사적 기획을 추진할지를 선택할 필요가 있다. 각각의 기획에 해당하는 수많은 상이한 시간표들이 있게 마련이며, 그중 어느 하나만을 선택할 이유도 없다. 아니, 단 하나만을 선택하는 일은 현실적으로도 불가능하려니와 바람직하지도 않을 것이다. 예컨대 자본주의말고 '대안이 없다'는 맥락에서의 동아시아 지역경제블록 형성의 시간표는 배격해 마땅하다고 했지만, 근대극복에 필수적인 근대적응을 위해 현존하는 다양한 지역적 경제협력단위들마저 배제할 필요는 없으며, 이것이 '근대의 시간'보다 더욱 길어질지 모르는 '동아시아 문명유산 활용'의 시간표와 양립 못할 이유 또한 없는 것이다.

그러한 장기적 과제와 단기적 적응책 사이의 '동아시아적 중간항'에 좀더 방불한 구상도 각자가 해봄직하다. 세계체제와 분단체제의 앞날에 관한 내 나름의 전망을 근거로 떠오르는 한가지 구상은 동아시아판 유럽연합이라기보다 오히려 헬싱키선언처럼 정식 조약 이전에 자발적인 협조를 촉구하는 '신사협정' 같은 것이다. 지금은 이것조차 어려운 실정이지만, 분단체제 극복작업이 어느정도 진행된 상태에서는 가능한 일일 듯싶다.* 동아시아 국가들간의 협력을

---

* 북한 핵문제를 계기로 출발한 '6자회담'이 동북아 평화체제구상을 포함한 상당한 성과를 내며 지속됨에 따라, 김대중 전 대통령을 비롯한 많은 사람들이 북핵문제 해결 후에도 6자회담이 존속하여 동북아판 헬싱키회의 비슷한 역할을 담당해야 한다고 주장하기도 한다.(필자, 2009)

가로막는 주된 원인으로는 첫째 남북의 대결상황이요, 이어서 일본에 대한 타국 민중들의 불신과 중·일 간의 주도권 다툼 가능성을 들 수 있겠는데, 이 가운데 남북대결은 더 말할 것 없고 나머지 문제들도 한반도의 민중이 제대로 된 통일을 이룩하느냐 마느냐에 좌우되는 바 크다. 한반도에 분단체제보다 나은 사회가 성립되었을 때 비로소 일본국민이 진지한 반성을 더는 피할 수 없게 될 것이고, 중·일 두 대국 사이에도 도덕적 권위와 실질적 교섭력을 겸비한 중재자가 처음으로 출현할 것이기 때문이다.

이것이 일부에서 말하듯 20년, 30년씩 걸릴 통일 이후로 미뤄져야 한다면 공허한 이야기에 그친다. 그런데 통일의 시간표를 그처럼 늘여잡는 데는—너무 서두르지 않겠다는 정치적 메씨지가 주안점인 경우도 있지만—'통일'을 단일형 국민국가를 전제로 생각하는 타성도 작용하는 듯하다. 그러나 한반도의 분단체제 극복은 어느 정치학 교과서에도 없는 창의적 작업이며, 실제로 세계경제가 어느 경제학 교과서에도 안 나오는 과정에 진입한 시기에 벌어지는 사태이다. 따라서 남북민중이 통일작업에 활발히 참여하는 가운데 느슨한 형태의 국가연합이라도 선포된다면 이는 분단체제 극복의 과정에서 불퇴전의 지점을 통과한 것이라 볼 수 있을 것이다. 20년보다 훨씬 가까운 장래에 우리가 거기까지 못 간다면 통일시대의 시간표 자체가 엉망이 되어버린 상황에 다름아닐 게다. 반면에 5년 또는 10년 안에 유사한 성취가 이루어졌을 경우, 동아시아의 실정에 맞는 '안보와 협력에 관한 회의'가 너끈히 가능할 것이며, 헬싱키선언처럼 인권조항을 담은 범동아시아(또는 동북아시아)적 신사협정의 존재는 지역 차원의 시민연대를 촉진하면서 분단체제 극복의 나머지 일정에도 큰 힘을 실어줄 것이다.

기술시대를 넘어설 동아시아인의 지혜를 모아가기 위해서도 이런 '중간 단위'의 시간대를 확보하는 일이 필수적일지 모른다.*

* 이 글은 계간 『창작과비평』 2001년 봄호에 발표된 원고를 본서에 수록하면서 엮은이가 원문의 일부를 덜어내고 편집한 것이다. 원제는 '다시 지혜의 시대를 위하여'이며 백낙청 『한반도식 통일, 현재진행형』(창비 2006) 99~128면에 전문이 실렸다.

대안체제 모색과 '한반도경제'

서동만 • 상지대 교수, 정치학

1. 대안체제의 모색

진보개혁세력의 총체적 위기현상을 분석하기 위해 최근 김대중–노무현 정부에 대한 평가가 다양한 수준에서 이루어지고 있다. 특히 경제분야에 관심이 집중되며 두 정부 모두 시장주의[1] 흐름에 대처하는 데서 크게 부족했다는 판단에 많은 논자들의 의견이 일치하고 있다. 나아가 진보개혁적인 연구그룹 및 싱크탱크 들에서는 시장주의에 대처하는 다양한 대안체제 모색의 움직임이 나타나고 있다.

이러한 모색들로는 '생태·평화 사회민주주의국가론' '신진보주의국가론' '노동중심 통일경제연방론' '사회투자국가론' '사회연대국가론' 등을 들 수 있다.[2] 정치적 지형에서 볼 때 이러한 모색은 대체로 진보개혁세력 지지라 할 수 있으며, 과거 한국자본주의 논쟁의

NL, PD계열의 맥을 잇고 있거나 그 사이에서 중도적 입장을 표방한다고 하겠다.

앞의 논의들 가운데 남한경제만을 독자적 단위로 설정하는 일국적 모델이 세가지로 다수를 이루며, 그 속에서 남북관계의 위치는 부차적이다. 그런데 남북관계와 관련하여 신진보주의국가론이 '한반도경제론'을, 노동중심 통일경제연방론이 '통일민족경제론'을 제시하고 있다는 점에서 다른 모델들과는 대조적이다. 여기서 특히 신진보주의국가론은 한반도경제론을 전면에 내세우며 남북관계를 가리키는 표제를 모델의 브랜드로 삼는다는 점에서 이를 가장 중시하고 있다는 인상을 준다. 다만 내용을 보면 한반도경제론이란 명칭에 걸맞게 체계의 유기적 일부로서 남북경제관계를 다루고 있다고 하기에는 부족한 점이 적지 않다. 오히려 남북경제관계가 신진보주의국가에 접합되어 있다고 하는 편이 솔직한 느낌이다. 이제 한반도경제론은 겨우 출발한 참이며, 앞으로 진화해가야 할 길이 먼 상태이기 때문일 것이다.

이에 비해 내용적으로는 오히려 통일민족경제론이 노동주도형 경제모델 속에서 좀더 큰 비중을 차지하고 있다는 인상을 준다. 이는 통일민족경제론이 연방제에 근접한 틀을, 한반도경제론이 국가연합의 틀을 전제하고 있다는 점과 연관이 있을 것이다. 그런데 통일민족경제론은 적극적인 의욕과 많은 유용한 아이디어들을 담고 있지만 아직 전문적 연구로 나아가고 있지는 못한 상태다.

이 글에서는 '한반도경제론'을 주된 논의 대상으로 삼을 것이다.

그 명칭에서부터 경제활동 공간을 중심으로 '한반도경제'란 분석틀을 제시한 점에 중요한 의의가 있으며, 이를 지속적으로 발전시킬 필요가 있기 때문이다. 이 입장은 백낙청의 '분단체제론'에 입각한 남북관계의 논리를 토대로 통일과정에서의 남북연합을 상정하고 있다. 이론적인 기반을 보면, 자유주의 국제정치경제학의 경제통합론, 신지역주의 국제정치학의 지역협력론, 제도주의 경제학의 체제이행론, 자유주의 내지 비판이론의 국제관계론 등에 입각한 종합적 연구라고 할 수 있다.

대체로 진보학계의 성향은 경제관계에서는 편차가 있으나, 정치관계에서는 한반도 평화 및 남북 화해·협력의 기조에 거의 이견이 없는 듯하다. 남북경제관계나 남북경제통합을 다루지 않은 모델들도 적어도 한반도 평화를 스스로가 지향하는 '일국적 모델'이 실현되는 데 핵심적인 여건으로 전제하는 것이다. 또한 일국적 모델이라고는 하지만, 이들 논리 가운데 일부는 노동중심 통일경제연방론이나 신진보주의국가론보다도 남북경제관계와 더욱 친화적이 될 잠재력을 지니고 있기도 하다.[3]

2. '한반도경제론'의 과제

앞에서 '한반도경제론'의 의의를 적극적으로 평가하기는 했지만, 이 입장은 일정한 한계를 안고 있기도 하다. 그것은 한반도경제론이란 브랜드를 전면에 내세울 정도로 이론적 체계나 인식적 전제를 갖추고 있느냐의 문제이다. 한반도경제론은 이론틀로서 분단체제론을 전제하고 있다. 하지만 분단체제론의 경제적 측면, 즉 '분단경제체제론' 내지 '분단체제 자본주의론'이 빠져 있다는 한계를 안고 있다.[4]

분단체제론의 논리는 세계체제, 남북 각각의 두 체제, 이를 매개하는 분단체제 등 정치·경제·사회·문화를 포괄하는 총체적인 차원에서 구성되어 있지만, 그 주된 관심사는 정치적 분야였다고 할 수 있다. 한반도 핵문제의 획기적 진전이 예상되는 현시점에서 분단체제론이 경제분야로 확대되어야 한다는 것은 시의적절한 과제이다.

분단경제체제론 내지 경제분야의 분단체제론은 '분단환원론'으로 흐르지 않는 선에서 분단에 따른 남북의 역사적 경제발전 경로를 분별해내는 작업을 뜻한다. 이것은 경제사적인 사실 확인 및 인과관계의 정리이지만, 총체적인 차원에서 분단에 따른 희생 또는 비용을 따져보는 일이다. 해당 시점에서 일국적 경제발전을 극복하는 데 드는 기회비용을 고려하는 것도 동전의 양면처럼 떼려야 뗄 수 없는 과제가 될 것이다. 이러한 작업은 향후 평화통일과정에서 염두에 두어야 할 정치전략과 유기적 연관 속에서 남북의 경제적 연계를 복원 및 형성하는 데 밑거름이 될 것이다.

분단경제체제론의 토대로서 특히 중시되어야 할 학문분야는 지리학이며, 생태학은 이와 중첩되면서 새롭게 결합되어야 할 인식적 토대라 할 수 있다. 우선 분단된 남북에서 한반도로 경제적·정치적 공간을 확대하는 데 따르는 남북의 연계에 담아야 할 구체성은, 지리학(정치·경제·사회·문화·지역적 차원)의 '복권'에서 찾아야 한다. 분단이란 가장 원초적으로는 남북의 지리적 분절이며, 일국체제가 자연스러운 것으로 보이게끔 분단이 체제화됨에 따라 사회과학도 일국적인 학문이 되어왔다. 이 점에서 가장 치명적인 영향을 받은 분야가 지리학이며, 분단체제하에서 가장 낙후된 사회과학분야가 된 것이다. 한국 경제학에서 지리학적 사고가 제 몫을 하지 못하게 된 것도 이러한 배경이 작용했기 때문이다.

한반도경제론뿐 아니라 남북 경제협력이나 경제통합 논의는 거의 전적으로 제도 개혁 및 통합 차원에서 다루어져왔다. 남북의 이질적인 체제와 제도를 잇는 작업은 당연하고 또한 필요한 일이다. 그러나 남북 경제협력 내지 경제통합은 단순히 서로 분리된 다른 두 국가나 체제의 결합과는 성격이 다르다. 한일·한중·한미 경제관계와 남북관계의 차이는 남북이 역사적으로 장기간 분업적 연관 속에서 경제생활이 영위되어온 공간이었다는 점에 있다. 제도와 체제의 통합 차원만 다룬다면 이 본질적 차이를 무시하기 쉽다. 한반도 경제공간의 '복원' 내지 형성은 '물질경제'의 연계 및 통합의 차원을 중시한다는 점에서 경제인류학 및 경제지리학의 관점이 요구되는 것이다.

물질경제 차원에서 본다면, 남북 각각의 경제발전 수준 및 단계를 고려하여 수평·수직적 관계를 포함한 복합·중층적 분업관계 창출을 위해서는 한반도 경제지도 작성이 전제가 되어야 할 것이다.

이 경제지도를 통해 남북의 산업은 물론 자연환경·국토·기후·자원·식생 등을 종합적으로 반영한 한반도 주민들의 생산과 소비 생활이 파악되어야 한다. 여기에는 시장적 연계를 중시하되, 현시점의 남북간 시장적 연계가 매우 미미한 수준인만큼 이를 넘어선 물질적 관계가 내재되어야 한다. 현재는 세계화의 흐름이 국제적 분업관계에도 압도적인 영향을 미치며, 좀더 생산비가 낮은 지역으로 생산설비를 이전하거나 가능한 한 가격이 싼 지역에서 원료와 부품 등을 조달하는 글로벌 아웃소싱이 전면화하고 있다. 하지만 현시점의 한반도 경제지도를 작성하고 이를 토대로 미래의 한반도 경제지도를 구상해가는 가운데 한국경제의 글로벌 아웃소싱은 어떻게 바뀔 수 있을지 따져보는 작업은 반드시 거쳐야 할 과정이다.

또한 물질적 연계에는 반드시 생태학이 결합되어야 한다. 이는 60년 이상에 걸친 분단으로 인한 생태왜곡과 환경파괴를 바로잡기 위함일 뿐 아니라 지구온난화 등 전지구적 생태위기에 직면한 21세기의 시대적 요구이기도 하다. 특히 남북의 경제적 연계가 시장논리에만 맡겨질 경우 남북의 압도적 경제격차는 물론 이미 개별적 발전을 이룬 각각의 독자적 단위의 문제는 시정되지 못한 채 모순을 더욱 심화시킬 가능성이 있다. 시장주의의 폐해를 시정하기 위해서라도 경제지리적 관점과 생태적 관점은 중요하며, 시장주의가 지배하기 어려운 지점도 바로 이 관점 속에 있다.

글머리에서 시장만능주의를 완화하거나 극복하기 위한 대안모델의 모색으로서 한반도경제론이 제시된 점을 지적했다. 구소련과 동유럽의 체제전환 과정은 물론이고 국가의 관리하에서 체제이행이 진행중인 중국의 최근 변화를 볼 때, 남북 경협 및 통일은 노골화된 시장만능주의가 확장될 기회가 되기 쉽다. 북조선체제는 낙후된 경제수준을 성장시켜야 하는 개발과, 파탄에 빠진 국가사회주의체제의 시장개혁화라는 이중의 과제에 직면해 있다. 북조선체제가 외부에서 몰아닥칠 거센 시장의 압력에 버틸 힘은 자체에서 찾기 힘들어 보인다.

남북의 경제적 연계는 바로 북조선이 직면한 시장형성 과제와 IMF 경제위기 이후 남한이 직면한 시장제어 과제가 서로 결합되어 선순환관계를 이룰 거점경제권의 창출을 지향하는 방향으로 나아가야 한다. 또한 세계화 및 시장주의에 대응하는 지역협력 방안으로서 동북아 내지 동아시아 지역협력이 논의되고 있는데, 이 지역협력으로 이어지는 한반도경제권의 형성이야말로 빼놓을 수 없는 연결고리이다.

3. 분단경제체제의 양상과 한반도경제권의 창출

경제적 측면에서 보면, 한반도 분단이란 오랜 역사과정에서 형성된 지역적 분업관계가 단절된 상태에서 남북 각각이 경제발전을 수행해온 것을 말한다. 현재의 남북한 경제는 45년 당시의 분단을 소여조건으로 한 초기발전에 지속적인 제약을 받고 있다. 그러나 분단이 장기간 계속되고 체제화되는 가운데 고속·압축성장이 실현되면서 남북 모두 분단이란 초기조건에 대한 '초극(超克)체제'라 할 만큼 변모했다.[5] 스스로 분단을 의식하지 못하며 일국적 발전이 오히려 자연스럽게 느껴질 만큼 상호단절이 굳어진 것이다.

경제발전에서 앞서나간 북조선은 전형적인 스딸린주의적 사회주의 공업화전략에 따라 아우타르키(Autarkie)적 발전경로를 택했다.[6] 여기에는 초기조건으로서 일제시대 이래의 중화학공업 기반이 중요한 토대가 되었다. 외연적 발전단계에서 중앙집중적 명령경제는 위력을 발휘하기 마련이었고, 전후 50~60년대에 걸쳐 북조선은 급속한 경제성장을 이루며 단기간에 사회주의공업국가로 변모했다. 다만 일국적 완결체제를 선호하는 전통적인 스딸린주의적 경제발전관이 지배하고 있던데다가 대외자주노선이 결합했고, 더욱이 70년대 중반 오일쇼크로 인한 외채 지불정지에 따라 세계경제와의 단절을 선택함으로써 인위적이고 과도한 아우타르키 경제가 형성되었다.

북조선의 선도적 경제발전에 위협을 느끼던 남한은 60년대 초부터 박정희 개발독재체제하에서 미국, 일본에 자본과 시장을 의존하는 대외지향적 발전경로를 택했다. 그리하여 60년대 경공업 위주의 수출주도형 경제성장, 70년대 중후반 대외지향적 중화학공업화로 급속한 산업화에 성공하여 농업국가에서 공업국가로 탈바꿈하기에 이르렀다. 이렇게 대외의존도가 큰 발전은 민주화 및 88올림픽 이후 국민소득의 증가에 힘입어 내수기반이 확대되면서 일정한 균형을 이룰 계기가 마련되기도 했다. 그러나 세계화의 흐름에 따른 급격한 대외개방으로 IMF 금융위기를 맞게 되었고, 폭발적으로 성장하는 중국시장을 중심으로 한 수출 확대를 통해 이 위기를 극복했다. 그 결과 88%대로 대외의존도가 심화되었으며, 거의 '도시형 통상국가'라 할 만큼, 상당한 인구규모나 농지 및 산지 면적을 지닌 지리적 조건을 도외시한 경제구조를 형성하기에 이르렀다.

한반도경제론의 신진보주의국가 모델은 남한경제의 과제를 '혁신주도형 경제'의 실현으로 삼고 있다. 이것은 마이클 포터(M. Porter)의 경제발전단계론[7]을 차용한 것으로 중요한 의미를 지니지만, 전후 단계에 대한 검토를 생략한 채 이 단계만을 분리 적용했다는 문제점을 안고 있다. 남한경제만 보더라도 선행단계가 충분히 성숙하여 다음단계로 이행했다기보다는 당시 상황의 정책적 필요에 따라 단기간에 무리하게 이행한 면이 있음을 지적하지 않을 수 없다. 남한경제가 경제 규모나 단계에서 혁신주도형이란 과제에 직면해 있기는 하지만, 어떤 점에서는 선행하는 모든 단계의 과제를 동시에 안고 있다는 측면을 가볍게 보아서는 안될 것이다.

마이클 포터의 이론을 적용해볼 때, 남한은 초기단계의 '요소주도형' 발전에서 '투자주도형' 발전으로 성공적 진전을 이루었다. 그러나 '혁신주도형' 발전으로 가는 과정에서 중대한 장애에 부딪치고 있다. 더욱이 혁신주도형 발전으로 본격적으로 나아가지 못한 단계에서 '자산주도형' 발전이 중첩되고 있다. 투자주도형 발전단계에서 지나친 대외지향적 발전에 따른 국내산업간 연관성 부족이 혁신주도형 발전에 한계로 작용하고 있다고 여겨진다.

이에 비해 북조선은 요소주도형 발전에서 투자주도형 발전으로 나아가지 못하고 70년대 이래 정체되다가 80년대 후반 이후에는 위기에 빠져 있다. 북조선은 과도한 요소주도형 발전이 족쇄로 작용하여 투자주도형 발전단계에서 요소주도형으로 후퇴한 것이라 볼 수 있다. 물론 경제발전전략 외에도 국가사회주의 경제체제의 내재적 모순이 작용한 것이 더욱 근본적인 요인일 수 있다. 여기다가 90년대 이후 시장개혁과 경제개발의 이중적 과제에 직면했으나, 어느 쪽도 타개하지 못하고 있는 상태이다.

현재 남북한 경제의 현실에서 한반도경제의 형성이란 남북 각각의 일국적 발전에 수반된 기형성을 시정하면서 각각의 발전과제를 수행하기 위한 새로운 분업관계를 창출함을 뜻한다. 한반도경제의 잇점은 남북한과 주변국 동포 등 '8천만명＋알파' 규모의 시장을 바탕으로 하는 비교적 안정적인 내수기반의 형성에 있다. 나아가 이는 한반도 통일을 시야에 둔 경제공동체 형성의 과정이자 동북아시아 지역협력의 일부이기도 하다. 무엇보다도 북조선체제의 급격한 붕괴를 피하고 장기적인 통일과정에서 점진적 개혁으로 이행하는 것이야말로 관건적인 일이다.

남북의 발전단계 격차를 고려할 때 경제적 상호연계에는 수평적·수직적 분업의 양면을 고려하지 않을 수 없다. 수직적 분업관계에서 북조선의 노동력과 토지공간 등 생산요소의 공급은 남한경제의 활력소가 될 수 있다. 남한 자본주의가 북조선의 시장개혁 및 발전의 촉매가 되는 상생협력관계 조성이 과제가 된다. 물론 남한경제의 필요에 따른 낙후부문의 구조조정 및 설비이전만이 지배적인 유인이 되는 것에 대해서는 북조선뿐 아니라 남한 내에서도 문제가 지적되고 있다. 따라서 수직적 분업뿐 아니라 첨단산업의 형성을 기하는 수평적 분업관계 창출도 못지않게 중요한 과제이다.

4. 시장만능주의와 남북관계

남북 경제협력은 시장논리와 정치논리의 연계관계로서 성립할 수 있다. 정치논리란 일차적으로는 한반도 평화와 남북경협이 직결되어 있다는 방향에서 작용할 수밖에 없다. 북핵문제가 해결되어 북미·북일관계가 정상화된다면 북조선은 대외적으로 전면개방의 압력을 받게 될 것이며, 북조선체제의 안전보장에 대한 위협은 미국 못지않게 남북관계에서 오게 될지 모른다. 동서독 통일의 경험을 반면교사로 삼는다면, 장기적인 시야에서 한반도경제가 상정하는 남북 경제통합도 남북의 국가적 독자성을 유지하는 가운데 추진하는 것이 바람직하다. 이것은 생산요소의 측면에서 북으로부터 남으로의 노동력 이동의 자유는 제약을 받을 수밖에 없음을 뜻한다. 이 점에서 북조선체제 유지의 안전판으로서 남북 국가연합은 북조선의 개혁·개방을 보장하는 기제가 될 수 있다.

따라서 남한경제에서 압도적으로 작용하는 시장논리만으로는 남북경협 및 한반도경제가 성립할 수 없으며, 이는 남북 각각 및 공동의 정치전략에 입각한 경제정책을 토대로 형성되어야 한다. 특히 한반도 평화와 함께 확대될 남북 경제협력은 북조선경제에 대한 산업정책적 고려 없이는 북조선 경제기반의 완전 폐기로 이어지는 완전재편론으로 나아갈 가능성이 크다. 자본주의 시장의 가치기준으로 북조선 산업시설은 거의 채산성이 없으며, 시장논리에만 맡길 경우 북조선 경제기반이 전면붕괴에 빠질 수 있기 때문이다.

현재 개성공단에의 남한기업 진출이나 임가공방식에 따른 남북경협은 한계상황에 처한 남한기업의 구조조정 차원에서 값싼 임노동과 부동산가격을 잇점으로 한 경우가 대부분이다. 그러나 이러한 방식의 남북경협만으로는 시장만능주의로 귀결될 우려가 있다. 물론 남북경협도 시장논리를 벗어날 수 없으며, 당장은 남한경제의 한계와 문제점을 보완할 투자처로서 지속가능한 남북경협 분야의 창출이 바람직하다. 이 경우 남한 자본주의의 노동유연화와 북조선 저임금 노동력의 활용이 결합하여 남한 노동계급의 이해와 충돌할 우려가 있다. 그렇다고 개성공단의 경우 북측 인력의 경쟁상대는 중국이나 동남아 인력이며, 남한 업체가 그쪽이 아닌 개성으로 감으로써 남한지역의 고용상태와의 연계효과도 있다는 점을 무시하는 것은 아니다. 어쨌든 북조선이 처한 형편에서는 이마저 없는 것보다는 낫다 할 수 있고, 한계상황에 처한 남한 중소기업의 처지도 절박하다. 다만 남한 노동계급의 이익과 남북경협의 상충관계를 타개할 길은 총체적인 성장 차원에서 남한경제와 북조선경제의 선순환 관계 창출에서 찾을 수밖에 없다. 따라서 첨단산업도 포함하여 북조선의 시장개혁 및 경제발전과 연계한 체계적인 투자계획이 불가결하게 될 것이다. 이러한 여러 측면에서 남북경제관계는 시장만능주의의 확장 기회이자 시장만능주의의 견제 통로가 될 수 있는 이중적 성격을 띤다.

5. 경제지리적 관점

남북 각각의 새로운 분업관계 창출을 위해서는 국토공간의 인위적 분단에 따른 남북의 경제발전 경로를 확인할 필요가 있다. 남북의 분단경제체제는 농업 희생을 통해 공업중심적 발전을 이루었다는 공통점을 갖는다. 물론 분단 당시 농업국가였던 남한은 요소주도적 발전으로서 쌀 자급체제는 유지하고 있었다. 다만 남북을 포함한 한반도 전체의 식량공급자 역할을 했던 해방 당시 상황을 감안할 때, 남한만의 쌀 자급은 엄연한 후퇴였다. 이에 반해 북조선의 중화학공업 체제도 요소주도적 발전이었다. 30년대 일제하에서 공업기반이 갖추어졌기에 가능한 발전이었다.

그러나 남북 각각은 분단상태 아래에서 단절된 부분을 독자적으로 메우기 위해 무리한 완결체제를 지향한 면이 있으며, 그 반대로 핵심요소를 쉽게 포기한 면도 있다. 70년대 남한의 수출지향적 중화학공업화에 따른 국내의 산업적 연관성 결여가 대표적이다. 반대로 북조선은 무리하게 식량자급을 꾀한 나머지 좁은 경지면적을 확장하기 위해 70년대 대자연개조사업에 나섰고, 이는 일시적으로 북조선 농업의 일정한 발전을 이루기도 했으나 결과는 농업 파탄이었다. 또한 북조선 산업은 대내적 연관성은 확보했으나 대외 연관성이 극도로 결여되어 상당한 고비용 및 비효율의 체계를 벗어나지 못하고 있다.

남북분단에 따라 남북 공업의 지역적 특성도 크게 변화했다. 남한은 미·일과의 경제적 연계에 의존한 나머지 태평양지향적 공업입지를 갖추게 되었다. 이것이 정치적으로는 영호남 지역차별의 물적 토대를 이루기도 했다. 반면 북조선은 대륙지향적 공업입지를 갖추고 있다고 할 수 있다. 이는 일제의 30년대 공업화가 만주침략을 목적으로 한 것이란 초기조건에 6·25전쟁 이후 미군의 공격에 대한 극도의 공포심리가 작용한 결과이기도 하다.

잊어서는 안될 것은, 남북 경제발전에서 분단체제적 특성은 그것이 경제논리로만 진행된 것이 아니라 안보논리가 작용했다는 점이다. 70년대 박정희정권의 중화학공업화는 당시 주한미군 감축 내지 철수 전망 속에서 방위산업 육성이란 과제와 직결되어 있었다. 남한의 핵발전소 건설도, 중단되기는 했으나, 핵무기개발 계획과 연관되어 있었다. 이는 북조선의 경우 더욱 두드러지는데, 60년대 군수산업 육성은 중화학 기반을 토대로 추진된 것이며, 폭격 위험을 피하기 위해 공장시설이 오지에 입지하거나 지하화하는 양상을 보였다. 80년대 후반에서 90년대 걸쳐 북미 대립의 원인이 되는 북조선의 핵발전소 건설과 핵무기 개발 추진도 경제안보화의 일면이다.

경제지리적 관점에서 볼 때 생산분야의 남북 경제협력은 일차적으로는 남북의 동일 산업들을 비교하여 상호연관을 짓는 데서 찾을 수 있다. 현재 남북의 경제단계 및 기술격차를 감안할 때, 북조선의 비철금속을 중심으로 한 지하자원 이외에 남한경제에 직접적인 이익이 될 만한 분야는 찾기 어려운 것으로 알려져 있다. 최근 남한 경공업물자 지원과 북조선 지하자원 개발의 결합은 이러한 북조선경제의 실태를 감안하여 어렵게 찾아낸 선순환방식이라 할 수 있다. 그러나 그밖에도 기술 및 노동력, 공장부지 등 생산요소의 제측면에서 남북의 동일 산업간 연관관계의 잇점을 찾아낼 필요가 있다.

국토공간의 측면에서 보면, 한반도경제의 형성은 분단된 남북 각각에 갇혀 해양과 대륙에 치우친 국토계획에서 벗어나 한반도와 대륙, 해양을 시야에 둔 균형있는 국토공간 활용의 길이 열리게 될 것임을 뜻한다. 우선 남북을 잇는 여러 수준의 국지적 경제권 형성을 꾀할 수 있으며, 예컨대 개성공단이 성공적으로 진전된다면 개성-파주-수도권을 잇는 경제권이 형성될 수 있다. 더 넓게 보아 남북과 일본, 중국, 러시아 등을 포괄하는 환(環)황해, 환(環)동해 경제권 등 지역협력과의 연계로 이어진다면, 남한에서 상대적으로 뒤떨어진 서해안 및 동해안 일부 지역이 거꾸로 새로운 발전의 중심지가 될 수 있다. 이 점에서 남북을 잇는 물류망 건설을 남북의 산업적 연계와 연관시키는 종합적 계획이 구상되어야 하며, '철의 씰크로드' 발상에서도 나타나듯이 이는 동북아시아 지역협력으로 이어질 수밖에 없는 성격을 지니고 있다.

남한의 수도권 분산을 위한 지방균형발전 정책은 남북경협과 직접적인 관련 아래 추진된 것은 아니며 현재 부동산값 폭등의 부작용을 일으키고 있으나, 남북 지방연계의 계기가 될 잠재력을 지니고 있다. 이 점에서 철도·도로 등 대북 인프라 건설지원은 남한 부동산거품의 연착륙 및 건설자본의 순조로운 구조조정의 출구라는 관점을 적극 평가할 필요가 있다. 남한의 초토건국가(超土建國家)화가 분단으로 인한 국토공간의 기형적 활용과 일정한 연관이 있음을 인정한다면, 이를 단순히 남한 자본의 모순을 북조선에 전가하는 것이라고 부정적으로만 보아서는 안될 것이다. 더욱이 남한에서는 비생산적일 수 있는 분야가 북조선에서 생산적인 역할을 할 수 있다면, 이는 바람직한 남북간 선순환 분야의 창출이 될 수 있다. 물론 이것은 남한에서 난개발 및 환경파괴의 주역이 토건자본이었다는 반성을 통해 남한에서 진행되었던 부정적인 개발방식을 친환경적·생산적 방식으로 전환하는 계기로 삼아야 한다는 인식 속에서 이루어져야 한다.

핵 및 미사일 개발문제로 북조선의 군수산업이 낙후한 경제수준에 비해 비대화되고 있는 문제는 널리 인식되고 있다. 이에 반해 남한 자본주의가 갖는 군사 케인즈주의의 실태에 대해서는 아직 이렇다 할 인식이 이루어지고 있지 못하다는 점에서 면밀한 연구가 진행되어야 한다. 이러한 작업을 토대로 한반도 평화체제 형성에서 남북 군축은 남북 각각의 군수산업을 민수산업으로 전환하는 것을 핵심과제로 포함하게 될 것이다.

6. 생태적 관점

생태적 관점의 의의는 지구온난화 등 환경재앙에 대한 대응뿐 아니라 남북 평화와 통일의 정서적·지리적 정체성 차원에서도 찾을 수 있다. 남한의 시장논리에 따른 난개발이 환경파괴를 몰고 왔다면, 북조선의 국가사회주의 중앙집권형 경제는 남한보다 더욱 심각한 자연파괴를 초래했다고 여겨진다. 그 실상을 구체적으로 확인할 수 없지만, 과거 구소련 및 동유럽의 체제전환 과정에서 드러난 환경훼손은 자본주의체제보다 훨씬 심한 것이었다는 점에서 북조선의 실태도 미루어 짐작할 수 있다.

분단체제하 남북 경제발전에 따른 생태계 파괴는 허용한계를 넘어서고 있다. 우선 한반도공동체 형성을 위한 정서적 정체성의 회복과 형성에서 생태적 관점이 재조명되어야 한다. 분단에 의한 삶의 공간 및 자연의 단절, 6·25전쟁 과정의 극심한 파괴는 남북 주민들의 정서에 깊은 상흔을 남기고 있는 것이다.

나아가 남북 각각의 경제규모가 분단으로 떨어져나간 만큼 축소되었다고 해도 각각의 공간 활용은 관성을 갖기 마련이고, 결국 분단에 따른 무리한 국토공간 활용은 산업 및 도시 공간의 부족을 초래했다고 생각된다. 주민이동의 자유가 없는 국가사회주의체제의 속성상 북조선에서는 도시로의 과도한 집중현상을 막을 수 있었다. 이에 반해 남한에서는 수도권 일극집중이 극심한 폐해를 낳기에 이르러 노무현정부에 와서는 수도 행정기능 중 일부의 이전을 추진하게 되었다. 또한 남북 모두 지리적 조건을 극복하기 위해 과도한 자연개조에 나서게 되었다. 농지확장을 목적으로 서해안 일대에 방대한 간척지를 조성한 것은 남북 모두가 마찬가지였고, 앞에서 언급했듯이 북조선은 옥수수농사용 계단밭을 조성하기 위해 산지까지 개간하기에 이르렀다.

남북의 공업일변도 발전이 가져온 생태적 결과도 심각하다. 남한의 도시 과잉집중은 불균형발전 정책에 주된 원인이 있지만, 분단에 따른 주거 및 산업 공간 부족도 크게 작용했을 것이다. 여기에 남한에서는 농·산촌에 대한 도시자본의 지배, 건설자본의 과잉에 따른 초토건국가화가 지역의 난개발을 확산하기에 이르렀다. 남한의 부동산값 폭등이 잘못된 주택정책에 기인한 바 크지만, 분단에 따른 국토공간의 기형적 활용과도 일정한 연관이 있을 것이다.

남북의 자연조건을 초월하는 개발도 남북간에 상반된 결과를 가져오고 있다. 남한의 골프장 및 스키장 건설은 환경파괴의 측면을 생각지 않더라도 기후 및 지리적 조건에서 한계에 부딪치고 있다. 반면에 북조선은 토지의 무리한 농지화로 풍부한 관광 및 산림 자원을 훼손하고 있다. 이와 반대로 지리적 조건상으로는 남쪽의 농지화, 북쪽의 레저시설 건설이 더 적합할 수 있다.[8]

따라서 남북 환경협력은 남북관계가 생태적 관점에서는 공동운명체임을 확인시켜줄 가장 핵심적 분야이다. 물론 남북 환경협력에는 다른 어떤 분야보다 막대한 비용이 소요될 것이다. 또한 낙후된 북조선의 경제개발에 대한 의욕은 남한이나 외부에서의 환경보호 압력과 상충될 소지가 크다. 쿄오또의정서를 둘러싼 선진국과 개발도상국 간의 이해관계 충돌이 남북관계에서도 첨예하게 벌어질 수 있다. 미약하나마 북조선 나무심기운동 등에서 이미 확인된 것이지만, 북조선의 파괴된 자연을 회복하는 작업에는 막대한 비용이 들 것으로 예상된다.

하지만 환경협력은 새로운 경제가치를 낳는 분야가 될 수 있다는 인식도 필요하다. 쿄오또의정서가 발효된다면, 남북 환경협력은 이산화탄소 배출량의 남북거래를 매개로 새로운 차원에서 각광받게 될 것이다. 남북 환경협력으로 환경산업이라는 첨단산업 분야를 창출할 수 있는 새로운 기회가 열릴 수 있으며, 남북 농업협력도 산업경제의 차원뿐 아니라 환경협력의 차원에서 새롭게 규정될 필요가 있다.

7. 덧붙이는 말: 한미FTA와 '도시형 통상국가'

노무현정부가 추진하여 협정이 타결된 한미FTA는 이제 국회 비준을 남겨두고 있다. 이것은 잘못된 선택이 낳은 정책이지만, 다른 각도에서 보면 IMF 금융위기 이후 크게 달라진 남한경제의 구조적 귀결이란 측면도 지니고 있다. 이미 90년대부터 경제개방의 흐름 속에서 농림수산업 및 관련산업은 지속적으로 몰락과 황폐화의 길

을 걸었다. 나아가 수도권 및 도시 집중도 전국의 수도권화라 할 정
도로 심화되고 있었다. 여기에 경제위기 이후 대외부문의 과도한
비중이 결합되어 남한은 '도시형 통상국가'의 길을 지향하게 되었
다고 생각된다.

남한경제는 IMF 금융위기를 거치며 수출입 합계가 GDP의
54.4%(1993년)에서 88.6%(2006년)로 지속적으로 확대되었다. 특
히 97년(67.9%)에서 98년(84.1%) 사이의 상승이 한국 경제구조의
질적 변화를 가져왔다. 이러한 실태는 인구 1억 2천만 규모인 일본
경제의 대외의존도가 20% 미만인 것과도 대조를 이룬다. 그 이면에
는 준비 없는 개방에 따른 내수기반의 급격한 붕괴라는 현실이 가로
놓여 있다. 더욱이 수출산업은 지속적으로 성장하고 있으나 그 성
장과실이 중소기업 성장 및 일반 국민소득 증대로 귀결되지 않는 데
근본적인 문제가 있다. 남한경제는 국민경제의 내적 연관성을 상실
하고 외적 연관성에 지배되고 있는 것이다.

이러한 상태는 남한경제에서 국민경제의 의미는 무엇인가 하는
근본적 의문을 제기한다. 여기에 영미식 주주중심 자본주의체제의
방향으로 금융산업이 재편됨에 따라 경제가 급속히 금융화하며, 장
기적 투자가 위축되고 있다. 앞에서 언급했듯이 비생산적 건설자본
이 이상비대화(초토건국가화)하여 자산소득에서 부동산 가치의 비
중이 지나치게 커지게 되었다. 이는 사회적 격차 확대와 계층간 불
균형 심화를 낳으며, 경제선진화에 요구되는 복지·문화 예산 증액
및 자본형성에 심각한 제약이 되고 있다. 한미FTA를 둘러싸고 격렬

한 논란이 일어난 것은, 졸속적인 추진과정에 대해서는 물론이고 그 것이 한국경제의 이러한 문제를 해결하기보다는 더욱 심화할 것으로 예상된다는 점에 있다.

나아가 한미FTA가 발효된다면 남북경협의 독자성 및 한국정부의 대북 산업정책적 자율성이 확보될 수 있을지 의문이 제기되고 있다. 개성공단을 둘러싼 협상은 한국정부가 나름대로 문제의식을 갖고 노력한 것이지만, 그 결과는 유동적이라 볼 수밖에 없다. 개성공단 생산품의 남한제품 인정은 북핵문제 해결시까지 유보되어 있으며, 그 시점에서도 노동과 인권 등 국제기준에 부합해야 한다는 단서가 붙었다. 이는 북조선체제의 성격에 관련되는 사안으로 오히려 남북경협을 미국의 대북정책에 얽매이게 하는 독소조항으로 작용할 소지를 남기고 있다. 더욱이 투자자-정부 제소제도 등 그밖의 독소조항이 한국정부의 대북 산업정책적 자율성에 부정적인 제약으로 작용할 여지가 있다. 따라서 한미FTA 졸속비준을 막기 위해 철저한 검증작업이 진행되어야 하며, 이러한 부정적 소지를 최소화하기 위한 노력을 멈추어서는 안된다. 또한 이에 그치지 말고 남북 경제관계를 포함하여 좀더 근본적 차원에서 대안체제를 모색할 수 있는 계기로 살려나갈 필요가 있을 것이다.*

---

* 이 글은 계간 『창작과비평』 2007년 가을호에 수록된 원고를 이 책에 싣기 위해 부분적으로 손질한 것이다.

'한반도경제'의 경제제도 구상

이일영 • 한신대 교수, 경제학

1. 들어가며

2007년 대선과 2008년 총선을 통해 한국사회는 일대 세력교체가 이루어졌다. 새로이 집권한 이명박정부는 '선진화'의 구호를 내세웠지만, 그것이 새로운 비전과는 별 관계가 없다는 것이 거의 명백해졌다. '노무현과 반대로'라는 깃발은 선거국면에서 강력한 힘을 발휘했는데, 거기에는 역사를 진보시키지는 못하더라도 씨스템 관리에는 능력을 발휘할 것이라는 대중들의 기대도 있었을 것이다. 그러나 상황은 더 나빠지고 있다는 것이 금방 드러났다. 이명박정부는 집권 씨스템을 갖추는 데서부터 의구심을 불러일으키더니 쇠고기 협상과 촛불집회의 과정을 통해서는 보수세력 전체의 난맥상을 드러내고 말았다.

그러나 이명박정부와 보수세력에 찾아온 때이른 '실패'에도 불구하고 진보개혁세력의 '정체'상태는 크게 달라진 바가 없다. 노무현정부 시기 내내 진보개혁세력은 '신자유주의'와 '양극화'에 대해 대책 없는 성토를 반복했고, 노무현정부는 대연정, 한미FTA 추진 등 분열증적인 행태를 보였다. 체계적이고 설득력있는 사회경제적 대안을 내놓지 못한 상태에서 자기분열을 거듭했다. 집권 직후부터 노무현정권은 집권세력과 정당정치의 기반을 계속 자해했으며, 민주노동당과 진보신당도 양대 선거를 거치며 결국은 갈라섰다. 분열상태에 있는 진보개혁세력은 2008년 촛불집회의 활기찬 과정에서도 의미있는 역할을 수행하기 어려웠다.[1]

진보개혁세력의 분열과 정체는 새로운 질서에 대한 합의의 정도가 매우 낮은 상황을 반영하고 있다. 노무현정부의 경우 많은 정책들을 디자인했고 그 관리의 체계화를 이루었지만, 정권의 궁극적 목적인 비전을 제시하고 그것을 뒷받침하는 정책들을 매개로 하여 지지그룹의 연대를 공고히하는 데에는 성공하지 못했다. 민중운동이나 시민운동 차원에서도 정책과 정책이 지향하는 대안적 질서의 문제를 체계적이고 공공연하게 논의했다고 할 수는 없다.

동태적으로 변화하는 환경 속에서 새롭고 진취적인 질서를 형성하는 것은 한 사회의 가장 중요한 과제에 해당한다. 경제사학자들이 지적하듯이, 무질서는 불확실성을 증대시키며 사회구성원의 대부분을 패배자로 만든다. 질서는 장기 경제성장의 필요조건이고 민주주의의 필요조건이기도 하다.[2] 무질서가 계속되거나 확대될 것이라는 불안 속에 있는 대중들에게 중요한 것은, 새로운 질서에 대한 비전이다.

필자와 필자의 동료들은 일전에 우리가 새롭게 형성해야 할 질서로 '한반도경제론'을 제기한 바 있다. 우리의 문제의식은, 그간의 일국주의적·계급주의적 전망은 현실에 부적합하므로, 국민국가와 그 아래의 지역, 민족국가, 그리고 국민국가를 뛰어넘는 지역을 함께 포함하는 복합적 공동체를 상상해보자는 것이었다.[3]

이에 대해 서동만(徐東晚)은 세밀한 검토 끝에 중요한 비판을 해주었다. 가장 먼저 언급된 것은 우리의 작업이 '한반도경제론'이라는 브랜드를 전면에 내세울 정도로 이론적 체계나 인식적 전제를 갖추고 있느냐는 것이었다. 통렬한 지적이라고 인정하지 않을 수 없다.[4] 모든 이론은 미성숙한 데서 출발하여 발전하는데, 발전의 각 단계를 넘어서려면 엄격한 공식화와 경험적 검정을 통해야만 한다. 설명력과 예측력의 부족으로 중도에 탈락하게 되는 비공식 이론(informal theory)이 수도 없이 많으며, '한반도경제론'도 출발선에 서 있는 정도라고 하겠다.

그러면 이 시점에서 '한반도경제론'의 비전을 명확히하고 이론으로서의 발전을 위해 먼저 힘을 쏟아야 할 과제는 무엇일까? 그것은 우리가 지향하는 질서의 기본요소를 구체화하는 것이다. 경제체제는, 전체적이고 거시적인 수준에서 파악되는 것도 필요하지만, 행위자 수준의 미시적 기초에 대한 설명도 함께 있어야 한다.[5] 더 낮은 수준과 단기 범위일수록 관찰과 개입이 용이하고 사실들 사이의 연관관계에 대해 다른 설명의 여지를 적게 남기는 경향이 있다.

그리하여 이하에서는 노무현정부 정책의 핵심의제들에 대한 평가를 실마리로 하면서 '한반도경제'의 구성요소와 과제를 제도경제학적 관점에서 논의하고자 한다. 이는 과거의 경험에서 무엇을 취하고 무엇을 버릴 것인가를 판단함으로써 미래의 비전을 구성하자는 전략이다. 무엇이 '한반도경제'의 핵심적인 요소인가 하는 것은, 자원배분(allocation), 거버넌스(governance), 제도환경(institutional environment)의 차원에서 논의하도록 한다. 가격·수량을 결정하는 자원배분 문제는 연속적이고 일상적으로 이루어지는 미시경제 문제인데, 자원배분의 변화를 압박하는 힘이 제도의 변화를 가져온다. 제도 분석의 대상이 되는 것은 주로 거버넌스와 제도환경에 관한 것이다. 계약에 따라 구조화되는 거버넌스가 게임의 운영문제라면, 제도환경은 재산권·국가조직·사법부·관료제 등 게임의 규칙에 관한 문제이다.[6]

2. 자원배분

1) 거시경제: 성장과 안정

성장지상주의는 한국의 관료사회에 내재화된 관성이라고 할 수 있다. 노무현정부는 스스로 '인위적인 경기부양'이 없었음을 치적으로 삼고 있지만, 실제의 거시정책은 이와는 다른 방향에서 집행되었다고 할 수 있다. 재정경제부는 2003년에서 2005년초까지 지속되었던 환율방어 정책과 저금리 정책을 통하여 경기부양을 시도했는데, 이는 종래의 수출 및 투자 위주의 성장정책 기조를 유지한 것으로 볼 수 있다. 청와대가 "분배가 없으면 성장이 없다"면서 성장-분배 논쟁을 벌이는 동안, 관료들이 주도한 수출드라이브 정책은 내수경기 부진과 결합하여 양극화를 심화하고 다른 한편으로는 과도한 유동성 팽창으로 부동산 거품을 만들어내고 말았다.[7]

이명박정부 들어서면서 성장지상주의는 더욱 노골화되었고 그 위험은 더욱 커졌다. 대선 국면에서 면밀하게 인식되지 못했지만, 2007년부터 보다 직접적인 거시경제의 불안정 요인이 뚜렷이 나타났다. 석유와 식량 등 원자재 가격은 꾸준히 상승했고, 미국에서 촉발된 세계적 차원의 유동성 과잉과 금융시장 불안이 문제되는 상황이 전개됐다. 이에 따라 세계적 차원에서 물가상승, 소비감소, 경기침체, 고용불안으로 이어지는 악순환이 전개될 가능성이 커졌다. 이러한 조건에서는 무리한 성장정책보다는 물가안정을 우선할 수밖에 없는데, 이명박정부는 성장지상주의에 편향되어 위험관리에 소홀함으로써, 물가상승과 경기침체가 결합된 스태그플레이션 상황의 위험을 키우고 말았다.

불확실성의 먹구름이 가득한 여건에서, 이명박정부는 '747' 공약을 밀어붙이려 하였다. 이는 연 7% 성장, 1인당 소득 4만달러, 세계 7대 강국을 달성한다는 것인데, 대부분 연구결과에서 아무리 낙관

적인 씨나리오도 잠재성장률이 6% 이하로 계측되었으므로,[8] 적어
도 전문가들 사이에서는 허황된 공약이라는 공감대가 있었다고 볼
수 있다. 여기에 세계적인 경제위기의 내습이 겹쳐 이명박정부의
선진화전략의 경제적 목표치는 곧바로 무너지고 말았다. 2008년 경
제성장률은 2.5%에 그쳤으며, 1인당소득도 오히려 2만달러 아래로
추락하고 말았다.

세계화가 진전되고 불확실성이 증대된 경제환경에서 성장지상주
의의 위험은 더욱 커졌고, 자원배분에 있어서의 정부 개입이 의도한
효과를 달성하기는 쉽지 않게 되었다. 이 때문에 안정성을 관리하
는 능력은 훨씬 중요한 문제가 되었다. 거시경제 운용에서 특별한
정책 비전이나 방향이 필요한 것은 아니지만, 거시경제의 위험과 변
동성을 적절한 수준에서 안정화하지 못하면 모든 경제구성원이 패
자가 된다. 그리고 변화와 이행의 시기에는 구조조정이 진행되기
마련이며 여기에는 특히 고통이 집중되는 계층이 존재하기 마련이
다. 그래서 진보개혁세력에는 서민대중의 삶의 안정성을 보장하는
미세조정의 '능력'이 더욱 중요하다.

2) 소비자경제: 안전성과 분권화

노무현정부는 아래로부터 결집한 대중의 지지 속에서 탄생했으
며 대중의 광범한 탄핵반대운동을 통해 세력을 확장했다. 그러나
그 지지세력은 몇가지 계기를 거치면서 산산조각이 났는데, 한미

FTA 추진도 그 중요한 계기 중의 하나이다. 진보진영이 한미FTA를 반대하는 논리는 크게 두가지였는데, 하나는 준비 없는 졸속 추진이라는 점이고 다른 하나는 한국이 미국형 모델로 씨스템을 전환하는 데서 발생하는 문제이다. 추진하는 쪽이나 반대하는 쪽이나 준비는 결국 정도의 문제이므로, 더욱 결정적인 것은 한미FTA에 따른 씨스템 전환의 문제이다. 이는 결국 미국형 모델에 대한 평가와 선호 문제로 귀결되었으며, 산업구조와 생산자의 이익과 피해의 문제로 논의되었다. 어쨌든 노무현정부는 시민과 대중의 '참여' 없이 관료 및 일부 전문가와 함께 한미FTA를 추진했고 이를 위해 미국산 수입쇠고기 재수입 협상 등 몇가지 선결조치 등을 행하였다.

그런데 이명박정부 출범 이후 문제의 차원이 산업과 생산자에서 안전성과 소비자 쪽으로 급속히 이동하였다. 10대 소녀들의 문제제기로 시작된 미국산 쇠고기 수입반대 촛불집회가 계속되면서, 그 규모와 내용 모두에서 1987년 6월항쟁이나 2004년 탄핵반대시위를 훌쩍 뛰어넘었다. 촛불집회의 의의와 관련해서 대의제인가 직접민주주의인가 하는 쟁점이 가장 뚜렷이 제기되었지만, 경제적 차원에서는 안전성 문제에 대한 소비자 정보 흐름의 양적 확대와 질적 개선이 중요한 대목이라고 판단된다.

최초의 시작은 부실한 통상협상에서 비롯되었지만, 지식과 정보의 유통량과 유통경로에 대해 무지한 집권 정치세력, 관료집단, 보수언론이 힘을 보태면서 상황을 악화시켰다. 이미 전부터 이메일, FTP(file transfer protocol), 뉴스그룹 등 다양한 인터넷 수단들이 웹으로 통합되면서 상호적 커뮤니케이션의 총량이 급증했고, 웹과 결합된 새로운 개인미디어의 출현으로 정치와 경제의 전과정에서 대중과 소비자들의 목소리가 커지고 있었다.[9] 이러한 조건에서 촛불집회를 중심으로 하여 쇠고기의 안전성 문제에 관한 정보의 흐름이 극적으로 확대되었다. 초기에는 여성과 중고생의 역할이 컸는데, 이 문제가 일단 소비자 의제로 정립되자 광범한 소비자들이 정보의 흐름에 빠른 속도로 결집했다.[10]

노무현정부에서도 안전성 문제는 중요하게 취급되지 않았고, 이명박정부나 보수언론은 미국산 쇠고기에 대한 우려를 '몽매'한 것으로까지 비난했으나, 경제이론으로는 오히려 그 반대라고 말할 수 있다. 경제주체가 완벽한 존재인 것은 아니지만, 그 행위의 배경을 꼼꼼히 살피면 얼마간은 그럴 듯한 이유가 있기 마련이다. 인간은 제한적이지만 합리적인 존재인 것이다. 인간의 합리성이 제한적으로 되는 중요한 이유 중의 하나가 '정보의 비대칭성'이다. 개인들이 가진 정보가 완전하지도 균일하지도 않기 때문에 시장은 불완전해지게 되며 이를 극복하려는 노력이 시장 바깥에서 나타나게 되는 것이다. 이러한 정보문제로 쇠고기에 대한 소비자들의 반응을 이해하고 설명할 수 있다.

현시점의 과학적 지식의 수준 때문에 식품의 안전성에 대한 정보는 충분히 공급되지 않을 수 있고, 이 경우 시장은 소비자가 원하는 수준보다 낮은 수준의 안전성을 공급하는 경향이 있다. 이때 소비자는 마치 중고차시장에서 그런 것처럼 시장에 나쁜 상품이 나오게 될 것이라고 인식하게 된다. 이 경우 소비자는 식품의 안전성에 대해 보다 민감해지고 관련된 식품의 수요를 줄이게 된다. 광우병 우려가 제기되고 있는 쇠고기의 경우, '역선택'에 의한 시장실패를 막기 위해서는 수입산은 물론 국내산에도 전수조사를 실시해서 품질을 보증해야 한다. 어찌 보면 소비자는 시장실패를 막기 위한 제도적 장치를 요구하고 있는 것이다.[11]

정보 흐름의 확대는 분권화된 의사결정의 비용을 크게 낮추고 힘으로 작용한다. 분권화는 분산된 지식을 더 잘 이용하게 해주며 하부단위의 의사결정능력을 향상시키는데, 정보화와 소비자경제의 확대는 이러한 분권화의 잇점을 더욱 증대시킨다. 물론 분권화가 꼭 능사는 아니다. 의사결정이 분산되면, 그에 수반하여 결정주체의 기회주의 행동이 늘어나는 경향이 있고, 여러개의 의사결정을 서로 조정해야 하는 문제가 생기며, 중앙에서 가진 정보를 효율적으로 사용하기 어렵게 된다. 따라서 모든 사회구성원이 의사결정에 직접 참여하는 것이 바람직한 것만은 아니며, 적절한 수준의 분권화 수준이 존재하게 된다. 그런데, 정보경제의 확대와 소비자의 진출은 분권화 수준을 좀더 높이는 것이 유리해지는 쪽으로 거버넌스에 압력을 가하고 있다.

3. 거버넌스

1) 기업조직

노무현정부의 거버넌스에 관한 어젠더는 '혁신'이라고 할 수 있다. 여기에서 혁신의 대상이 된 것은 '지역'이었고, 중요한 조직형태라고 할 수 있는 기업과 공적부문에는 일종의 공백이 있었다고 할 수 있다.[12]

일반적으로, 간단한 거래는 시장을 통해서 행하는 것이 가장 효과적이다. 그러나 거래에 탐색, 교섭, 계약 등 여러 거래비용이 존재하는데, 이 경우 시장거래보다 장기계약이 바람직한 경우가 있을 수 있다. 계약에 수반되는 위해요인이 다양하게 등장함에 따라 단순한 계약에서 복잡한 계약으로 진전된다. 계약한도 내에서 구매자가 자원을 지배(direction)하게 되면, '기업'이라는 관계가 성립되는데, 이 관계는 위계적인 것이 본질이 된다.[13]

고전적 투자자소유기업이라는 조직형태는 특정인이 조직구성원의 태만을 감독하는 데 전문화하도록 하고, 조직 전체의 태만이 감소할 때 감독자의 수입이 늘어나도록 함으로써 감독의 인쎈티브를 제공하는 것이다.[14] 여기에서 감독에 전문화하는 특정인을 소수로 할 것인가 다수로 할 것인가가 문제가 된다. 감독자를 소유자로 하면 감독의 인쎈티브가 확실히 보장된다. 한편 사회주의 기업에서처럼 조직구성원 전체를 감독자로 설정할 경우 감독의 전문성과 인쎈티브는 소멸하게 된다. 공유지에서 사냥이 이루어질 경우 어느 누구에게도 과다한 수렵을 통제하는 인쎈티브가 없어 결국은 사냥감의 씨가 마르게 되는 것이다.

재벌체제는 통합(integration)을 통하여 기업의 범위를 확장함으로써 거래비용을 줄이려는 노력으로 볼 수 있다. 그러나 총수가 자신의 지분 이상으로 재산권을 행사하고 그에 따라 경영에 대한 감독이 이루어지지 않는다는 원천적인 문제점을 지니고 있다. 재산권을 재화와 써비스에 대한 선택을 자유로이 실행할 수 있는 능력으로 정의한다면[15] 재산권이 잘 정립되어 있고 그 거래가 원활히 이루어질 때 재화와 써비스는 효과적으로 이용된다. 일반적으로 개인이 재산권을 증대시키는 데에는 세가지 방법이 있는데, 훔치거나(steal), 공공영역의 것을 사유화하거나(privatize), 다른 개인과 협력하여(cooperate) 새로운 부를 분할하는 것이다. 재벌총수가 작은 지분으로 기업집단 전체에 대해 주인 역할을 하면서 그 권한을 세습하는 것은 교환의 순이익을 극대화하는 정상적인 협약이라고 볼 수 없다.

피라미드형 출자 등을 통한 '가공자본'의 창조를 통해 기업들이 적극적인 투자를 할 수 있도록 했기 때문에 나쁘게만 볼 수 없다는 논의도 있지만, 논리적으로 이것은 적절한 자원배분이 이루어질 수 없는 메커니즘이 구조화되어 있다는 말과 다름 없다. 재벌기업이 한국경제에서 차지하는 비중이 너무 커서 급격하게 개혁을 추진하기가 쉽지 않다는 지적은 일리가 있지만, 그렇다고 개혁을 회피하거

나 개혁의 필요성을 부정하는 논리로 사용해서는 안된다.[16]

2) 공공부문

노무현정부에서 의제화되지 않았던 공기업 문제는 이명박정부에서 핵심적인 정책사항이 되었다. 즉 공기업 개혁의 방안으로 매각과 통폐합을 추진한다는 것이 기본방침이라고 하는데, 현재로서는 거버넌스 재구조화를 위한 정밀한 준비가 이루어져 있다는 증거를 찾아보기 어렵다. 치밀한 준비가 필요한 공기업 민영화를 졸속으로 처리할 경우, 사회적 효율성의 증대는 이루어지지지 않고 공유자산의 사적 침탈만으로 귀결되고 만다. 불확실성이 커지고 있는 거시경제 여건에서, 무리하게 공기업 자회사와 공적자금이 투입된 기업의 정부 보유지분을 시장에 매각할 경우, 주식시장에 충격을 주고 시장 인프라를 약화시킬 수도 있다.

여기에서 또 유의할 점은, 공기업 민영화의 본질을 신자유주의 또는 시장만능주의로 규정해서는 안된다는 것이다. 다시 말해 민영화 반대 — 이 말을 '사유화 반대'로 바꾸어도 마찬가지이다 — 가 진보개혁운동이 지향하는 절대적인 목표는 될 수 없다는 것이다. 공기업이냐 사기업이냐 하는 것은 특정 재화와 써비스를 다루는 데 어떤 조직형태가 효과적인 경제조직인가 하는 문제로 접근해야 한다.

거버넌스 구조로서의 기업의 장점은 팀작업에서 생길 수 있는 태만을 감독하는 메커니즘이 설치되어 있다는 점이다. 기업은 정밀한 감독을 위해 장기에 걸쳐 거래를 안정시키는 계약의 일종인데, 이 때문에 일회적인 시장거래에 비하여 인쎈티브의 집중성은 상대적으로 감소하고, 조직을 운영하는 관료제의 비용 부담이 생기게 된다. 이러한 기업 거버넌스의 단점은 공적 관료에서는 더욱 커지므로, 기본적으로 공적 관료는 최종적으로 선택할 수 있는 조직형태이다. 원론적으로 말한다면, 시장을 시도해보고, 불완전한 장기계약을 시도해보고, 기업을 시도해보고, 규제를 해보고 나서, 이 모든 것이 적절하지 않다고 판단될 때 공적 관료에 자원을 배분해야 하는 것이다. 물론 어떤 거래의 경우에는 공적 관료가 이를 조정하는 데 더 적당한 경우가 있으나, 이것이 '과다사용'되지 않도록 할 필요가 있는 것이다.[17]

민영화 문제는 남한에서도 중요한 문제지만, 국유부문 비중이 압도적인 북한의 경우를 생각하면 경제조직 형태의 선택은 다른 무엇보다도 결정적이고 핵심적인 문제이다. 한반도경제의 차원에서 보면 민영화가 선택 가능한 하나의 방안이지만, 그것을 만병통치약으로 생각해서는 안된다는 점 또한 분명하다. 구사회주의국가들의 이행 경험을 살펴보면, 민영화 정책의 단기효과는 매우 다양한 형태로 나타나고 있다. 민영화가 반드시 기업조직 형태의 개선으로 진행된다는 인과관계는 더더욱 입증하기 어렵다.[18]

북한의 경우 관료제에 의한 자원배분이 적절하지 않은 경우가 많기 때문에, 일정한 정도 민영화를 통해 조직형태를 재배열하는 것은 피할 수 없다. 다만 민영화를 한다고 해서 효과적인 지배구조가 즉

각 만들어지는 것은 아니라는 점에도 주목해야 한다. 민영화가 모든 문제를 해결한다는 논리에 집착하지 않는다면, 그리고 한반도 차원에 시선을 둔다면, 무리하고 졸속적인 정책집행이 막대한 위험을 초래할 수 있다는 점을 인식할 수 있을 것이다. 그렇다면 개혁은 좀 더 조심스럽고 완만하고 미시적이고 신중하게 진행되도록 해야 한다. 변화와 이행의 시기에 우리가 꼭 염두에 두어야 할 점은, 서두르지 말고 신중해야 한다는 것이다.

3) 혼합형 조직의 발전

고전적인 기업형태는 기업의 대형화에 따라 현대적 주식회사 형태로 발전했다. 주식회사는 자금의 제공자(채권자 또는 소유자)에게 미래에 발생할 수익에 대한 약속을 판매함으로써 초기자원에 대한 지배력을 획득했다. 주식회사는 많은 자금을 저렴한 비용으로 확보할 수 있는 잇점이 있지만, 다수 주주의 직접적 의사결정에는 관료제 비용과 참여 노력을 태만히 하는 경우가 생기게 된다. 이에 따라 보다 효율적인 기업지배가 이루어지도록, 주주는 의사결정의 권한을 자신의 소유권에서 분리하여 소수의 경영진에게 이전하고 대신 경영진에 대한 감독의 권한만을 유지하도록 한다.[19]

고전적 기업이나 주식회사 같은 투자자소유기업은, 협업과 분업을 수행하기 위해 인류가 발견한 매우 우수한 조직형태로 평가된다.[20] 그러나 투자자소유기업만이 존재할 수 있는 유일한 조직형태는 아니고, 현실에서는 시장과 기업 사이에 여러 형태의 혼합형 조직(Hybrid Organization)도 다양하게 전개되고 있다. 오히려 현실의 추세는 사회가 복잡해짐에 따라서 계약형태가 다양해지고 일원화된 소유제 구조에서 탈피하는 경향이 뚜렷하다고 할 수 있다. 예컨대 하청계약, 써플라이체인·유통채널 등 기업 네트워크, 프랜차이징, 집단상표, 파트너십, 협동조합, 기업동맹 등과 같은 혼합형 조직이 확대되고 있다.

이 중에서도 기업에 대한 사회적 요구를 충족시킬 수 있는 조직형태로 협동조합에 주목할 필요가 있다. 협동조합은 투자자가 아닌 생산자-소비자가 소유자인 조직형태로, 생산자-소유자는 지분 투자를 행하지만 잔여소득의 분배는 후원의 원리 또는 조합활동에 기초해서 이루어진다. 협동조합은 '모호하게 정의된 재산권' 때문에 인쎈티브 문제를 발생시키며 이는 협동조합 조직운영의 비용을 크게 증대시키기도 한다. 그러나 생산자와 조직 사이의 '정보의 비대칭성' '신뢰'의 면에서는 협동조합이 투자자소유기업에 비해 우수할 수 있다.[21]

경제조직의 형태를 결정하는 데는, 자산 특수성, 거래빈도, 불확실성 등 여러 요인이 관련되어 있다. 그중에서 자산 특수성이 중요한 요인인데, 경제주체들이 함께 투자했을 경우 그 투자의 특수성이 클수록, 기회주의 행동이 발생할 위험도 더욱 커지고 통제의 형태도 더욱 강화된다. 또한 불확실성이 클수록, 기회주의의 위험도 커지고, 보다 집권화된 조정형태가 나타나게 된다.[22] 협동조합 등 혼합형 조직은 기업형태에 비하면 통제의 정도는 낮고 자립의 정도는 높은 조직형태이다. 소비자의 요구는 기업이나 농장으로 하여금 식품 안전성에 더욱 많은 자원을 배분하도록 하는 인센티브가 된다. 이 때문에 미국과 유럽에서는 장기계약과 인증된 안전씨스템이 폭넓게 도입되고 있는 것이다.

한반도의 경우, 소비자의 품질과 안전에 대한 요구가 커지는 한 편으로, 경제통합의 추세에 따른 경제조직 차원의 준비와 대응이 필요한 상황이다. 이러한 환경 변화는 협동조합이 지닌 '신뢰'의 강점이 발휘될 조건이라고 할 수 있다. 물론 협동조합 내부적으로는 감독을 강화할 수 있는 더욱 집중화된 조정 형태를 발전시킴으로써 조직의 거래비용을 감소시켜야 할 과제가 주어져 있다.

고양된 소비자의 영향력은 투자자소유기업의 운영방식을 일정하게 변화시킬 수 있다. 촛불집회의 진행과정에서 쇠고기 문제를 넘어 보다 보편적인 소비자운동으로 발전될 가능성이 나타난 것은 의미심장하다. 소비자들은 미국 쇠고기를 옹호한 보수신문들에 대한 반대운동을 전개했고 그 결과 이들 신문의 구독률이 떨어지고 광고 수익도 크게 감소한 것으로 알려졌다. 소비자운동이 철옹성 같던 언론시장의 독과점 구조를 위협하고 있는 것이다.

소비자운동이 활성화되고 제도화되면 '기업의 사회적 책임'(CSR, Corporate Social Responsibility)에 대한 압력이 될 수 있다. CSR은 "기업이 공동체의 일원으로서 공공의 이익과 여러 이해관계자를 적극적으로 고려하는 것"으로 정의되는데, 기업에 재무적 이익과 함께 사회적·환경적 책임을 추구하도록 요청하는 것이다. 이는 각 경제주체들의 견제와 균형을 통해 정부가 효율적으로 수행하기 어려운 각종 규제의 권장, 또는 금지사항들을 기업들이 자발적으로 수행하도록 하는 것이다.[23] 소비자운동은 투자자소유기업이 제대로 작동할 수 있는 법치의 제도환경을 만드는 데 기여하는 한편, 보다 사회적이고 진보적인 경제형태를 조직할 수 있는 각성된 시민을 형성하는 동력이 될 수 있다.[24]

소비자운동은 또한 사회적 기업(Social Business)의 형태로 발전하여 조직될 수도 있다. 사회적 기업은 기존의 투자자소유기업과 조직구조는 동일하지만 이윤극대화 대신 사회적 혜택 우선의 원칙으로 운영되는 기업이다. 즉 사회적 기업은 투지자금을 회수할 권리가 있는 소유자를 두고 있지만, 그들에게 제공할 수익을 최대한 축적하려고 노력하는 대신 빈곤 퇴치 등 사회적 목표를 추구하는 비손실·비배당 기업인 것이다.[25]

한반도경제에 주어진 과제는 경제의 통합과정에서 효율화와 격차해소를 동시에 진행하는 것이다. 이를 위해서는 남북한 경제조직들에서 역동적인 상호변화가 이루어져야 하고 여러 조직형태가 창의적인 역할을 수행해야 한다. 특성상 대규모 기업화를 추진하기에는 한계가 있는 분야에서는 혼합형 경제조직이라는 조직상의 혁신(organizational innovation)이 필요하다. 또 빈곤과 환경문제에 투자자소유기업과 국가가 영향을 미치는 데 한계가 있을 수 있다. 이러한 문제에 대응하기 위한 조직형태로 협동조합, 기업의 사회적 책

임, 사회적 기업 등 다양한 실험들을 전개할 필요가 있다.[26]

4. 제도환경

1) '지역주의'의 실험

김대중정부는 경제위기 극복과정에서 영미형 모델의 요소를 상당부분 도입했으나 복지제도의 기본 골격을 수립하는 데에는 유럽형 모델도 참조했다고 할 수 있다. 노무현정부도 이러한 '혼합형' 모델의 추진을 기본적으로 계승했다고 볼 수 있지만, 그것이 통합적이고 일관된 비전과 정책체계를 가진 것은 아니었다.

노무현정부 스스로 규정한 자신들의 비전과 전략은 '동반성장론'인데, 그 기본요소는 혁신주도형 경제, 일자리 낳는 성장, 양극화 해소를 위한 복지확장과 선제적 복지투자 등이다.[27] 그러나 이러한 담론이 형성되기 시작한 것은 아무리 빨리 잡아도 2006년 경이므로, 이러한 논의가 실제 정책 집행에 체계적으로 영향을 미쳤다고 보기는 어렵다.[28]

이러한 점에서 노무현정부의 정책전략으로 보다 의미있는 것은 집권초 주요 정책의제로 내세운 '동북아시대'와 '국가균형발전'의 구상이다. 이는 글로벌화된 국제환경에서 일국 정부에만 의존하지 않는 새로운 모델 형성의 가능성을 탐색할 수 있는 정책들이었다.

즉 종래의 발전모델에 더하여, 한편으로는 '넓은 지역'(region)의 연대와 지역통합이, 다른 한편으로는 '좁은 지역'(community), 즉 지역사회와 주민조직의 생활기반 분담의 기초를 마련하는 것이다.

비판적 인문학자들을 중심으로 한 새로운 지역주의에서는 일국적 시각과 세계체제적 시각의 매개항으로서 '동아시아적 시각'을 제기한 바 있다.[29] 여기에서는 대국이나 국민국가 사이에 끼어 소홀히 다루어지는 '주변'적 주체들의 역할을 중시하고, 다른 지역을 배제하거나 차별하지 않는 복합적 공동체를 구상하는 지적 실험으로서의 의미를 강조했다.[30] 비판적 지역주의론은 그간의 일국주의적, 계급주의적 전망을 새롭게 넘어서고자 하였다. 그러나 이러한 논의가 정책 차원으로 문제의식을 구체화하는 데까지 나아간 것은 아니었다.[31]

종래의 발전국가 모델을 수정·보완하기 위해서는 새로운 혁신을 담당하는 미시적 요소를 발견하는 것이 필수적이다. 국민국가를 중심으로 하는 경쟁 일변도의 구도를 혁신하는 유력한 방안 중 하나가, 협력과 경쟁이 공존하고 기업과 혼합형 조직이 함께하는 '지역'을 새롭게 창출하는 것이라고 할 수 있다. 그러나 노무현정부와 진보개혁진영은 현실에 적용가능한 지역주의의 이념과 전략을 가지고 있지 못했으며, 협력과 경쟁을 종합하는 프로젝트를 개발하지도 못했다.

이에 따라 노무현정부의 동북아 구상은, 평화와 번영의 공동체를 목표로 한다는 지향만을 제시했을 뿐, 정책과제나 추진체계는 김대중정부의 '동북아비즈니스중심국가'의 틀을 벗어나지 못했다. 즉 집권 초에는 동북아 구상을 남북한 평화·번영정책의 기조 위에서 전개했으나, 구체적인 정책추진 단계에 들어가면서부터는 경제 분야와 외교·군사·안보 분야로 구분하고, 다시 국내정책과 대외정책으로 구분했다.[32] 결국 새로운 지역주의 정책모델은 제대로 실험되지도 못했다고 할 수 있다.

국내외에서 새로운 변화가 진행되고 있고 이에 따라 '큰 지역' '작은 지역'에 대한 전략의 필요성이 제기되고 있으나, 노무현정부와 진보개혁진영은 전반적으로 이와 관련하여 심화된 문제의식을 갖지 못했다. 비판적 지역주의론은 종래의 민족·계급 담론에 대한 성찰의 의미를 지니고 있었으나 현실적인 정책 수립에 필요한 지적 담론을 공급하는 정도로까지 구체화되지는 못했다. 향후에도 지역주의의 상상력이 확고한 이념으로 정립되고 정책 수준에서 구체화되지 않으면, 기존의 발전국가 정책체계의 한계를 넘어서는 데 필요한 계기는 마련되지 못할 것이다.

2) 동아시아 모델의 '개선'

2차대전 이후 세계경제가 황금기에 돌입하면서 '발전'모형도 여러 성공 스토리를 만들었는데, 사회주의권 붕괴 이후 발전모형에 대한 접근법은 변화한다. 한편으로 자본주의의 우월성을 확인하면서 발전모형의 유용성에 대한 회의적 태도가 확산됐다. 그러나 발전

개념을 양적 성장이 아닌 질적 변화, 즉 고부가가치 생산으로의 이행을 추구하는 것으로 파악하거나, 자본주의 안에 여러 유형의 자본주의가 있다는 견해를 제기하기도 했다. 이 중에서도 동아시아 경제발전 모형은 주류경제학 내에서 일정하게 수용되는 경향을 보였다.[33]

그러나 현시점에서 동아시아 모델의 성공을 반복하고 재연하는 것은 현실적으로 쉽지 않은 조건에 있다. 동아시아 모델의 핵심은 급성장과 불평등도의 저하라는 두가지 결과와, 농업의 역동성, 수출확대, 인구구조 변화, 높은 저축·투자율, 인적자본 구축, 높은 생산성의 여섯가지 특징이다.[34] 그러나 국내적으로 높은 저축·투자율을 가능케 했던 금융억압이 금융세계화로 더이상 잘 기능하기 어렵고, 각국 단위의 수출확대정책이 자유무역을 지향하는 국제규범과 충돌하며, 기술형성에 있어 추격의 경로보다는 비약의 경로가 많아지고 있기 때문이다. 또 기업 수준에서의 관리와 경쟁이 가혹하고 개인과 가족이 무한경쟁에 편입되어 성장의 성과에 비해 삶의 질이 그다지 높지 않다.[35]

그렇다고 동아시아 모델에서 돌연히 이탈하기도 어렵다. 어쨌든 과거로부터 계승된 규칙은 현재와 미래의 제도 형성에 상당한 제약이 되며 이 경로를 너무 급진적으로 수정할 경우 많은 비용과 고통을 발생시킨다고 할 수 있다. 한반도 분단체제는 내부에 심각한 모순을 내장하고 있는데, 경로의존(path dependence)은 현재와 미래의 제도 구축에 상당한 제약이 될 것이다.[36] 북한도, 일단은 중국이 그랬던 것처럼, 동아시아의 압축성장을 더욱더 압축시키는 경로를 염두에 두고 있을 것으로 추정된다. 동아시아 모델을 제외하고서 지금까지 존재했던 제도·정책 모델 중에서, 권위주의 정치체제를 유지하면서 기업·노동·농업·국가의 효율을 개선하는 데 성공했던 사례는 매우 드물기 때문이다.[37]

일각에서는 유럽형 사회민주주의 모델이 한국경제에 가장 적합하며 남북문제의 해결에도 유리하다는 주장이 나온다.[38] 그러나 여기에는 기존 네트워크의 외부성을 과소평가하는 오류가 있다. 순이익을 계산해야 하는 현실에서는 비용이 들지 않는 절대적이고 우월적 대안이 존재하지는 않으므로 경로의존을 고려하여 집행(implement)의 비용과 그에 따른 순이익을 정밀하게 계산해야 한다.

새로운 환경 변화 속에서 동아시아 모델은 여러가지 한계에 봉착해 있으며, 이를 다시 반복하려는 시도가 성공할 가능성은 높지 않다고 볼 수 있다. 그렇다고 해서 경로의존의 제약과 북한의 국제사회로의 복귀라는 과제를 고려할 때, 기존의 동아시아 모델을 전면 부정하기도 어려운 것이 현실의 조건이다. 그렇다면 유일한 방책은 동아시아 모델의 '개선'(improvement), 즉 '더 좋아진 동아시아 모델'(An Improved East Asian Model)을 모색하는 것이다.

여기서 '개선'의 핵심요소는 개방적 국제환경에 적응하고 사회적 연대성을 실현하는 제도환경을 구축하는 것이다. 이는 남북 분단체제의 경로의존 제약을 완화시키면서 기존 동아시아 모델의 압축적 성격을 완화하고 공평성과 생태적 가치를 발전시키는 과제를 포함한다. 그러면서 남북한 내부에서 정치적 안정과 잠재적 경제 이익을 확보하는 데 필수적인 비인격적 교환을 보장하는 방향으로 제도를 진화시켜가는 것이 관건이다.

동아시아는 인구압력이 세계 어느 곳보다도 강하기 때문에 일정한 고용력과 농업의 규모를 확보하고 필요한 사회정책체계를 갖추어야 한다. 고도성장보다는 경제의 안정성과 생산성 제고의 목표에 더 많은 가치를 배분해야 한다. 거시적 안정성과 적정한 성장기조를 유지하기 위해서, 동아시아 역내의 교환관계, 동아시아-미국간 교환관계를 조화롭게 발전시키는 방안을 찾아야 한다.

종래의 동아시아 모델의 핵심요소는 특정 제조업을 보호 육성하는 산업정책이었지만, 이제 더이상 산업을 특정해서 지원하는 방식이 통용되기 어렵다. 이에 따라 점진적 개방전략의 전제하에서 기술개발과 생산성 향상을 지원하는 사회적 투자를 주요 수단으로 하는 새로운 산업발전 방안을 모색할 필요가 있다. 상대적으로 낙후된 써비스업과 농업을 지원하는 인프라를 만드는 데에도 관심을 두어야 한다. 써비스산업은 추격발전이 쉽지 않고 시장실패 가능성이 높기 때문에 급진적인 써비스경제로의 이행보다는 제조업에 기반한 점진적인 써비스산업 발전을 추진하는 것이 합리적이다. 농업은 시장수요에 탄력적으로 반응할 수 있는 경영체제를 확립하는 것을 기본방향으로 잡으면서 다양한 협동조합의 발전과 친환경적 방향으로의 생산구조의 변화를 시도해야 한다.[39]

3) '87년체제'의 심화와 남북 경제통합

한반도경제 형성의 핵심과제는 한반도 차원에서 경제적 거래비용을 줄이는 제도가 출현하는 것이다. 즉 남북한 내부에서 제도개혁이 진행되면서 남북한 경제통합과 연계되는, 통합과 개혁의 동시 진행과 연계인 것이다. 이를 한층 보편적인 용어로 표현하면, '민주적 입헌체제'의 공고화 과정이라고 할 수 있다. 한국은 1987년 6월 항쟁을 계기로 비로소 입헌체제로 진입하게 되었지만, 그러나 한국의 '87년체제'는 아직 불안정해서 공공선택을 규율하는 제도적 진화를 가져오는 역사적 통과점이 될지 아직 불분명하다.

'87년체제'가 불안정하고 '한반도경제'의 전망이 불투명한 것은, 이들 체제를 구성하는 세력이 제대로 정렬되어 있지 않고, 따라서 그 세력들 간에 계약 또는 협약이 만들어지지 못하고 있기 때문이다.[40] 안정적인 제도적 질서가 마련되려면 이를 뒷받침하는 세력이 존재해야 하는데, 세력이란 일종의 조직을 의미한다. 개인을 넘어선 조직의 형태는 앞서 논의한 것처럼 크게 기업조직과 혼합형 조직으로 구분할 수 있는데,[41] 한반도에서 이들 조직들이 스스로의 존재를 안정적으로 재생산할 수 있는 기반은 아직 튼튼하지 못하다.[42]

정도의 차이가 있기는 하지만, 북한에서는 국가관료체제가, 남한에서는 재벌체제가, 자신들이 가진 권력자원을 토대로 시민들의 권리를 침해할 수 있으며, 시민들의 재산권을 희생하여 자신들의 이익을 증대시킬 수 있다. 남한에 한해서만 말한다면, 재벌과 함께 일제

시대, 유신체제, 제5공화국 등에서 지배권력을 형성했던 무단통치세력이 극우적 경쟁력주의, 국가주의를 유포하는 거점이 되어왔다. 공공의 자산을 마치 세습재산처럼 사용하고 싶어하는 국가주의세력은 냉전체제를 선호하고 지금까지 이에 기초하여 자의적으로 규칙을 위반해왔다. 분단체제를 지탱하고 재생산했던 것은 이러한 남북한의 국가주의세력들의 적대적 상호의존관계였다.

남한의 87년 6월항쟁은 이러한 분단체제를 균열시키는 중요한 계기였다. 국가사회주의의 국제분업구조가 붕괴한 것도 중요한 요인이지만, 기존 지배세력의 항상적인 규칙 위반을 묵인하던 시민대중의 도전이 기존 체제의 일각을 허물어뜨렸다. 남한의 시민대중과 시장화세력들의 일시적 연합이 남한의 국가주의세력을 약화시키고 이에 따라 북한 권력층과 일반 민중 사이의 수직적이고 일방적인 명령관계를 부분적으로 이완시키는 쪽으로 작용했다고 볼 수 있다.

그러나 '87년체제'는 조직화된 세력들에 뒷받침되는 안정적 협약은 아니었다. 재벌체제는 변화하고 있지만 여전히 지배력을 지니고 있고 정상적인 기업조직의 활동공간이 아직 제약되어 있다. 노동운동, 농민운동이 기존의 조직력을 보존하고자 노력하는 동안, 혼합형조직의 발전은 상대적으로 부진했다. '87년체제'가 새롭게 발전하여 경제사적으로 의미있는 역할을 수행하기 위해서는, 비인격적 교환을 보장하고 엘리뜨들에게도 공정하게 적용되는 법체계 수립을 기본으로 하는 기업조직세력과 혼합형조직세력 사이의 정치협약을 이루는 것이 당면과제라고 할 수 있다.[43]

남북 경제통합은 '87년체제'가 민주적으로 심화되고 발전하는 것과 나란히 점진적으로 이루어지는 과정이 되어야 한다. 이는 대체로 다음과 같은 '혼합적'인 제도의 발전단계를 거쳐 점진적으로 진행해야 경제적 거래비용과 통합과정에서의 실패자를 줄일 수 있다.[44]

제1단계에서는 남북한의 조절된 대외개방과 그에 조응한 국내제도의 정비를 이룬다. 북한에서는 특별지역을 발전시키고 남한과 북한의 특구 사이에 자유로운 시장거래와 기업활동이 이루어지도록 한다. 점차 북한의 특별지역을 공간적으로 확대한다. 그리하여 남북한간에 자유로운 거래가 이루어지는 상태를 지향하되, 인력이동 등에서 특별한 예외조치를 허용한다. 북한에서는 외국인투자를 보호하고 유인하는 법제를 정비한다. 남한은 '법의 지배'를 공고히하는 한편, 북한과의 경제협력 프로젝트를 추진하고 지원하는 민간기구를 조직한다.

제2단계에서는 북한의 제도개혁을 집중적으로 진행시킨다. 특별지역에 유치한 외자기업에 기업활동의 자유를 확대하고, 이에 경쟁할 수 있도록 기존 기업의 분권화와 인센티브 개혁을 추진한다. 남한은 합작기업 설립에 따르는 위험을 분산해주기 위한 재정·금융적 지원체계를 마련해야 한다. 또 북한에 진출하는 기업의 요소비용이 낮아지도록 에너지 공급, 물류체계 확충 등 인프라 구축에 투자해야 한다.

제3단계에서는 제도개혁의 심화가 이루어져야 한다. 기업과 농업 부문에서는 사적 소유권을 창출하는 소유권 개혁에 들어감으로써 남북한간 소유제 조화를 위한 노력을 기울인다. 시장원리에 입각한 임금, 고용제도를 형성하지만, 거시적 안정화를 해치지 않는 수준에서 추진한다. 기업·노동제도에서 포함되어 있던 사회보장제도는 독립된 체계를 갖도록 한다. 토지사용권을 거래하고 부분적으로 토지소유권을 매각한다. 남한은 남북한 연대를 위한 사회적 제도를 심화하여 통합된 시장이 안정화될 수 있도록 해야 한다.

마지막으로 제4단계는 정치적·법적 통합단계이다. 남북한 정부 차원에서 대표성을 위임한 경제공동체를 구성하며 이의 권능을 보장하는 국내법을 각각 제정해야 한다.

5. '새로운 진보'의 경제체제

이 글에서는 노무현정부 정책의 핵심의제들에 대하여 평가하면서 새로운 질서로서의 '한반도경제'의 구성요소들에 대해 고찰하였다. 이를 요약하면 다음과 같다.

첫째, 자원배분의 측면이다. 거시경제에서 성장지상주의의 위험은 더욱 커졌기 때문에 위험과 변동성을 적절한 수준에서 안정화하는 능력이 중요해졌다. 자원배분의 중점이 산업발전과 생산자 보호에서 안전성 보장과 소비자 보호 쪽으로 급속히 이동하였다. 정보경제가 확대되고 소비자의 영향력이 커짐으로써 분권화 수준을 높이는 쪽으로 비용구조가 변화하고 있다.

둘째 거버넌스의 측면에서, 거래와 조직화의 비용을 줄이는 조직 혁신을 시도한다. 기업조직의 장점은 정밀한 감독인데, 재벌체제는 기업 외부로부터의 감독을 봉쇄하는 구조이므로 재벌개혁을 회피해서는 안된다. 공적 관료가 지나치게 사용되지 않도록 해야 하지만, 민영화가 효과적인 지배구조를 즉각 만드는 것은 아니라는 점도 유의해야 한다. 신뢰와 정보 문제, 또는 빈곤과 환경문제에도 적절히 대응할 수 있는 다양한 혼합형 조직의 발전이 필요하다.

셋째, 제도환경의 측면에서, 한반도 차원에서 기존의 경로를 '개선'하는 제도개혁과 경제통합을 진행하도록 한다. 발전국가 정책체계의 한계를 넘어서기 위해서는 국제적·국내적 지역주의의 이념과 정책이 구체화되어야 한다. 기존의 동아시아 모델을 '개선'할 필요가 있는데, 그 핵심은 개방적 국제환경에 적응하고 사회적 연대성을 실현하는 제도환경을 구축하는 것이다. 경제발전과 경제통합을 위해 '민주적 입헌체제'의 공고화가 필요한데, 여기에는 기업조직과 혼합형 조직을 뒷받침하는 세력들 사이의 협약이 필수적이다.

최근 경제체제의 저변에서는 불확실성의 증대, 정보경제의 확대, 소비자의 진출 등 의미심장한 변화가 진행되고 있다. 이는 새로운 '질서', 즉 새로운 거버넌스와 제도환경을 형성하는 영향력이 축적되고 있음을 시사한다. 소비자들 사이에서 이루어지는 커뮤니케이션은 조직 내에서의 분권화 수준을 좀더 높이는 것이 유리한 쪽으로 힘을 축적하고 있다. 소비자의 안전에 대한 요구의 증가는 조직 내외의 정보 소통, 즉 '신뢰'를 증대하는 데 용이한 조직형태를 선호하도록 자원배분을 변화시키고 있다. 자원배분상의 변화는, 경제조직과 제도환경에서 새로운 '질서'를 형성할—꼭 충분조건이 되는 것은 아니지만—필요조건을 만들어가고 있다고 할 수 있다.

그러면 새로운 질서는 구체적으로 어떤 모습을 보일까? 필자는 그것이 시장, 기업, 그리고 그 사이에 있는 혼합형 조직들이 함께 공존하는 것이라고 생각한다. 북한에서는 지금보다는 더 시장과 기업의 조직형태가 발전해야 하고, 남한에서는 지금보다는 훨씬 더 혼합형 조직형태의 비중을 높이고 그 안에서 협동조합, 기업의 사회적책임, 사회적 기업이 뚜렷한 역할을 행하도록 해야 한다. 이는 시장이나 기업, 어느 한 형태가 극단적으로 지배하는 일원화된 상태가아니라, 다양한 조건에서 다양한 조직형태가 공존하는 다원적 상태를 의미한다. 필자는 이를 '중도'(中道)의 경제라고 말하고 싶다.[45]

새로운 질서는 어떤 방식으로 만들어질 수 있을 것인가? 역사적으로 보면, 극히 예외적인 경우를 제외한 대부분의 변화는 점진적이고 누적적으로 이루어지며 과거에 제약되어 있다. 그리고 그러한 변화의 방향은 유일한 균형점을 향하는 것이 아니고 항상 복수의 경로가 있게 마련이다. 따라서 '진보'를 사전적으로 정해진 유일한 경로를 목적론적으로 지향하는 것으로 간주해서는 안된다. 인간과 사회는, 끊임없이 새롭게 변화는 세계 속에서 시행착오를 겪는 실험, 작용과 반작용을 포함하는 적응을 통해 냉혹하고 무자비한 경로에서 벗어날 수 있다. 이러한 점에서 우리는 '진보'를 '진화'의 의미로이해할 수 있다.[46]

체제를 구성하는 행위자들에게는, 깨끗하고 품위있는 가난의 욕구도 있지만 장엄과 영화(榮華)에 대한 욕망도 중요한 본능이다. 그들은 때로는 이타적이기도 하지만 많은 경우 이기적이기 때문에, 새로운 체제로 가는 별다른 지름길이 있을 것 같지는 않다. 적응에 작용하는 두개의 힘, 즉 환경에 적응하려는 힘과 환경을 변화시키려는 힘은 한반도경제 안에서 작용할 것이다. 이와 관련하여 백낙청은 '남북의 점진적 통합과정과 연계된 총체적 개혁의 시대'에 있어서의 '진보'를 '변혁적 중도주의'로 규정한 바 있다. 즉 분단체제의 극복을 겨냥한 것이라는 점에서 '변혁적'이며, 광범위한 대중이 참여하는 점진적 과정이어야 한다는 점에서 '중도주의'가 불가피하다는 것이다.[47]

필자는 이러한 '변혁'과 '중도'의 과제를 행하게 하는 기초가 '중도적＝혼합적' 경제조직·제도환경이며, 이는 경제주체들의 '진보＝진화'의 과정을 통하여 형성된다고 본다. 따라서 필자는 "남북한 경제통합과 총체적 개혁을 수행하는 조직·제도를 점진적이고 지속적으로 형성하는 경향성", 그것을 '새로운 진보'의 경제체제라고 부르고 싶다.*

---

* 이 글은 『동향과 전망』 2008년 가을−겨울호에 발표된 원고를 이 책에 수록하기 위해 다소 손질한 것이다.

미국발 금융위기와 동아시아의 대응
지역간 협력체제의 부상 가능성

최태욱 • 한림국제대학원대 국제학과 교수

1. 신자유주의 패권체제의 한 대안

미국발 금융위기를 계기로 지난 30년간 맹위를 떨쳐온 미국 주도
의 신자유주의적 세계화가 더는 대세가 아니라는 인식이 전지구촌
에 확산되고 있다. 그러면서 (기왕부터 진행돼오던) 다음 두가지 논
의에 대한 국제사회의 관심이 새롭게 고조되고 있다. 하나는 '자본
주의의 다양성'(varieties of capitalism)에 관한 것이고, 다른 하나는
'패권체제 이후의 국제협력'에 관한 것이다.

'자본주의의 다양성' 논의에 따르면 각국의 '생산 레짐'
(production regimes)은 그것을 구성하는 노사관계, 직업훈련 및 고
용체계, 기업지배구조, 금융체계, 기업간 관계 등의 제반 제도들이
역사적으로 어떻게 발전해왔으며 어떠한 조정 메커니즘에 의해 작

동되는지에 따라 서로 다르다.[1] 따라서 엄밀히 말하자면 생산 레짐, 즉 자본주의의 성격은 나라마다 제각기 다른 것이다. 다만 유형화는 가능한데, 가장 대표적인 것은 영미형이라 불리는 '자유시장경제'(liberal market economy)와 유럽형이라는 '조정시장경제'(coordinated market economy)다.[2] '자본주의의 다양성' 논자들의 상당수는 미국발 금융위기가 시장의 자유, 즉 시장 참여자들간의 자율조정을 강조하는 미국식 자유시장경제의 위기를 의미한다고 본다. 그들은 (미국까지 포함하여) 그동안 자유시장경제를 지향해오던 국가들이 이제 그 대안을 국가나 사회에 의한 시장개입과 조정을 중시하는 조정시장경제에서 찾아야 할 때라고 주장한다.[3]

패권체제 이후의 국제협력 문제는 1970년대 중반 이후, 특히 1980년대 후반까지 매우 활발히 진행됐던 논의이다.[4] 1970년대 초 베트남에서의 미군 철수와 브레튼우즈체제의 붕괴 등은 미국 패권의 몰락 징조로 해석되었고, 이에 전세계적으로 패권 부재상황에서 국제협력을 어떻게 성취하여 세계질서를 안정적으로 유지해갈 것인지를 고민하기 시작했다. 지금까지 그 해법은 크게 세가지로 압축되었다고 볼 수 있다. 신자유주의적 제도론(neo-liberal institutionalism)[5]과 집단지도체제론(collective leadership theory) 그리고 지역간 협력체제론(inter-regional cooperation theory)이 그것이다. 앞의 두 대안은 국제협력체제의 형성과 유지를 가능케 해온 단일 패권국가의 주도 역할을 국제기구나 레짐의 강화 혹은 소수 강대국들간의 리더십 분담으로 대체할 수 있다고 하는 것이다. 이번 위기 발생 이후 제기되는 신브레튼우즈체제의 형성이나 G2, G8 혹은 G20의 강화 필요성 등은 모두 이와같은 맥락에서 나온 대안들이라 할 수 있다.

한편 지역간 협력체제론은 일차적으로 글로벌 차원이 아닌 지역 차원에서의 해법 모색을 권한다. 이는 글로벌 차원에서 바로 국제협력을 성취하기가 매우 어렵기 때문인데, 그 근본 이유는 그러한 협력에 참여하는 국가행위자의 수가 너무 많다는 것이다. 사실 올슨(M. Olson)의 명제대로, 행위자 수가 많은 집단일수록 거기서는 무임승차의 유인이 강하며, 따라서 집단행동의 문제는 심각해지기 마련이다.[6] 그러나 EU나 NAFTA 등에서 드러나듯, 각 지역 내의 인접국가들이 '역내' 협력체제를 형성하는 일은 비교적 용이하다. 역내국가의 수는 한정돼 있기 때문이다. 지역간 협력체제론자들은 글로벌 차원의 최종 해법이 국제체제가 이러한 '지역 하부체제' 중심으로 개편돼가면서 점차 완성될 것으로 본다. 국가보다는 지역협력체가 세계 정치경제의 주 행위자로서 부상하기 시작하면 이 '지역행위자'들은 상존하는 글로벌 차원의 협력 필요성에 부응하기 위하여 이제 '지역간' 협력체제 구축에 힘쓰게 된다. 그런데 이 지역간 협력체제 구축은 역내 협력체제의 경우와 마찬가지로 행위자 수가 많지 않은 소집단의 협력문제에 해당한다. 전세계의 지역협력체들은 기껏해야 소수에 불과할 것이기 때문이다. 결국 그리 어렵지 않은 협력작업이란 의미이다. 이것이 '지역간주의'(inter-regionalism) 방식에 의한 글로벌 협력체제의 점진적 구축이 현실성 있는 대안이라는 주장의 핵심 근거이다.[7]

이 글에서는 이러한 두가지 논의로부터 도출 가능한 (미국 중심의 신자유주의 패권체제의) 대안체제 하나를 제시한다. 2절에서 간단히 설명하겠지만, 그것은 각기 제 나름의 자본주의 유형을 갖춘 소수의 지역협력체들간에 형성되는 글로벌 경제협력체제이다. 즉 자본주의의 다양성이 지역별로 최대한 반영되는 지역간 협력체제 구축이 하나의 대안이 될 수 있다는 것이다.

생각건대, 진보의 핵심 가치가 약자 배려에 있다고 할 때, 이 대안이야말로 앞서 말한 패권체제 이후의 세 대안 중 가장 진보적인 것에 해당한다. 집단지도국들이 중심이 되는 경우는 물론 국제기구를 통한 국제협력체제 역시 소수 강대국들만의 이익을 위하는 방향으로 운영될 가능성이 크다. 국제기구의 주도권은 실질적으로 소수 강대국들에 의해 과점될 것이며, 그것은 결국 비(非)참여국 혹은 비(非)기여국으로 분류될 대부분의 약소국들을 국제협력체제의 이익 분배과정에서 소외시킬 것이기 때문이다. 그러나 지역간 협력체제는 약소국들일지라도 일단 지역협력체에 참여하면 그들 모두를 글로벌 협력체의 동등한 구성원이 되게 한다. 예컨대 베트남의 경우를 생각해보자. 베트남이 집단지도체제를 직접 구성하거나 세계적 국제기구의 주도국으로 부상할 가능성은 매우 희박하다. 그러나 글로벌 협력체제가 지역간 협력의 형태로 발전한 것이라면 베트남은 이 체제의 참여국으로서 그에 합당한 권리와 혜택을 누릴 수 있게 된다. 그 나라는 동아시아 지역협력체의 회원일 것이며, 동아시아 지역협력체는 지역간 협력체제의 주요 주체일 것이기 때문이다.

이 경우는 사실 베트남만이 아니라 한국을 비롯한 거의 모든 동아시아 국가들에 동일하게 적용된다. 동아시아 지역협력체가 EU나 NAFTA 등과 더불어 지역간 협력체제를 구성한다면, 그 지역협력체의 구성원인 동아시아의 약소국들은 모두 세계체제의 당당한 회원국들로서 글로벌 차원의 협력과정에 참여하고 거기서 나오는 모든 이익을 동시에 그리고 빠짐없이 누릴 수 있게 된다. 그런데 동아시아에 유리한 이 지역간체제의 발전이 크게 기대되기 어려웠던 요인 중 하나가 바로 동아시아 자체의 지역협력체가 발달하지 못한 상황이었다. 흥미로운 점은 미국발 금융위기가 이 '동아시아 문제'를 해소할 계기가 될 수도 있다는 사실이다. 물론 그러기 위해서는 동아시아 국가들의 문제해소 의지와 노력 또한 중요하다. 3절에서 이에 대한 논의를 상세히 다루고, 마지막 4절에서는 지역간 협력체제 구축과정에서의 한국의 기여 가능성과 한계를 짚어본다.

2. 자본주의의 다양성과 지역간 협력체제

지역간 협력체제의 주체가 될 지역행위자의 확산은 이미 오래전부터 시작된 일이다. 비록 그 제도화 혹은 '행위자적 성격' (actorness)의 구비 정도는 아직 EU에 못 미치지만 북미, 동남아, 중동, 남아프리카, 중남미 등 전세계 거의 모든 지역에서 많은 국가들이 나름의 지역협력체를 발전시켜왔다.[8] NAFTA, ASEAN, 남미공동시장(MerCoSur), 유럽자유무역연합(EFTA) 등 비교적 잘 알려진 지역행위자 외에도 남미국가연합(SACN), 걸프협력회의(GCC), 남아프리카관세동맹(SACU), 남아시아지역협력연합(SAARC) 등이 도처에 버티고 있다. 지역주의 혹은 지역 경제통합은 이미 세계적 대세인 것이다.

여기서 특히 눈여겨볼 것은 경제통합의 제도수렴 효과다. 지역 경제통합은 역내국가들간의 상품, 써비스, 기술, 자본 등의 흐름과 이동을 자유롭게 하는 것이다. 경제통합이 심화될수록 이 이동성은 더욱 증대된다. 자본을 예로 들 경우, 경제통합의 심화과정이란 곧 자본 이동의 자유를 저해하는 각종 장벽들의 제거를 의미한다. 만약 특정 국가의 금융정책이 역내의 자본 흐름에 방해가 된다면 경제통합의 심화과정에서 그 나라는 해당 정책을 다른 역내국가의 것들과 양립 가능하도록 수렴시킬 것을 요구받게 된다. 일종의 장벽 제거인 셈이다. 그렇게 제거돼가는 장벽들에는 일국의 정책뿐 아니라 제도와 규범 그리고 종국에는 사회경제체제까지도 포함된다. 결국 지역 경제통합은 역내국가들간의 제도 및 체제수렴을 결과한다는 것이다. 그렇다면 EU나 NAFTA 등 상당한 정도의 경제통합을 이룩한 지역협력체의 회원국들이 서로 비슷한 자본주의 유형을 공유하게 됨은 자연스런 귀결이라 할 것이다.

이같은 두가지 사실, 즉 지역 경제통합은 세계적 대세이며 그 통합은 역내국가들간의 제도수렴 과정을 내포한다는 사실은, 현재 이 지구촌의 각 지역에 제 나름의 자본주의 유형을 형성해가는 지역협력체들이 확산되고 있음을 의미한다. 예컨대 북미의 NAFTA는 미국형 자유시장경제, 유럽의 EU는 유럽형 조정시장경제, 그리고 남미의 SACN은 남미형 조정시장경제나 사회주의 시장경제체제를 발전시켜가며 각기 하나의 지역행위자로서 부상하고 있다. 이러한 현상이 다른 지역으로 계속 확산되면 종국에는 국가보다 지역협력체가 글로벌 정치경제의 주 행위자가 되는 지역간주의 혹은 지역간체제 시대가 완성될 것이다. 그 시대에는 당연히 글로벌 협력의 문제가 서로 다른 시장경제체제를 운영하고 있는 (국가들간이 아닌) 지역행위자들간, 즉 (국제國際가 아닌) '역제(域際)' 차원에서 다루어진다. 글로벌 경제협력체제는 지역간주의 혹은 역제주의 방식에 의해 형성되리라는 것이다.[9]

사실 지역간 협력체제의 태동은 이미 가시화된 상태다. 지역행위자의 형성 및 확산과 마찬가지로 그 주도세력 역시 EU다. EU는 자신의 지역주의가 성숙해지면서 타 지역들과의 협력관계 구축을 모색해왔고, 남미나 남아프리카지역기구 등과의 지역간 협력관계는 이미 상당수준에 이르렀다. 남미 국가들과는 1995년 이후 EMIFCA(EU-Mercosur Inter-regional Framework for Cooperation Agreement)를 통해 그리고 아프리카 국가들과는 2000년 코토누협정(Cotonou Partnership Agreement)을 맺어 지역간 협력관계를 발전시키고 있다. 동아시아의 ASEAN＋3 국가들과의 정례모임인 아시아-유럽정상회의(ASEM)도 10년 넘게 꾸준히 운영해오고 있다. 북미와의 지역간 관계 형성을 위해서도 지속적인 노력을 기울이고 있다. 그밖에도 EU가 주도하는 지역간 FTA에는 EU-ASEAN, EU-걸프협력회의, EU-남미공동시장 등이 있다. 걸프협력회의나 남아프리카관세동맹 등 제도화가 상당수준에 이른 여타 지역협력체들 역시 지역간 협력체 구축을 위해 나름의 노력을 경주하고 있다. 그들은 각각 남미공동시장 및 유럽자유무역연합과 지역간 FTA를 맺고 있다. 한편 이같은 지역간 협력틀의 경우보다 훨씬 느슨한 형태이긴 하지만 동아시아와 중남미지역 간에도 동아시아-라틴아메리카협력포럼(FEALAC)이라는 협력틀이 존재한다.

물론 이렇게 마련되고 있는 지역간 협력틀들이 발전을 거듭하여 (어느 시점에 서로 제도적으로 굳건히 연계되어) 종국에 하나의 글로벌 협력체제를 형성하기 위해서는 앞으로도 수많은 조건들이 충족돼야 한다. 그중에서도 아마 가장 핵심적인 조건은 동아시아가 상당정도의 지역행위자성을 확보하는 것일 게다. 동아시아는 유럽 및 북미와 함께 세계경제의 3대축을 구성하는 주요 지역이다. 따라서 동아시아의 참여 없이 유의미한 지역간 경제협력체제의 형성은 기대할 수 없다. 그런데 동아시아의 경제협력체 발전상황은 다른 두 지역과 비교할 수 없을 정도로 낙후돼 있다. 비록 1997년의 동아시아 외환위기를 계기로 역내국가들이 ASEAN+3의 이름으로 모여 지역주의의 발전을 도모하기도 했으나, 공동의 위기의식이 옅어지면서 그 움직임은 오래 가지 않아 동력을 잃고 표류하게 되었다. 결국 현재까지도 동아시아는 어떤 의미와 수준에서 보더라도 결코 지역행위자로 인정될 수 없는 상태에 있다. 지금의 동아시아 상태가 지속된다면 지역간주의 방식에 의한 글로벌 협력체제의 구축은 기대하기 어렵다는 의미이기도 하다.

그런데 동아시아 지역주의가 이와같이 정체된 상황에서 그 발전을 새롭게 자극할 만한 사건이 일어났다. 바로 미국발 금융위기이다. 1997년의 외환위기가 첫번째 자극이었다면 2008년의 이 미국발 위기는 두번째 자극으로 기록될지 모른다. 과연 그럴 만한 것인지 그리고 그렇다면 그 영향은 어느 정도일지 다음 절에서 짚어보기로 한다.

3. 미국발 금융위기와 동아시아 지역주의의 발전전망

미국 변수의 대(對)동아시아 영향력을 살펴보기 위해서는 우선 양자의 관계를 규명해볼 필요가 있다. 이 글의 맥락에서 볼 때, 그 관계는 '태평양 수지균형'(transpacific balance)이라는 개념으로 가장 정확히 표현된다. 한마디로, 미국의 쌍둥이적자 경제와 동아시아의 수출지향경제 간에 균형이 유지되는 상태를 의미한다.[10] 수출주도 성장전략에 매달려온 한·중·일을 포함한 동아시아 국가들은 그동안 대미수출로 번 막대한 달러를 미 재무부채권 매입 등 달러화 자산 보유확대, 즉 '달러 흡수'에 쏟아부어왔다. 그럼으로써 자신들의 가장 중요한 수출시장인 미국의 통화가치가 하락되지 않도록 (즉 자국통화가 평가절상되지 않도록) 하여 대미수출 조건을 좋게 유지하고자 했던 것이다. 한편 미국은 동아시아의 달러화 자산 매입 덕에 환류되는 달러로 자국의 고질적인 재정적자와 경상적자를 지속적으로 보전하면서 거대한 소비경제를 누려왔다. 결국 이 균형 관계에서 동아시아는 대미수출에 의존하며 고도성장을 계속할 수 있었고 미국과의 이러한 관계를 즐기는 만큼, 자신의 독자적 지역주의 발전에는 관심이 적었던 것이라고 볼 수 있다.

그런데 미국발 금융위기는 이 태평양 수지균형 관계마저 위기로 몰아넣을 가능성이 상당하다. 특히 다음 두가지 이유에서 그러하다. 하나는 동아시아 국가들이 더는 자신들만의 노력으로 달러가치의 하락을 막기가 어렵다고 판단할 수도 있는 상황이기 때문이다. 사실 미국발 금융위기는 그 자체로도 미국 달러의 신뢰도 하락 요인이 된다. 그것은 이미 일고 있던 브릭스(BRICs)나 동아시아 신흥시장국가들의 유로화 등 달러외 통화 사용 증대경향을 부추기고 있다.[11] 예컨대, 중국과 러시아는 미국발 금융위기 발생 직후인 2008년 10월말 달러화의 기축통화 지위에 이의를 제기하며 양국간 교역에서 달러 대신 위안화와 루블화로 결제하는 방안을 추진하기로 합의했다. 비슷한 시기 남미공동시장 국가들 역시 회원국간 무역거래에서 달러화 결제를 줄이고 역내통화 결제를 늘리는 방안을 협의했다. 한편, 11월에 유럽의 주도로 열린 G20 회의에서는 각국 정상들이 달러화의 기축통화로서의 역할에 심각한 의문을 제기했다. 더이상 달러화를 신뢰하기 어렵다는 것이었다. 2009년 4월에 다시 열릴 G20 정상회의에서는 달러화의 역할을 축소하거나 다른 대체통화를 기축통화로 하자는 내용까지도 포함될 수 있는 신브레튼우즈체제 발족에 대한 논의가 본격화될 전망이다.

무엇보다 유의해서 볼 것은 위기극복을 위한 미국정부의 대규모 공적자금 투입과 유동성 과잉공급이다. 이는 중장기적으로 달러가치 하락 혹은 적어도 달러가치 유지의 불확실성으로 이어질 것이 분명하다. 물론 단기적으로는 위기시 안전자산 선호현상으로 인해 달러화가 강세를 보일 수도 있겠으나, 미국의 경제침체가 지속되는 한 그것이 오래가지는 못할 것이다.

이런 여러 요인으로 인해 드디어 달러가치 하락이 가시화되면 이미 자신들의 준비금을 다양한 통화로 분산하고자 하는 유인과 능력을 충분히 지니고 있는 예컨대 러시아나 남미국가들은 서서히 달러를 청산해갈 것이다.[12] 보유자산의 가치하락을 두고만 볼 수는 없을 것이기 때문이다. 이렇게 역외국가들이 외환보유고에서 달러 청산을 확대하기 시작하면 동아시아 국가들도 자신들만의 달러 흡수 노력으로는 달러가치 하락을 억제하기 어렵다고 판단할 수 있으며, 그 경우 그들 역시 달러화 청산 대열에 동참하게 될 것이다. 이는 태평양 수지균형 관계의 붕괴를 의미한다.

태평양 수지균형 관계의 위태로움을 전망케 하는 또다른 이유는 미국의 금융 및 실물경제 위기가 장기화할 경우 동아시아 국가들 사이에 미국의 소비경제는 (자신들의 달러 흡수 노력과는 관계없이) 어차피 위축될 거라는 인식이 확산될 수 있기 때문이다. 실제로 한·중·일을 포함한 대부분의 동아시아 국가들은 위기가 터지고 얼마 지나지 않아 즉각 심각한 정도의 수출 감소 문제를 겪고 있다. 그렇다고 주식가격 폭락 등으로 인한 미국의 소비수요 감소가 단기간에 증가세로 돌아설 기미가 있는 것도 아니다. 대다수의 경제분석가들은 미국의 소비경제 침체가 상당기간 지속될 것으로 진단한다. 설령 어느 시점에 금융위기가 극복된다 할지라도, 향후 미국의 민간소비가 과거처럼 거대한 규모로 이루어지기는 구조적으로 어려울 전망이다. 위기 극복과정에서 쌍둥이적자 감소 등을 목표로 하는 미국경제의 구조조정은 불가피할 것이기 때문이다.

그렇다면 어차피 축소될 미국시장을 위해 기회비용이 상당한 달러 흡수 노력을 왜 (과거와 같은 정도로) 지속해야 하는가라는 의문이 제기되는 것은 당연하다. 동아시아 국가들로서는 이제 그러한 노력보다 미국을 대체할 안정적인 대안 수출공간 확보를 위해 노력하는 것이 더 현명한 일일 터이다. 그렇지 않아도 동아시아의 대미 수출 부진현상은 오래전부터 관찰돼온 일이다. 동아시아의 최대시장은 이미 미국이 아니라 바로 역내시장 동아시아이다. 전통적인 대(對)역외시장 수출주도형 성장전략은 이제 한계에 달하고 있다는 분석이 동아시아 내외에서 상당한 공감을 얻고 있기도 하다.[13] 그리고 실제로 이미 상당수 동아시아 국가들이 자국통화의 저평가정책에 기반을 둔 수출주도 성장모델에서 서서히 벗어나려 하고 있다.[14] 동아시아 최대의 대미 수출국인 중국 역시 그중 하나다. 중국은 현재 점진적인 위안화 평가절상 및 내수시장 확대를 위해 다양한 조치를 취하고 있다. 이러한 경향은 점차 동아시아 전체로 확산될 것이

며, 이는 결국 태평양 수지균형 관계의 효용감소론 혹은 무용론으로
이어질 가능성이 크다.

1) 동아시아 금융통화협력

이렇게 동아시아와 미국 간의 균형관계가 흔들리기 시작하면 동
아시아 국가들간의 역내협력 강화 필요성은 점차 고조될 것이다.
크게 세 영역에서의 협력 강화가 예상되는바, 첫째는 단연 금융통화
협력이다. 달러가치의 지속적 하락이 예상되어 동아시아 국가들이
결국 달러에서 이탈해갈 경우 그들은 유로화 등 대안적 준비자산으
로 이동하거나 동아시아 채권시장의 발전 등을 도모함으로써, 외환
준비금의 상당부분을 역내통화 표시자산으로 대체해갈 수 있다. 역
내 채권시장의 활성화는 역내통화에 기초한 외채 발행을 가능케 함
으로써 동아시아 국가들의 달러의존도를 줄여준다. 차제에 지난
2003년 동아시아 채권시장 조성을 위해 ASEAN+3 재무장관회의에
서 합의했던 '아시아채권시장 이니셔티브'(ABMI)를 구체화하자는
주장이 대두되는 배경이다.

그밖에도 이참에 달러에 대한 취약성을 극복하여 국제금융시장
의 충격에서 지역경제를 지키는 안전장치를 마련해야 한다는 지역
내의 인식이 강화되면서 다양한 금융통화협력 방안이 마련되고 있
다. 우선 ASEAN+3 국가들은 외환위기 재발 방지를 위한 유동성 협
력으로 800억달러 규모의 '치앙마이 이니셔티브'(CMI) 다자화 공동

기금을 2009년 상반기까지 조성키로 합의했다.[15] 일부에서는 CMI 형식으로는 현재와 같은 글로벌 금융위기를 대처하기에 역부족이라며, 동아시아의 엄청난 외환보유고를 역내에서 사용할 수 있는 아시아통화기금(AMF) 창설 논의를 재개하자는 주장이 분출하고 있다. 미국은 물론 IMF로부터의 자율성 증대가 동아시아의 지역행위자성 확보에 필수요건이라는 인식에 근거한 주장이기도 하다.

유동성 협력을 넘어 좀더 장기적으로는 외환을 보유해야 할 필요성 자체를 줄이기 위한 동아시아 단일통화 도입이 모색돼야 한다는 의견도 그 어느 때보다 강하게 개진되고 있다.[16] 다만 현실적으로 더 큰 관심을 끌고 있는 제안은 지역통화 통합에는 상당한 기간이 소요되므로 그 중간단계로 환율공조를 위해 아시아 공동통화단위(ACU) 같은 공동통화바스켓을 형성하자는 안이다. EU와 유사한 통화통합 경로를 밟아가자는 주장인데, 이에 대한 지역내 논의는 향후 점차 활발해질 것으로 예상된다.[17]

2) 동아시아 통상협력

두번째 협력영역은 통상이다. 앞서 말한 대로, 동아시아 국가들은 미국의 소비경제 위축이 불가피하다는 사실에 직면하면 과거 역외시장 중심의 수출주도 성장전략은 머지 않아 그 유효성을 더욱 상실하게 되리라는 불안감을 갖게 될 것이다. 그것은 장기적으로 동아시아 각국의 내수 확대를 위한 지역내 협력으로 이어질 공산이 크다. 다시 말해 충분한 역내시장 창출을 위한 공동의 노력이 경주될 수 있다는 것이다.

미국을 대체할 수 있을 정도의 거대 소비경제를 동아시아에서 창출해내기 위해서는, 무엇보다 상당한 잠재력을 가졌으나 아직 일부밖에 개발되지 않은 중국과 동남아 그리고 북한의 민간 소비시장을 활성화하는 것이 중요하다. 물론 그것을 이루기 위한 관건은 그들 나라의 지속적인 경제성장과 그 혜택의 고른 분배를 어떻게 담보하느냐에 있다. 예컨대, 중국의 경제성장과 더불어 그 내부의 격차문제도 같이 해결된다면 중국의 중산층은 두터워지고 낙후지방의 구매력은 증가할 것이며, 이는 중국의 소비재시장 확대로 이어질 것이다. 그것은 동남아나 북한에서도 마찬가지이다. 그렇다면 예를 들어 한국과 일본이 중국과 북한 그리고 동남아 국가들의 경제성장과 내부격차 해소를 도울 경우 이는 그 국가들은 물론 한·일 두 나라에도 도움이 되는 동아시아 소비경제의 확대라는 지역공공재 창출 효과를 낳게 된다. 요컨대, 역내국가들 모두의 지속성장과 고른 분배의 달성은 지역 차원의 공동 통상과제로서 협력하여 추진할 만한 일이란 것이다.

여기서 동아시아 국가들은 복지와 사회안전망 확충이 지닌 격차 해소 및 내수확대 효과에 각별히 주목할 필요가 있다. 고소득층과 달리 저소득층의 가처분소득과 소비는 사회안전망 강화와 복지증대에 매우 민감하게 반응하여 늘어난다. 만약 앞으로 동아시아 국가들이 그동안 태평양 수지균형 관계를 유지하기 위해 쓰던 (달러 흡수) 비용을 각국의 복지 및 사회안전망 확충에 사용함으로써 내부격차 해소에 힘쓴다면, 이는 역내 내수시장 확대에 크게 기여할 것이다. 한편, 동아시아 국가들간의 국제격차 해소 역시 각국의 내부격차 해소와 마찬가지로 역내 소비재시장을 확대하는 효과를 내게 된다. 따라서 이른바 '동아시아 복지사회' 건설을 위한 지역 차원의 국제협력도 긴요한 일이라 할 것이다. 이렇게 본다면 "격차해소를 위한 노력은 단순히 정의의 문제가 아니라 금융위기에 처한 동아시아경제를 안정시키기 위해 가장 중요한 공통의 과제"가 아닐 수 없다.[18] 역내국가들의 지속성장과 고른 분배를 공동목표로 삼는 이러한 지역 통상협력이 동아시아 자유무역지대(EAFTA) 등의 건설을 통해 안정적인 제도틀 내에서 체계적으로 이루어질 때 더 효과적일 것임은 물론이다.

3) 동아시아 제도수렴 협력

역내협력의 마지막 영역은 경제통합의 제도수렴 효과와 관련된 부분이다. 앞에서 살핀 대로 미국발 금융위기를 계기로 역내국가들 간의 금융통화 및 통상협력관계가 강화되는 것은 곧 지역 경제통합의 심화를 의미한다. 경제통합이 지속적으로 심화된다면 거기서는 이제 그에 따른 제도수렴 효과를 어떻게 다룰지에 대한 문제가 대두한다. 말하자면 동아시아가 어떠한 제도, 정책, 규범 등으로 이루어진 자본주의 혹은 시장경제유형으로 수렴 발전해갈 것인가 하는 문제를 풀어야 한다는 것이다. 이 문제는 지역간체제 시대의 도래가 요구하는 동아시아의 지역행위자성 확보 노력과도 밀접하게 연결된 것이기도 하다.

아직 생경한 분야로 인식된 탓인지 이 문제에 관한 기존 연구는 거의 존재하지 않는 듯하다.[19] 알려진 바로는 한국과 일본 등의 몇몇 학자들이 현재 이 연구를 진행중이라는 정도다. 매우 중요한 과제이니만큼 여기에는 앞으로 더 많은 인력과 시간이 투자되어 범지역 차원의 현실적 대안이 구체적으로 나올 수 있도록 해야 할 것이다. 현재로서는 다만 역내국가들간에 합의 가능한 기본원칙 몇가지를 상정할 수 있을 뿐이다. 예를 들자면 다음과 같은 것들이다.

첫째, 앞에서 소개한 양대 유형론에 따르자면 동아시아 자본주의의 유형은 조정시장경제체제여야 한다. 미국발 금융위기로 지구촌 전체가 신자유주의나 미국식 자유시장경제체제의 대안을 모색하고 있는 때이니만큼 이에 대한 합의는 어렵지 않게 이루어질 것이다. 둘째, 동아시아형 조정시장경제체제는 무엇보다 격차문제 해결에 유능한 체제여야 한다. 동아시아는 공동체 지향의 역사와 문화전통이 강한 지역이다. 역내의 대다수 나라들은 격차 용인 정도가 높을 수 없는 인구밀도와 산업구조를 갖고 있다. 또한 이 지역에서는 중국, 베트남, 라오스 등 사회주의 시장경제체제도 발전해가고 있다. 게다가 앞서 말한 대로 역내 내수시장 확대와 그를 위한 격차문제 해소는 지역의 공통과제이기도 하다. 이 모든 조건들이 동아시아에 합당한 자본주의는 자유시장경제가 아닌 조정시장경제이며, 그것도 특히 격차문제의 관리와 조정에 뛰어난 체제여야 함을 강하게 시사하고 있다. 셋째, 시장에 대한 국가의 역할을 중시하지만 그 국가의 '질', 즉 효과적인 민주적 통제가 가능한 거버넌스의 안정적 운영은 철저히 보장되는 체제여야 한다. 한마디로, 민주적 조정시장경제체제여야 한다는 것이다.

4. 한국의 기여 가능성과 한계

앞서 3절에서는 미국발 금융위기가 어떻게 동아시아 지역주의 발전의 계기가 될 수 있는지를 살펴보았다. 태평양 수지균형 관계가 불안해지면서 이에 대한 대응으로 동아시아 국가들이 금융통화 및 통상영역에서의 역내협력을 지속적으로 강화해갈 경우, 동아시아는 경제통합 심화에 따른 제도수렴 과정을 거쳐 일정한 시장경제체제 유형을 갖는 하나의 지역행위자로 거듭날 수 있다는 것이었다. 물론 이렇게 된다면 1절에서 언급한 예의 '동아시아 문제'는 해소된다는 것이고, 따라서 지역간 협력체제의 부상 가능성은 그만큼 더 커진다고도 할 수 있다. 그러나 실제 그러한 결과가 나타나기 위해서는 외부조건의 성숙 못지않게 개별 동아시아 국가들의 지역주의 발전에 대한 흔들림 없는 정책선호와 추진의지 및 수행능력 유지 또한 매우 중요하다. 여러 제약으로 인해 역내 모든 국가들을 살펴볼 수는 없고, 여기에서는 과연 한국은 어떠한지를 간략히 살펴보며 글을 마무리하고자 한다.

만일 패권체제 이후의 대안체제를 앞서 말한 제도론이나 집단지도체제론에 의거해 마련해간다고 할 때 한국이 기여할 수 있는 부분은 극히 제한적일 수밖에 없다. 이는 한국이 앞서 예로 든 베트남 같은 약소국이 아니라 소위 '강중국'이라 할지라도 마찬가지이다. 세계경제질서를 좌지우지할 수 있는 국제기구나 레짐을 주도할 수 있는 것도 아니며, 집단지도체제의 핵심 구성원이 될 수 있는 것도 아니기 때문이다. 그러나 지역간주의 방식에 의한 글로벌 협력체제를 구축하는 경우라면 사정은 달라진다. ASEAN+3를 놓고 볼 때 한국은 동아시아 3대 경제대국 중 하나다. 게다가 동북아에서는 중·일 간 그리고 동아시아 전체에서는 동북아와 동남아 간의 교량 역할을 맡을 수 있는 최고의 적임국가로 평가받는 위치에 있다. 물론 분단국가라는 약점이 있기는 하지만, 그럼에도 불구하고 동아시아에서 한국의 객관적 위상은 지역협력체의 발전에 충분히 기여할 수 있을 정도라는 의미다. 그렇다면 지역간주의 방식에 의할 경우 한국은 동아시아 지역협력체를 경유하여 글로벌 협력체제의 형성과 운영에까지 상당한 영향력을 발휘할 수 있다. 물론 그 영향력이 언제나 보장되는 것은 아니다. 생각건대, 적어도 다음 세가지 조건은 갖춰야 한국의 그 잠재적 영향력은 현실화될 수 있다.

첫째, (너무나도 당연한 조건이지만) 기본적으로 동아시아 지역협력체 발전에 대한 명확한 비전과 추진의지가 있어야 한다. 지역간주의 시대의 도래를 예비할 정도의 시대감각도 요청된다. 이에 관한 한 한국이 가장 좋은 조건을 갖춘 때는 김대중정부 시절이었다. 당시는 한국이 ASEAN+3를 중심으로 한 동아시아 지역협력체 형성의 주도국이었다. 그 뒤를 이은 노무현정부는 '동북아시대'라는 지역주의 구상을 내놓았지만, 내용도 모호했고 실천의지도 박약하여 별다른 성과를 거둘 수는 없었다.

둘째, 자본주의의 다양성 개념을 충분히 숙지하여 한국에 맞는 자본주의, 더 나아가 동아시아에 맞는 시장경제유형을 분별 또는 창안해내고 그 유형의 확립과 안정화를 위해 지속적인 노력을 기울여야 한다. 그래야 지역간주의가 요구하는 동아시아의 지역행위자성 확보에 기여할 수 있기 때문이다. 앞서 동아시아에 적합한 시장경제유형이 자유시장경제가 아닌 조정시장경제일 거라고 했는데, 그렇다면 한국은 무엇보다 (동아시아에도 널리 적용 가능한) 한국 고유의 조정시장경제체제 발전을 위해 매진해야 할 것이다. 이 조건에서 본다면 한국의 상황은 민주화 이후에도 크게 개선되지는 않고 있다. 물론 김대중정부 시절에는 '민주주의와 시장경제의 병행발전' 그리고 노무현정부 때에는 '동반성장' 등을 지향하며 한국형 조정시장경제 발전을 시도하기도 했음이 사실이다. 그러나 (어떤 이유에서든) 이 10년 동안에도 신자유주의의 침투는 점증적으로 허용되었고, 따라서 그러한 시도들이 성공할 여지는 갈수록 줄어들었다. 말하자면 신자유주의의 침투 허용과 그에 대한 견제라는 양면이 존재하는 가운데 전자가 주조를 이루었다는 것이다.

셋째, 북한을 동아시아 지역협력체의 구성원으로 끌어안기 위해 최선을 다해야 한다. 북한이 지금의 상태로 고립돼 있는 한 동아시아의 진정한 통합과 지역협력체의 발전은 기대할 수 없다. 무엇보다 시급한 것은 한반도 분단체제의 극복이다. 한반도의 분단은 언제든 동북아 그리고 동아시아 지역 차원의 분단으로 쉽게 이어질 수 있기 때문이다. 이 점에서 김대중과 노무현 양 정부가 햇볕정책 기조를 유지함으로써 북한과의 관계를 크게 개선시킨 것은 높게 평가받을 만한 일이다.

불행한 일이지만, 이런 것들이 동아시아 지역협력체제의 발전과 그에 힘입은 (지역간주의 방식에 의한) 글로벌 협력체제의 부상에 한국이 긍정적인 영향을 끼칠 수 있는 최소한의 조건들이라고 한다면, 현정부하의 한국에서는 그러한 영향력 발휘를 전혀 기대할 수 없다는 결론이 도출된다. 이명박정부에 와서는 한국에 동아시아 지역주의 정책이 존재하는지 그 자체를 모를 정도이고, 한국형이나 동아시아형 시장경제체제를 모색하는 노력은커녕 '역주행 정부'라는 비판을 들으면서도 철지난 미국식 신자유주의에 맹렬히 매달리고 있으며, 지난 10년간 공들여 쌓아올린 성과를 일거에 무너뜨리며 북한과의 대립과 갈등을 최악의 상황으로까지 고조시키고 있기 때문이다. 다시 말해서, 현정부를 봐서는, 한국은 동아시아 지역협력체 형성을 위한 수행능력이나 추진의지 그리고 심지어는 정책선호조차 갖고 있지 않다고 판단된다는 것이다.

그러나 현정부가 그렇다고 하여 한국의 소중한 잠재력을 이 정부의 임기 동안 그대로 썩혀둘 수는 없는 일이다. 정부가 안된다면 당

분간은 민간에서 적극적으로 나서서 앞서 언급한 한국의 잠재력을 현실화하는 데 필요한 세가지 조건의 충족을 위해 노력해야 한다. 그래서 때가 되어 동아시아 지역협력에 적극적인 정부가 들어서면 그 정부가 한국의 영향력을 마음껏 발휘할 수 있도록 토대를 만들어 놓아야 한다. 사실 찾아보면 그때까지 민간 차원에서 할 수 있으며 또 해야 할 준비 및 연구과제는 참으로 많다. 예컨대 첫째 조건과 관련해서는 ASEAN+3와 동아시아정상회의(EAS) 간의 대립문제에 관한 우리 나름의 해법을 연구해야 한다.[20] 2005년말 이후 동아시아 국가들은 이 두 선택지를 두고 어디를 중심으로 지역협력체를 만들어갈 것인지 고민하고 있다. 이는 대표적인 중·일갈등 문제로 비화하면서 동아시아 지역주의 발전의 최대 걸림돌로 떠오르고 있는데, 한국이 어떤 태도를 취하며 어떻게 중재 역할을 수행하느냐에 따라 그 파장과 여파의 상당부분이 결정될 것으로 보인다. 한국은 지역협력체 형성상의 수월성, 그 협력체가 확보 가능한 지역행위자성의 정도 그리고 형성 이후 지속가능성 등 주요 변수를 두루 고려하여 어느 방안이 동아시아의 이익에 더 부합할 것인지 잘 판단해서 자신의 입장을 결정해야 할 것이다.

첫째 조건과 관련된 또다른 과제의 예는 그동안 동아시아 국가들 간의 연대에 부정적 영향을 끼쳐왔던 미국 변수의 변화에 대한 철저한 연구와 준비다.[21] 물론 동아시아는 오바마의 미국으로부터 과거보다 더 큰 자율성을 누릴 수 있을 것으로 보인다. 오바마정부는 과거, 특히 부시정부의 일방주의적 간섭외교 기조에서 벗어나 다자주의적 국제협력을 중시하겠다는 태도를 분명히하고 있으며, 이는 동아시아에 대해서도 마찬가지일 것이기 때문이다. 게다가 미국 역시 경상수지 적자의 획기적 감소 등과 같은 스스로의 시급한 필요에 의해서도 점진적으로 태평양 수지균형 관계의 해소에 순응해갈 것이다. 결국 동아시아 지역주의 발전에 호조건이 형성되는 셈이다. 그러나 그것이 미국이 동아시아에서 영향력을 유지하려는 노력을 포기할 거라는 의미는 아니다. 동아시아는 여전히 미국의 가장 중요한 관리대상 지역 중 하나로 남을 것이다. 더구나 정책 및 제도적 관성이 존재한다는 사실에도 유의해야 한다. 그렇다면 미국의 입장을 최대한 존중함으로써 미국 변수의 부정적 영향력을 최소화할 수 있는 대책을 마련하는 일은 앞으로도 긴요하다. 예컨대 유럽이 그러했듯, 동아시아도 지역경제협력체는 역내국가들만으로 형성·발전시켜가되 안보협력체는 미국이 포함된 다자체제로 간다는 식의 유연한 방식을 채택할 필요가 있다. 요는 미국의 역내 영향력은 일정하게 보장해주는 가운데 동아시아 경제통합의 심화·발전을 도모할 수 있는 방안을 모색해야 한다는 것이다.

둘째 조건과 관련해서는 이른바 '서울 컨쎈써스'의 작성을 예로 들고 싶다. 워싱턴 컨쎈써스가 신자유주의 혹은 미국형 자본주의의 특성을 요약하고 있는 것처럼 동아시아형 자본주의가 담아야 할 핵심 내용을 일목요연하게 정리해 서울 컨쎈써스로 명명하자는 것이다.[22] 서울 컨쎈써스가 동아시아 국가들이 충분히 수렴 가능한 새로운 유형의 시장경제체제를 제시하는 것이라면 이것의 작성만으로도 한국은 동아시아 경제협력체의 발전과 그후 전개될 지역간 협력체제 형성에 상당한 기여를 하는 셈이 된다. 그에 상응하는 영향력을 확보할 수 있음은 물론이다.

마지막으로 들고자 하는 것은 셋째 조건의 충족 노력에 해당하지만 서울 컨센써스의 작성과도 연관이 있는 일이다. 국가연합을 지향하는 것이 가장 바람직한 경로로 여겨지는 한반도 분단체제의 극복과정에서는 상당수준의 남북한간 경제통합과 그에 따른 경제체제의 수렴이 진전될 것인바, 우리는 그것을 동아시아형 시장경제체제의 수렴 혹은 창안 작업과 선순환 구도를 이루도록 유인할 필요가있다. 말하자면 한반도의 분단경제체제 극복과 동아시아의 경제통합 및 지역협력체 발전이 서로를 지원하는 형태로 진행되도록 해야한다는 것이다. 그것은 서울 컨센써스가 장기적으로는 북한의 동의와 지지를 얻을 수 있는 내용으로 작성돼야 한다는 의미이기도하다.

앞에서는 주로 민간이 담당할 수 있는 연구과제들을 예시했지만직접행동으로 노력할 수 있는 부분도 물론 있다. 한반도 및 동아시아 차원에서의 민간교류 증대, (이미 체결된 대로의 한미FTA 비준반대 등을 통한) 신자유주의의 역내침투 저지운동, 역내국가들간의양자 및 다자간 FTA 관계의 확산 지지, 6·15 및 10·4 공동선언의성실한 이행 촉구 등을 예로 들 수 있다. 모두 중요한 일이다. 그러나 시민사회단체 등의 직접행동이 소기의 효과를 내기 위해서는 결국 정부의 호응이 필요하다는 사실을 잊지 말아야 한다. 지난 1년간 직접 경험했듯, 한국의 현 거버넌스구조하에서는, 정부가 마이동풍으로 일관하면 아무리 큰 비용을 치르더라도 시민사회의 집단행동은 무위로 끝나기 일쑤다. 시민사회의 참여가 보장되는 새로운 국가거버넌스 구축이 필요하다는 주장이 많은 이들의 공감을 불러일으키는 이유다.[23] 결국 또다른 연구과제의 제시로 글을 맺는 것이 아쉽기는 하지만 그것이 현실이니 어쩔 수가 없다. 시민참여형 국가거버넌스 창출을 위한 정치제도 등의 개혁이 급선무인 듯하기 때문이다. 거버넌스 개혁의 방향과 그 방안에 대한 연구가 필요하다.*

* 이 글은 계간 『창작과비평』 2009년 봄호에 발표된 「동아시아의 지역간 협력체제 추진을 제창한다」를 이 책에 수록하기 위해 다소 손질하고 제목을 고친 것이다.

서장: 신자유주의는 어디서 와서 어디로 가는가 • 최태욱

1 이들의 요구는 때마침 브레튼우즈체제의 붕괴로 국제수준에서의 자본이동의 자유화와 이자율 결정의 자유화가 크게 진전되는 상황에서 나온 터라 '금융의 세계화'라는 시대적 요구에 합치하는 것이라는 정당성도 얻게 된다.

2 박종현 『케인즈 & 하이에크: 시장경제를 위한 진실게임』, 김영사 2008.

3 이병천 「세계 자본주의 패권모델로서의 미국경제: 포드주의 경영자자본주의에서 금융주도 신자유주의까지」, 전창환·조영철 엮음 『미국식 자본주의와 사회민주적 대안』, 당대 2001.

4 레이건 행정부에서 개시된 네오콘 주도의 미국의 신자유주의 세계화전략은 2001년 9·11사태 직후 채택된 부시 행정부의 '일방주의' 대외정책 기조에 의해 더욱 공세적으로 전개된다. 이에 대한 상세한 설명은 졸고 「미국 자본주의의 세계화전략과 한미 FTA」, 최태욱 엮음 『한국형 개방전략』, 창비 2007 참조.

5 Kathleen Thelen, *How Institutions Evolve*, Cambridge: Cambridge University Press 2004.

6 Peter A. Hall and David Soskice, "An Introduction to Varieties of Capitalism," Peter A. Hall and David Soskice eds., *Varieties of Capitalism: The Institutional Foundations of Comparative Advantage*, Oxford: Oxford University Press 2001.

7 이는 비교적 가변적인 예컨대 정치적 맥락의 주요 부분에 의도적이며 인위적인 변화를 가함으로써 생산레짐 혹은 자본주의의 유형을 바꾸어갈 수는 있다는 말이기도 하다.

8 물론 외부의 세계화 진행과 병행하여 내부적으로 (어떤 동인에 의해서든) 강력한 정

치경제의 제도개혁이 일어날 경우, 그것이 생산레짐의 변화를 가져올 수도 있다. 그러나 세계화 그 자체가 자동적으로 생산레짐의 변화로까지 이어지는 것은 결코 아니다.

9 David Soskice, "Divergent Production Regimes: Coordinated and Uncoordinated Market Economies in Contemporary Capitalism," Herbert Kitschelt, Peter Lange, Gary Marks, and John D. Stephens eds., *Continuity and Change in Contemporary Capitalism*, Cambridge: Cambridge University Press 1999.

10 안재홍 「서구 자본주의의 다양성과 성장-복지 선순환의 정치경제」, 『한국형 조정 시장경제체제의 모색』 2008년 국회연구과제. 폴라니 이론틀의 출처는 Karl Polanyi, *The Great Transformation*, Boston: Beacon Press 1944.

11 M. Rhodes, "The Political Economy of Social Pacts: 'Competitive Corporatism' and European Welfare Reform," P. Pierson ed., *The New Politics of the Welfare State*, Oxford: Oxford University Press 2001.

12 Frederic Sautet, "Why have Kiwis not become Tigers?: Reforms, Entrepreneurship, and Economic Performance in New Zealand," *The Independent Review*, Vol. 10, No. 4, 2006. 뉴질랜드의 이런 변화는 상당부분 (1996년의 총선에서부터 적용된) 독일식 비례대표제의 도입 덕분인 것으로 보인다. 비례대표제의 도입으로 이념 및 정책 정당의 국회 진입 또는 유력 정당화가 수월해졌고, 그들 정당의 부상으로 인해 연립정부의 구성을 통한 합의제 민주주의가 가동되어 친노동 및 친복지 정책 등의 채택이 가능해졌다는 것이다.

13 R. Lister, "The Third Way's Social Investment State," J. Lewis and R. Surrender, eds., *Welfare State Change: Towards a Third Way?* Oxford: Oxford University Press 2004.

14 유종일 『위기의 경제』, 생각의 나무 2009.

제1부 신자유주의, 세계화, 한국경제 · 유종일

1 Michal Kalecki, "Political Aspects of Full Employment," *Political Quarterly*, Vol.14 (1943), republished in *Selected Essays on the Dynamics of the Capitalist Economy 1933-1970*, Cambridge University Press 1971.

2 David Harvey, *A Brief History of Neoliberalism*, Oxford Univ. Press 2005.

3 토머스 프리드먼 지음, 신동욱 옮김 『렉서스와 올리브나무』, 창해 2003.

4 Joseph Stiglitz, *Globalization and Its Discontents*, W.W. Norton 2001.

5 Harold James, *The End of Globalization: Lessons from the Great Depression*, Harvard University Press 2001.

6 Dani Rodrik, "How Far Will International Economic Integration Go?" *The Journal of Economic Perspectives*, 2000년 겨울호.

7 장하준·정승일 지음, 이종태 엮음 『쾌도난마 한국경제』, 부키 2005.

8 졸고 "The Long and Winding Road to Liberalization: The South Korean Experience," Lance Taylor, ed., *External Liberalization in Asia, Post-Socialist Europe, and Brazil*, Oxford University Press 2006.

9 Steven Radelet and Jeffrey Sachs, "The East Asian Financial Crisis: Diagnosis, Remedies, Prospects," *Brookings Papers on Economic Activity*, Vol. 28 No. 1 (1998).

10 Alice Amsden, "The Specter of Anglo-Saxonization is Haunting South Korea," Lee-Jay Cho, ed., *Korea's Political Economy: An International Perspective*, Westview Press 1994.

11 김기원 「김대중-노무현 정권은 시장만능주의인가」, 『창작과비평』 2007년 가을호. (이 글은 본서 제1부에 수록되어 있다 — 편집자.)

12 졸고 「참여정부의 '좌파 신자유주의' 경제정책」, 『창작과비평』 2006년 가을호.

13 졸고 「지식경제」, 미발표 원고, 2007.

제1부 김대중-노무현 정권은 시장만능주의인가 · 김기원

1 필자는 적어도 대중적 글쓰기에서는 '신자유주의' 대신 '시장만능주의'라는 용어를 사용할 것을 주장한 바 있다. 그 이유는 다음과 같다. 첫째로, 신자유주의라는 말은 국민을 소외시키는 용어다. 대중들은 이게 뭔지 잘 모르며 기껏해야 뭔가 나쁜 거라고 어렴풋이 느낄 뿐이다. 상당수 경제학자들에게도 신자유주의란 말은 생소하다. 신자유주의라고 비판하는 '무분별한' 민영화·대외개방·규제완화 같은 것은 '시장만능주의'로 일컫는 게 감이 훨씬 빨리 온다. 둘째로, 후술하듯이 구미의 신자유주의론은 우리 현실에 잘 들어맞지 않는다. 구미에선 구자유주의적 시장질서 정립과 복지주의의 강화를 거친 다음 그 복지주의에 대한 반동으로 신자유주의가 등장했다. 하지만 자본주의가 압축적으로 발전한 한국에선 이 모든 단계가 중첩된다. 그런데도 한국의 일부 진보파는 구미의 진보파를 잘못 모방하고 있다. 구미에선 시장의 과도한 확대인 신자유주의를 비판하는데, 한국에선 시장의 정상적 발전인 구자유주의까

지 싸잡아 비판하고 있다. 이렇게 대중과 소통하지 못하고 한국 고유의 상황을 간과하는 신자유주의 타령에서 벗어나려면 아예 용어부터 고쳐 써야 하는 것이다.

2 주주자본주의와 외국자본 문제에 관해서는 졸고 「외국자본에 대한 합리적 인식과 대응」(www.knou.ac.kr/~kwkim) 참조.

제2부 신자유주의와 사회적 양극화 • 전병유

1 김순영 「불평등과 한국의 민주주의」, 『아세아연구』 제126호, 2006, 37~67면.

2 졸고 「한국 노동시장의 양극화에 관한 연구」, 『한국경제의 분석』 13권 2호, 2007, 171~244면.

3 남상호·임병인, 「소득계층별 가격저축률 격차 확대의 원인 분석」, 『경제학연구』, 56(1), 2008, 219~47면.

4 유경원·조은아 「소득계층별 가격저축률 격차 확대의 원인 분석」, 『금융경제연구』 제266호, 한국은행 금융경제연구원 2006.

5 류동민 「진보적 경제대안에 나타난 민생의 대안」, 미발표 초고 2007.

6 강신욱 외 『경제·사회 양극화의 현황과 대응방안: 경제·사회 양극화의 진단과 대응(총괄보고서)』, 한국보건사회연구원 2007.

7 조성재 「하도급구조와 중소기업 노동자의 주변화」, 『아세아연구』 제118호, 2004, 43~64면.

8 김주훈은 경제위기 이후에는 산업간 구조조정은 원활하지 않았고 기업규모간 구조조정이 이루어졌다고 분석하고 있다. 이는 경제위기 이후에는 고부가가치산업으로의 진입 확대를 통해 경제 전체로 성장이 확산되는 메커니즘이 작동하지 않고 있음을 보여주는 것이고, 다만 수익성 저하에 직면한 대기업이 혁신에 의한 제품차별화, 고부가가치화보다는 생산비가 낮은 중소기업으로 외주생산 확대를 모색한 결과로 해석될 수 있다. 김주훈 『혁신주도형 경제로의 전환에 있어서 중소기업의 역할』, 한국개발연구원 2005.

제2부 신자유주의와 비정규직 노동 • 이병훈

1 졸고 「한국 노동조합운동의 연대성 위기」, 『아세아연구』 제118호, 2004.

2 최장집 『위기의 노동: 한국 민주주의의 취약한 사회경제적 기반』, 후마니타스 2005.

3 윤선구 「신자유주의적 세계화의 원인과 대안」, 『사회와 철학』 제5호, 2003.

4 David Harvey, *A Brief History of Neoliberalism*, Oxford University Press 2005 ; Pierre Bourdieu, "Utopia of Endless Exploitation," *Le Monde Diplomatique*, 1998.

5 졸고 「노동양극화와 사회정의」, 『한국사회』 제7집 1호, 2007.

6 이처럼 비정규직 규모의 추정에서 정부측과 노동계의 집계결과가 상당한 차이를 보이는 것은 비정규직의 고용형태로 분류되지 않은 임시·일용직의 포함 여부(2007년 8월 기준 308만 2천명)에 따른 것이다. 이들은 장기 임시노동으로 일컬어지는 고용범주로 분류되는데, 정규직보다는 비정규직과 유사한 고용조건을 지니고 있다는 점을 감안하여 이 글에서는 이들을 비정규직 고용에 포함하는 노동계의 추정방식에 따른다. 비정규직 규모의 추정방식에 대해서는, 김유선 「비정규직 규모와 실태」, 『노동사회』 제127호, 2007 참조.

7 이영자 「신자유주의 노동시장과 여성노동자성: 노동의 유연화에 따른 여성노동자성의 변화」, 『한국여성학』 제20권 3호, 2004.

8 2007년 경제활동인구 부가조사자료의 관련 설문항목 13개(표 참조)를 종합해 고용질 지수(EQI, Employment Quality Index)를 산출하여 분석하는바, 고용 질 지수는 13개 조사항목 중 저임금집단에 대해서만 해당 −1점, 미해당 0점을 적용하고 나머지 12개 항목에 대해서는 해당 1점, 미해당 0점을 적용하여 합계한 것으로, 최고 12점에서 최저 −1점 사이에 분포하게 된다.

범주	세부 구성요소
법정 근로기준(4항목)	퇴직금 지급, 시간외수당 지급, 유급휴가 제공, 근로계약 작성
사회보험 가입(3항목)	국민연금 가입, 건강보험 가입, 고용보험 가입
고용조건(6항목)	정규직 여부, 시간당 저임금(−), 5년 이상 근속기간, 주5일제 시행, 상여금 지급, 교육훈련 제공

9 남재량·김태기 「비정규직, 가교(bridge)인가 함정인가?」, 『노동경제논집』 제23권 2호, 2000 ; 한준·장지연 「정규/비정규 전환을 중심으로 본 취업력과 생애과정」, 『노동경제논집』 제24권 특별호, 2000 ; 류기철 「비정형근로자의 실태」, 2001년 노동경제학회 학술쎄미나.

10 남재량·김태기, 앞의 글.

11 이병훈·김유선 「노동생활 질의 양극화에 관한 연구: 정규·비정규의 분절성을 중심으로」, 『경제와 사회』 제60권, 2003.

12 이병훈·윤정향 「비정규 노동의 개념정의와 유형화에 관한 연구」, 『산업노동연구』 제7권 2호, 2001.

13 안주엽 「공공부문 비정규근로 정책방향」, 『월간 노동리뷰』 제21호, 2006.

14 같은 논지의 글로는, 졸고 「한국 노동조합운동의 연대성 위기」; 이종선 「한국의 신자유주의적 구조개혁과 노동시장 변화」, 『한국사회학』 제36권 3호, 2002; 박재규 「신자유주의적 경제정책과 노동자의 삶의 질 변화」, 『한국사회학』 제35권 6호, 2001; 이향순 「실업 및 불완전고용 연구: 신자유주의정책에 대한 비판」, 『담론201』 제4권 1호, 2001 참조.

15 김상곤 「이명박정부의 공기업 민영화와 대응전략」, 사회공공성포럼 발표논문, 2008.

16 은수미 「비정규법 시행과 노동시장-노사관계에 미치는 영향」, 한국노총 정책토론회 발표자료 2008.

제2부 이명박정부와 신자유주의 · 이근

1 이에 관해서는 유종일 「신자유주의, 세계화, 한국경제」, 『창작과비평』 2007년 가을호 참조. (이 글은 본서 제1부에 수록되어 있다 — 편집자.)

2 David Harvey, *A Brief History of Neoliberalism*, Oxford University Press 2005.

3 미국 월가의 금융기관들이 금융위기 속에서 200억달러 상당의 상여금을 나눠가진 것을 알고 오바마 대통령이 분노했다는 것은 잘 알려져 있다. 연합뉴스 2009.1.30.

4 졸고 「이명박정부: 실용으로 위장한 이념정부」, 미래전략연구원(www.kifs.org) 정책칼럼 '이슈와 대안' 2008.3.21; Paul Krugman, *The Conscience of a Liberal*, Norton 2007.

5 졸고 「노무현정부, 과연 좌파 이념정부인가?」, 미래전략연구원 '이슈와 대안' 2008.3.21.

6 김기원 「김대중-노무현 정권은 시장만능주의인가」, 『창작과비평』 2007년 가을호. (이 글은 본서 제1부에 수록되어 있다 — 편집자.)

7 연합뉴스 2009.2.13.

제3부 신자유주의와 대안체제 · 정승일

1 이 글은 노무현정부 말기인 2007년 중반에 집필되었으며 따라서 그후 이명박정부의 출범과 민주당-노무현 세력의 퇴조, 민노당과 진보신당의 분열, 촛불시위의 확산 등

새로운 역사적 사건들의 전개를 반영하지 못하고 있다는 점을 밝혀둔다.

2 이 글은 필자도 참여하고 있는 '복지국가 Society' 정책위원회가 저술한 『복지국가혁명』(밈 2007)에 크게 의존하고 있으며, 특히 이 글의 후반부는 그 책에 실린 좌담 '왜 복지국가혁명인가'와 조원희 대안연대회의 운영위원장의 추천사를 대폭 인용한 것이다.

3 민주노동당 진보정치연구소가 주창한 '사회연대국가' 구상과는 별도로, 민노당의 권영길 심상정 노회찬 후보는 각각 독자적인 미래구상을 제시했다. 그런데 주목되는 것은 권영길과 심상정이 신진보주의국가론이 표방하는 남북평화경제론 및 동북아경제론 그리고 지역혁신클러스터론과 매우 유사한 정책들을 핵심전략으로 선보였다는 점이다. 신진보주의국가론자들이 사회민주주의 복지국가 구상을 완곡히 거부하는 모습을 고려할 때 민노당도 실은 사회연대국가(복지국가)에 상대적으로 큰 비중을 두지 않는다고 판단된다. 그리고 이 점은 민노당으로부터 독립해 나온 진보신당의 경우에도 마찬가지인 것으로 보인다.

4 따라서 다섯가지 입장 중 어떤 것도 서구의 사회민주주의 복지국가모델을 그 자체로서 우리 사회의 진보적 대안으로 모색하기를 거부한다.

5 전후 영국에서 전개된 베버리지-케인즈형 복지국가는 사실 사회민주주의보다 보수주의 복지국가 유형에 가깝다. 이에 관해서는 빅 조지, 폴 윌딩 『복지와 이데올로기』(한울 1999) 참조. 그리고 수십년이 넘는 장기집권을 통해 복지국가를 사회민주주의의 정신에 맞게 일관된 모델로 수립한 나라는 스웨덴 핀란드 덴마크 노르웨이 아이슬랜드 등 북유럽국들에 불과하다. 다른 유럽 주요국들에서 전후에 형성된 복지국가는 사실 보수주의 정당들(독일과 이딸리아의 기독교민주당, 프랑스의 드골주의 정당, 영국의 보수당)에 의해 그 주요 특징이 형성되었다. 이에 관해서는 G. 에스핑앤더슨 『복지 자본주의의 세가지 세계』(성균관대출판부 2007) 참조. 따라서 1980년대 이후 '실패한' 모델로 간주되는 독일 프랑스 이딸리아의 복지국가모델과 앤서니 기든스가 비판한 영국의 베버리지-케인즈 모델은 지금도 '성공적인' 북유럽형 사회민주주의 복지국가모델과 상당히 다르다. 이에 관해서는 미야모또 타로오 『복지국가 전략―스웨덴모델의 정치경제학』(논형 2003) 참조.

6 북유럽국들 역시 '요람에서 무덤까지'로 대변되는 베버리지형 복지정책과 적극적 재정지출을 통한 유효수요 창출을 권장한 케인즈 경제학을 복지국가정책에 받아들였다. 하지만 여기에 머물렀던 영국과는 달리 북유럽국들은 실업자 전직훈련 같은 적극적 노동시장정책과 연대임금정책(렌-마이드너 모델) 등을 통해 베버리지-케인즈형 복지국가에 내재된 '소비적·정태적' 복지국가의 한계를 넘는 생산적·능동적 복지국가를 창출해냈다. 그런데 우리나라에서의 복지국가 논의는 대부분 ― 신진보주

의국가론과 사회투자국가론이 대표적인데 — 생산적·능동적 복지국가(적극적 노동
시장과 혁신정책 등)가 마치 베버리지-케인즈형(소비적·정태적 복지국가) 없이도
존재할 수 있는 양 잘못된 환상을 품고 있다. 이러한 잘못된 논의 전개에는 소비적·
정태적 복지국가의 한계를 뛰어넘는(?) 생산적·능동적 복지국가의 필요성을 역설한
앤서니 기든스의 '제3의 길'에 담긴 사상적 오류가 큰 영향을 끼친 것으로 보인다.

7 대안연대회의와 복지국가Society, 사회민주주의연대의 3개 단체가 공동으로 참여한
사민＋복지 기획위원회가 엮어서 2008년 8월 발간한 『한국사회와 좌파의 재정립』
(산책자)은 신자유주의에 맞설 거대담론으로서의 사회민주주의와 함께 보편주의 복
지국가를 향한 전략구상을 더 상세히 서술하고 있다.

8 『한국사회와 좌파의 재정립』에 실린 정세은·이상이의 「역동적 복지국가를 위한 재
정 및 조세 개혁의 모색」은 북유럽 수준의 복지국가에 대한 범국민적 지지와 추진 에
너지의 '역사적 형성'을 위한 선복지확충, 후조세확충 구상을 더욱 구체화하면서 이
를 위해서는 성장론자들의 '경제개발5개년계획'에 상응하는 '복지개발5개년계획'을
수십년간 실행할 필요가 있다고 서술하고 있다.

제3부 신자유주의 대안 구현의 정치제도적 조건·최태욱

1 고세훈 「세계화와 블레어 노동당의 사민주의」, 한국사회민주주의연구회 엮음 『세계
화와 사회민주주의』, 사회와 연대 2002, 134면.

2 신정완 「사회민주주의의 역사와 한국사회에서의 착근 가능성」, 참여사회연구소 발
제문, 2005년 10월.

3 자본주의 혹은 시장경제의 유형에 대해서는 본서의 서장 참조.

4 정승일 「신자유주의와 대안체제」, 『창작과비평』 2007년 가을호 192면. (이 글은 본서
제3부에 수록되어 있다 — 편집자.)

5 김기원 「김대중-노무현 정권은 시장만능주의인가」, 같은 책 182면. (이 글은 본서 제
1부에 수록되어 있다 — 편집자.)

6 이하 전개되는 선거제도 개혁과 권력구조 전환의 필요성 논의 중의 상당부분은 졸고
「세계화와 한국의 정치개혁」, 윤영관·이근 편 『세계화와 한국의 개혁과제』(한울
2003)를 인용한 것임을 밝힌다.

7 비례대표제가 아니라 다수대표제를 계속 유지하더라도 소선거구제 대신 대선거구제
나 1당 1후보 원칙하의 중선거구제로 간다면, 상당정도의 비례성은 확보할 수 있다.
그러나 가장 확실하게 비례성을 보장해주는 것은 역시 전면 비례대표제이다. 물론

비례대표제도 선거구의 크기, 최소조건, 투표 및 입후보 방법 등에 따라 다양한 종류로 나뉜다. 또한 전면 비례대표제 외에도 예컨대 독일식이라 불리는 연동제 혹은 혼합형 비례대표제와 일본식의 단순병립제 등이 있다. 그러나 이 글에서 강조하는 것은 비례성이 끼치는 정치효과, 즉 정당구조 형성에 미치는 영향이므로 이러한 개별 유형에 대해 자세히 논의하기보다는 일반적인 논의, 즉 비례성 증대의 정치효과에만 초점을 맞춘다.

8 조기숙 「합리적 유권자 모델과 한국의 선거분석」, 이남영 엮음 『한국의 선거 I』, 나남 1993; 신명순·김재호·정상화 「시뮬레이션을 통한 한국의 선거제도 개선방안」, 『한국정치학회보』 33집 4호; 강원택 『한국의 정치개혁과 민주주의』, 인간사랑 2005 등 참조.

9 신명순·김재호·정상화, 앞의 글 176면.

10 200석이던 비례대표 의석은 2000년 총선부터 180석으로 오히려 줄어들었다.

11 비례대표제를 도입한 국가들은 대부분 군소정당들의 난립으로 인한 정국불안 현상을 방지하기 위해 예컨대 5% 이상의 전국 득표율을 기록한 정당들에 한해 의석을 배분하는 소위 '문턱'(threshold)조항을 채택하고 있다. 이 경우 유효정당의 수는 통상 셋 내지 다섯 정도로 줄어드는데 이 정도 규모의 다당제를 온건다당제라 한다.

12 그래서 이 두가지 제도의 만남은 한마디로 "곤란한 결합"(difficult combination)이라 한다. Scott Mainwaring, "Presidentialism, Multipartism, and Democracy: The Difficult Combination," *Comparative Political Studies*, Vol. 26, No. 2, 1993.

13 정당권력이란 대통령이 국정을 원활히 수행하는 데 필요한, 예컨대 대통령의 정책을 국회에서 입법화하는 데 필요한 정당(들)의 지지를 확보할 수 있는 힘을 말한다.

14 비례대표제를 택하고 있는 라틴아메리카의 여러 나라들이 바로 이 경우에 해당한다. 거기서는 이념적이고 당 규율이 강한 정당들에 의해 구조화된 다당제가 발달했으나, 그들이 구성하고 있는 의회와 대통령 간의 고질적인 교착상태로 인해 정치적 불안정과 사회경제적 비효율성이 커다란 문제가 되어왔다.

15 사민당 혹은 친복지 정당의 집권 가능성은 앞서 논의한 정책정당의 활성화 문제와 관련된 것이므로 여기서는 재론하지 않는다.

16 대통령제에 비해 연립정부를 구성하는 의원내각제의 정책 안정성이 더 높은 이유에 대한 자세한 설명은 Arend Lijphart, *Patterns of Democracy: Government Forms and Performance in Thirty-Six Countries* (New Haven: Yale University Press 1999); Ronald Rogowski, "Trade and the Variety of Democratic Institutions," *International Organization*, Vol. 41, No. 2, 1987 참조.

17 안순철 『선거체제비교: 제도적 효과와 정치적 영향』, 법문사 1998, 280면.

18 Duane Swank, *Global Capital, Political Institutions, and Policy Change in Developed Welfare State*, Cambridge University Press 2002.

19 최근의 각종 여론조사를 보면 우리 국민들의 이념 성향이 진보, 중도, 보수로 거의 정확하게 3등분돼 있음을 알 수 있다. 이 이념 분포를 그대로 따르자면 좌파, 중도좌파, 중도우파, 우파 정당들은 각각 1/3, 1/6, 1/6, 1/3 정도의 비례대표 의석을 차지하게 된다. 그러나 의석 점유율을 이렇게 놓더라도 다음에 이어지는 (상상 속의) 논리 전개에 무리가 생기는 것은 아니다.

20 최근, 특히 이명박정부의 출범 이후 대통령제하의 정치혼란과 정책 불안정을 우려하는 이들이 급증하면서 권력구조의 내각제로의 전환 필요성에 대한 논의가 활발해지고 있다. 그러나 현 선거제도와 정당구조의 개혁 없이 바로 내각제만을 도입할 경우 상황은 더 악화될 수도 있음에 유의해야 한다. 모름지기 (제도간의 친화성 등을 고려할 때) 정치제도의 개혁은 일정한 순서에 의해 진행돼야 순리에 맞는 법이다.

제3부 신자유주의의 미래와 한반도의 시간표 • 백낙청

1 요즘 〔김대중정부 아래서〕 한국사회에 친숙한 용어로 말한다면 '민주주의와 시장경제'가 아닌, '민주주의보다 시장경제'인 셈이다. 구호로만 본다면 전자는 구자유주의적이며 거기에 '생산적 복지'까지 더하면 사회민주주의적인 성격마저 가미된다. 물론 구호와 실체가 일치하는가는 별개 문제다.

2 '시간대'와 '시간표'가 모두 어느정도의 길이를 갖는 시간을 나타내지만 '시간표'라고 했을 때 인간활동의 계획이 좀더 분명히 포함되는 셈이다.

3 이매뉴얼 월러스틴 지음, 백영경 옮김 『유토피스틱스: 또는 21세기의 역사적 선택들』(창비 1999). 원저는 Immanuel Wallerstein, *Utopistics: Or, Historical Choices of the Twenty-first Century*, The New Press 1998.

4 이매뉴얼 월러스틴, 테렌스 K. 홉킨스 외 지음, 백승욱·김영아 옮김, 창비 1999. 원저는 Terence K. Hopkins, Immanuel Wallerstein et al., *The Age of Transition: Trajectory of the World-System, 1945~2025*, Zed Books 1996.

5 *The Lugano Report: On Preserving Capitalism in the Twenty-first Century*, with an Annexe and Afterword by Susan George, Pluto Press 1999. (국역본 『루가노 리포트』, 이대훈 옮김, 당대 2006은 본고가 집필된 이후에 출간되었다. 따라서 인용문의 번역은 인용자의 것이며 이 책의 인용 면수는 원서 기준이다 ─ 편집자.)

6 저자는 '후기'에 가서야 보고서의 실체를 밝히면서 이렇게 말한다. "『루가노 보고서』

는 진지한 연구조사가 이루어낼 수 있는 최고의 정확하고 냉철하며 객관적인 평가이다. 이것은 공상과학소설도 아니고 다른 어떤 픽션도 아니다. 기본적인 착상을 빼고는 아무것도 꾸며낸 것이 없으며, 비슷한 문건이 실재하는 '연구팀'에 의해 실제로 산출된 바 있다 하더라도 나는 전혀 놀라지 않을 것이다."(193면)

7 월러스틴 역시 성차별주의(sexism)를 자본주의체제 작동의 필수적 메커니즘 가운데 하나로 설정함으로써(『유토피스틱스』 40~42면) 대대적인 여성교육이 기존질서의 보존과 양립하기 어렵다는 데 동조한다.

8 가령 작년(2000년) 12월 29일 고려대 아세아문제연구소 주최로 열린 '냉전해체와 평화: 유럽의 경험·동아시아의 과제·한반도의 선택' 국제학술회의에서 주제발표 또는 약정토론을 한 10여명의 국내외 학자 중 자본주의 세계경제의 비교적 단기간내(예컨대 반세기 이내) 몰락을 전제로 동아시아 또는 한반도의 미래를 전망한 예는 하나도 없었다. 당일 배포한 한·영문 자료집 *Post-Cold War and Peace: Experiences, Conditions and Choices* (Asia Research Center, Korea University 2000) 참조.

9 더러 오해하는 독자들을 위해 부연하면 '이중과제'는 '두개의 동시적 과제들'이 아닌 '양면적 성격을 지닌 단일 과제'를 뜻한다. (영어로 쓴 글에서는 'a double project'라 표현한 바 있는데, 단수명사임이 명시되기 때문에 이 점이 더 뚜렷해지는 면이 있었다.) 따라서 '적응'과 '극복' 간의 선·후도 없다. 극복작업의 성격이 결여된 적응은—세계체제 변방에서 우선 그렇지만 실은 중심부에서도 장기적으로는 마찬가지인데—적응으로서도 실패하기 마련이고, 적응의 작업이 못되는 극복이 성사될 수 없음은 너무나 뻔한 일이다.

제3부 대안체제 모색과 '한반도경제' • 서동만

1 이 글에서도 신자유주의보다 시장주의 내지는 시장만능주의란 용어를 쓰기로 한다. 이에 대한 적절한 설명으로는, 김기원 「김대중-노무현 정권은 시장만능주의인가」, 『창작과비평』 2007년 가을호 참조. (이 글은 본서 제1부에 수록되어 있다 — 편집자.)

2 한겨레신문이 진보학계의 대안모델 모색들을 기획연재로 정리·보도했으며, 이 글에서도 이를 토대로 다루기로 한다. 이들 내용을 볼 수 있는 저작으로는, 신영복·조희연 엮음 『민주화-세계화 '이후' 한국민주주의의 대안체제 모형을 찾아서』(함께읽는책 2006), 한반도사회경제연구회 『한반도경제론: 새로운 발전모델을 찾아서』(창비 2007), 박세길 외 『새로운 사회를 여는 상상력』(시대의 창 2006), 진보정치연구소 『미래공방』 2007년 3-4월호, 임채원 『신자유주의를 넘어 사회투자국가로』(한울 2006)

참조.

3 이정우(李廷雨)는 유럽형 사민주의 모델이 한국경제에 가장 바람직하다고 주장하며, 그 근거로서 남북문제의 해결을 감안할 때도 정치지형적으로는 사회민주주의 모델이 적합하다고 본다. 이정우·최태욱 「도전인터뷰: 한국사회, 시장만능주의의 덫에 걸리다」『창작과비평』 2007년 여름호.

4 박현채(朴玄埰)의 민족경제론은 분단경제의 극복을 통해 통일민족경제를 지향한다는 전제하에 분단경제를 체계 안에 포함하려는 의욕을 지니고 있었다. 그러나 그것이 학문적 체계로서 갖추어져 있지는 못한 것 같다. 이와 관련한 유일한 연구로 재일동포 학자 정장연의 작업을 들 수 있을 것이다. 鄭章淵『韓國財閥史の研究: 分斷體制資本主義と韓國財閥』(東京: 日本經濟評論社 2007). 정장연은 남북의 경제적 단절 외에 식민지시대에 형성된 일본과의 경제적 분업관계의 단절을 '분단체제 자본주의' 형성의 핵심적 계기로 본다. 그러나 정장연의 작업도 남한경제에 한정된 시작단계에 있으며, 북조선 경제발전까지 포함하여 남북 전체를 아우르는 체계로는 나아가지 못하고 있다.

5 초극체제란 정상적으로는 극복하기 어려운 조건을 비정상적으로 뛰어넘었다는 의미에서 성취가 큰 만큼 그에 따른 모순도 못지않게 큰 체제라는 뜻이다.

6 북조선의 '자립적 민족경제'는 당초 일정 수준의 국제분업을 부정하는 것은 아니었으나, '주체경제'를 주장하는 단계에 이르면 거의 자급적인 폐쇄체제와 다름없이 극단화되었다.

7 M. E. Porter, *The Competitive Advantage of Nations*, New York: Free Press 1990. 포터는 기술 및 생산성의 발전에 따른 경쟁력의 우위를 기준으로 국가의 경제발전단계를 요소주도형, 투자주도형, 혁신주도형, 자산주도형의 단계로 구분했다. 천연자원과 반(半)숙련노동력 같은 기초 요인, 세계시장에서 유용한 최적기술을 이용하기 위한 투자 및 저렴한 숙련노동력이나 현대적 시설 같은 고차 요인, 기술도입보다 신기술 창출 및 혁신을 통한 새로운 산업의 창출과 산업클러스터 형성 등 혁신 요인, 경제적으로 풍요한 상태에서 축적된 부의 주도라는 요인 등이 각 단계에서 경쟁력을 형성하는 요인이다. 한국의 지리학계에서는 박삼옥(朴杉沃)『현대경제지리학』(아르케 1999)이 포터의 경제발전단계론을 중요하게 다루고 있으나, 한국경제와 관련하여 이를 검토하고 있지는 못하다.

8 2007년 노무현정부가 내놓은 농지 전용 반값 골프장 건설안은 남북한 전체를 시야에 둔 국토공간 활용이란 관점에서 전면 재검토할 필요가 있다. 마찬가지로 평창 동계올림픽 유치계획의 경우도 국토공간은 물론 기후조건까지 고려할 때 남한의 단독개최는 무리한 프로젝트다.

1 진보개혁세력의 정체가 장기화·구조화할 가능성도 적지 않다. 2008년 7월 30일 서울시 교육감 선거에서 주경복 후보는 보수 후보가 4명으로 난립한 상황에서 사실상 '촛불후보'로서의 상징적 지위를 독점했음에도 불구하고 공정택 후보에게 패배했다. 표면상의 패인은 '강남' '전교조'이지만, 결국 이것도 '정책'의 문제와 관련되어 있다. 네거티브 일변도, 수월성과 경쟁의 부정 등의 정책은 반대파의 집결을 유도해내는 데는 효과적이었으나 지지자의 집결을 유도하는 데는 한계를 노출했다(이범 「주경복 후보는 왜 패배했는가」, 『창비주간논평』 2008.8.6.)

2 Douglass C. North, 조석곤 옮김 『경제변화과정에 관한 새로운 이해』, 해남 2007, 제8장 참조.

3 한반도사회경제연구회 『한반도경제론: 새로운 발전모델을 찾아서』(창비 2007) '책머리에' 참조. 이 책에서는 새로운 발전모델을 이론화하는 작업을 시도하는 한편, '한반도경제'의 하위요소로서 세계화 속의 적절한 개방모델, 분단체제를 넘어선 남북통합 모델, 산업과 대내적 씨스템의 혁신 모델, 사회적 연대의 모델, 지역발전 모델에 대하여 논의했다.

4 서동만 「대안체제 모색과 '한반도경제'」, 『창작과비평』 2007년 가을호. 그는 또한 『한반도경제론』에 '분단경제체제론' 내지 '분단체제자본주의론'이 빠져 있다든지, 총체적인 분단비용을 따져보아야 한다든지, 경제지리적 관점과 생태적 관점을 포괄해야 한다든지 하는 문제를 지적하면서 "남북의 경제적 연계의 방향, 즉 북조선의 시장형성 과제와 남한의 시장제어 과제를 결합하는 것"의 중요성을 강조했다. (이 글은 본서 제3부에 수록되어 있다 ― 편집자.)

5 목적론으로 떨어지는 것을 피하고 경제이론으로 발전하기 위해서는 경제의 '미시적 기초'에 관한 해명이 필수적이다. 의도를 지닌 행위자를 설정하지 않으면 '메커니즘'을 설명할 수 없고 제도 자체가 제도의 존재를 설명하는 기능을 수행하게 된다. 예컨대 '신자유주의'라는 개념을 사용할 때, 모든 사건이 신자유주의에 관련이 되고 이러한 관련 때문에 신자유주의가 성립하는 것으로 자주 은유된다. 이렇게 되면 신자유주의에 명백히 반하는 제도의 경우에도 결국에는 신자유주의에는 '필요'한 것이 되고, 세상 모든 일을 신자유주의로 설명하게 된다.

6 윌리엄슨은 제도에 관한 분석이 네가지 차원에서 이루어질 수 있다고 정리했다. 즉, 연속적이고 단기적인 차원에서 보는 자원배분(allocation), 1~10년간의 지배구조(governance), 10~100년간의 제도환경(institutional environment), 100~1000년간의

배태성(embeddedness) 등이 바로 그것이다. Williamson, Oliver E., "The New Institutional Economics: Taking Stock, Looking Ahead," *Journal of Economic Literature* 38 (3), September 2000. 여기서 제도환경 이론에 관한 좀더 상세한 논의는, 이일영 「신제도주의 경제학의 제도환경 이론에 관한 연구노트」, 『동향과 전망』 73호.(한국사회과학연구소·박영률출판사 2008)를 참조할 수 있다.

7 전병유 「동반성장론에 대한 성찰」 미발표 2008; 정준호 「참여정부의 부동산정책 평가」 미발표 2008. 노무현정부는 뒤늦게서야 문제를 인식했다. 2006년 11월께 부동산 가격 폭등이 최고조에 이르자 2007년초 청와대가 과잉유동성에 대한 조사를 벌였다. 조사결과 과잉유동성의 원인은 재정경제부, 금융감독원, 한국은행 등이 각각 자기 논리대로 움직였기 때문이라는 것이었다(『오마이뉴스』 2008.8.1. 김수현 전 청와대 비서관 인터뷰).

8 이두원 「현정부의 선진화 전략과 당면과제」, 『선진화를 향한 동북아 협력의 모색』 동북아경제학회 학술대회, 2008.5.29.

9 이러한 현상을 앨빈 토플러는 '프로슈머'(Prosumer)로, 에번 슈워츠는 웨버노믹스(Webonomics)란 표현으로 개념화했다.

10 촛불집회에서 예민하게 다루어졌던 문제들, 예를 들면 미국산 쇠고기 수입, 0교시 부활, 물·의료산업 민영화 등은 모두 소비자 의제와 관련된 것들이다. 소비자운동의 성격이 강했기 때문에, 비정규직, 공기업 민영화, 한미FTA, 북한 식량난 등 문제는 정면으로 다루어지기 어려웠다.

11 정보의 비대칭성으로 인해 역선택(adverse selection)이 이루어지는 사례는 중고차 시장이 전형적이다. 새 차의 품질은 어느 수준으로 통제되어 있지만, 중고차의 품질은 천차만별일 수 있다. 중고차를 파는 사람은 사는 사람에 비해 그 차에 대해서 더 많은 정보를 가지고 있다. 중고차에 결점이 있는데 이를 구매자가 파악할 수 없을 경우 중고차의 품질은 구매자가 원하는 수준보다 낮아지게 된다. 결과적으로 시장에는 품질이 나쁜 차가 많아져서 구매자는 품질이 낮은 차를 선택하게 된다. Akerlof, George A., "Market for 'Lemons': Quality Uncertainty and the Market Mechanism," *Quarterly Journal of Economics* 84 (3), August 1970.

12 노무현정부는 기업체제 개혁에 대해 미온적 태도를 보였다. 분식회계로 천문학적 부실을 숨긴 SK글로벌을 계열사들을 동원하여 회생시키기로 결정했고 카드채 문제도 관치금융을 동원하여 유동성 위기를 넘기기에 급급했다. 삼성카드와 삼성생명을 포함한 총 10개 금융계열사들이 금산법 24조를 위반한 사실을 적발했는데, 다른 기업들은 법위반 상태를 해소했으나 유독 삼성만 이를 거부했다. 그래서 정부가 2004년말 시정명령권과 벌칙조항 등을 집어넣은 금산법 개정안의 입법을 예고했으나 막

상 2005년의 정부 개정안은 삼성의 과거 법위반을 면책하는 것이었다. 유종일 「참여정부의 '좌파 신자유주의' 경제정책」, 『창작과비평』 2006년 가을호.

13 이는 경제체제 내에 계획(planning)이 존재함을 의미한다. 이를 마샬은 "제4의 생산요소로서의 조직"으로, 클라크는 "기업가의 조정"으로, 로버트슨은 "의식의 힘의 섬"(islands of conscious power)으로 칭했으며, 코즈는 "가격 메커니즘의 지양·대체"라고 표현했다. Coase, Ronald H., "The Nature of the Firm," *Economica* NS 4 (16), November 1937.

14 Alchian, Armen A. and Harold Demsetz, "Production, Information Cost and Economic Organization," *American Economic Review* 62, December 1972, 781~83면.

15 재산권을 법률적 권리로 묘사하는 것은 매우 오랜 역사를 가지고 있지만, 이를 경제적 권리로 파악하려는 시도는 1960년대 이후에야 시작되었다. Alchain Armen A. "Some Economics of Property Rights," *Il Politico* 30, 1965.

16 정건화 「재벌개혁과 한국경제」, 『한반도경제론: 새로운 발전모델을 찾아서』, 창비 2007.

17 꼭 '국가'만이 '계획' 기능을 수행하는 것은 아니다. '국가'사회주의의 경우 계획을 효과적으로 수행할 수 있는 체제가 아니었으며 관료제의 비용이 막대한 조직형태였다고 할 수 있다. 또한 복지'국가'들도 각각의 구체적인 사정에 기초해서 체제의 효율성을 따져야 한다. 재정정책의 효과가 상당히 제한적이라는 합의가 이루어지고 있는 시점에서 '큰 정부' '증세' 담론이 꼭 진보적인 주장이라고 할 수는 없다. 경제 안정성을 더 중시하고, '적절한 규모의 정부' '꼭 필요한 정도의 세금'을 운영한다는 것을 기본방향으로 삼아야 한다.

18 Murrell, Peter, "Institutions and Firms in Transition Economies," Claude Ménard and Mary Shirley, eds., *Handbook of New Institutional Economics*, Springer 2005.

19 Alchian, Armen A. and Harold Demsetz, 앞의 글 787~89면.

20 주식회사 모델이 주주의 이익만을 추구하는 것으로 비판하기도 하지만, 이는 적절한 비판이 아니다. 주주는 자신의 이익을 극대화하려는 목표하에서 다른 이해당사자들과 계약을 체결하여 그들에게 수익을 제공한다. 주주를 포함하여 노동자, 하청업체, 소비자, 지역사회 등 여러 이해관계자들의 이익과 욕구를 충족시키는 것을 목표로 하는 이해관계자 모델이 제안되기도 하지만, 이의 문제는 여러 관계자들의 이해관계가 조정되는 메커니즘을 이론화하기 어렵다는 점이다.

21 Sykuta, Michael E., and Michael L. Cook, "A New Institutional Economics Approach to Contract and Cooperatives," *American Journal of Agricultural Economics* 83 (5), 2001, 1272~74면.

22 Ménard, Claude, "The Economics of Hybrid Organization," *Journal of Institutional and Theoretical Economics* 160 (3), 2004.

23 예컨대 영국의 잡지 *Ethical Consumer*는 아디다스, 로레알, 월마트 등을 불매운동 (boycott) 리스트에 올렸다. 그 이유는 다양한데, 아디다스는 일부 축구화 제조에 캥거루 가죽을 쓴다고 해서, 로레알은 화장품 제조에 동물실험을 한다고 해서, 월마트는 기후변화협약에 반대하는 미국 공화당에 기부를 많이 한다고 해서 불매운동의 대상이 되었다. 임항 「지금 왜 '기업의 사회적 책임'인가」, 『기업의 사회적 책임과 노동』, 노동연구원 2007.

24 카라따니 코오진은 독특한 논법으로 소비자의 의미를 주장하고 있다. 소비자운동의 현실적 능력을 과대평가하고 있지만, 그 중요성에 대한 문제의식은 의미가 있다. 그에 의하면, 생산영역에서 노동자는 경영자와 같은 의식을 가지며 특수한 이해의식에서 벗어나기 어렵다. 생산과정에서 노동자는 자본에 종속적일 수밖에 없어 보편적일 수 없다는 것이다. 그러나 노동자가 유통의 장에 나타났을 때는 소비자가 되는데, 여기에서는 자본에 우월한 입장에 서게 된다. 생산과정에서의 프롤레타리아 투쟁은 자본에 대해 우위에 설 수 없지만, 유통과정에서의 프롤레타리아 투쟁, 즉 보이코트 같은 비폭력적이고 합법적인 투쟁에 대해 자본은 대항할 수 없다는 것이다. 가라따니 고진, 조영일 옮김, 『세계공화국으로』, 도서출판 b 2008.

25 무함마드 유누스, 김태훈 옮김, 『가난 없는 세상을 위하여』, 물푸레 2008, 제2장.

26 북한의 경제조직 혁신은, 인센티브 개혁, 지배구조 개혁, 소유제 개혁이 결합되어 이루어져야 한다(이일영 「'북한형' 기업·노동개혁: 체제이행의 유형과 대안」, 『국가전략』 11(2), 통권 32호, 세종연구소 2005.6.1). 이러한 조직혁신을 통해 창출되는 주요한 조직형태는 기업조직이지만, 농업, 자영업, 일부 첨단산업에서는 혼합형 조직도 중요한 역할을 수행할 수 있다.

27 국정브리핑 특별기획팀 『참여정부 경제5년: 한국경제 재도약의 비전과 고투』, 한스미디어 2008.

28 국민경제자문회의는 2006년에야 『동반성장을 위한 새로운 비전과 전략』을 내놓았고, 이는 2007년의 증보판으로 이어졌다. 국가의 장기전략으로 마련한 『비전2030』은 정권 말기에야 국민들에게 토론거리로 제출되었다.

29 대표적인 성과는 서남재단의 지원으로 출판된 『동아시아, 문제와 시각』(문학과지성사 1995), 『발견으로서의 동아시아』(문학과지성사 2000)가 있다. 또 이러한 동아시아론은 근대국민국가론을 보완·극복하려는 『창작과비평』 등 민족문학론 진영에서도 제기되었다.

30 백영서 『동아시아의 귀환: 중국의 근대성을 묻는다』, 창비 2000.

31 다만 비판적 지역주의론이 형성되는 과정의 동력은 6공화국 정부의 7·7선언, 남북 기본합의서 제정, 김대중정부의 햇볕정책과 6·15선언에 부분적으로 영향을 미쳤다고 할 수 있다.

32 노무현정부의 청와대 내 정책추진체계는, 외교·군사·안보정책을 담당하는 NSC와 혁신·국토개발정책을 담당하는 균형발전위원회가 기축이 되었으며, 동북아시대위원회는 시종일관 동요하고 표류하였다.

33 World Bank, *The East Asian Miracle*, Oxford Univ. Press 1993. 그러나 1997년말 발발한 동아시아 경제위기 이후에는 동아시아 모형의 범세계적 적용성과 지속성에 대한 논란과 회의가 제기되었고, 주류경제학은 다시 금융개혁이나 기업개혁 같은 제도개혁을 제외하고는 동아시아적 형태의 정부 개입을 인정하지 않는 쪽으로 회귀했다. World Bank, *East Asia: The Road to Recovery*, World Bank 1998.

34 그리고 이러한 성공의 원인으로 기본적으로 건전한 개발정책, 즉 복수채널을 통해 개발에 개입하는 선택적 진흥전략을 들고 있다(World Bank 1993).

35 末廣昭『キャッチアップ型工業化論: アジア經濟の軌跡と展望』, 名古屋大學出版會 2000, 서장.

36 경로의존은 어제의 제도적 틀이 오늘의 조직과 개인에게 기회 집합을 제공하는 제도적 진화의 점진적 과정이다. 제도의 매트릭스는 제도의 상호의존적 그물망과 그에 따르는 정치-경제조직으로 구성되는데, 조직은 제도틀에 의해 주어지는 기회로 인하여 존재하게 된다. 여기에는 네트워크의 외부성이 발생하는데, 이는 제도 수립의 초기비용, 학습효과, 다른 조직과의 계약을 통한 조정효과, 기존 제도에 기초한 계약의 확산에 따른 적응적 기대의 형성 등으로부터 나오는 것이다. North, Douglass C. "Institutions," *Journal of Economic Perspective* 5 (1), Winter 1991.

37 동아시아 모델을 더욱 압축한 사례로 중국을 들 수 있다. 중국은 국가와 기업내부자가 지배력을 분점하는 '절충적인' 기업씨스템, 단기고용을 저임금·장시간노동 체제에 포섭하는 노동씨스템, 권위주의형의 국가씨스템을 취하고 있다. 이일영『중국 농업, 동아시아로의 압축』(폴리테이아 2007)의 에필로그 참조.

38 자본주의에 다양한 유형이 있다는 논의, 그리고 특히 북구형 모델에 대한 선호는 근래 한국의 진보개혁 진영에서 크게 유행하는 현상이다. 이정우·최태욱「도전인터뷰: 한국사회, 시장만능주의의 덫에 걸리다」, 『창작과비평』 2007년 여름호 참조.

39 새로운 산업정책의 기본 골격에 대한 보다 구체적인 논의는, 이일영·정준호「한국형 발전모델의 모색: 점진적 개방-협력과 산업혁신」, 최태욱 편『한국형 개방전략: 한미FTA와 대안적 발전모델』(창비 2007) 참조.

40 영국 명예혁명은 세력간 계약에 의해 안정적 제도를 창출함으로써 산업혁명의 번영

을 가능하게 한 역사적 분기점으로 평가된다. 1670년대 중반까지 토리당은 국왕을 지지했는데, 국왕은 그에 기초해서 휘그당의 대표권을 자의적으로 침해했다. 1680대 중반부터 토리당은 휘그당과 협력하여 국왕에 대항하는 정치적 국가를 형성했다. 즉 명예혁명의 핵심요소는 토리당과 휘그당이 제도 변화의 틀에 타협했다는 점이다. 이 협약에 기초해서 국가는 자기강제력(self enforcement)을 지니게 되었다. Weingast, Barry R., "The Political Foundations of Democracy and the Rule of Law," *American Political Science Review* 91 (2), June 1997, 252~53면.

41 정준호 「마셜, 슘페터 그리고 그 사이」(미발표 2008)는 슘페터적 대기업의 세계, 마셜적·푸르동적 소기업의 세계를 말하면서, 대기업의 지속적·폐쇄적 혁신능력, 중소 생산자의 유연적·개방적 전문화 능력과 연결하고 있는데, 이는 이 글의 논지와 일맥상통하는 문제의식이다.

42 필자는 한국정치에서의 정당정치의 동요도 이러한 두가지 유형의 조직세력 기반이 취약한 데에서 기인하는 것으로 이해하고 있다.

43 북한의 경우 아직 미약하고 발전 속도도 느리지만 시장화, 기업화 세력도 계속 확대되어갈 것인데, 이들은 주로 농촌과 기업에서의 분권화–시장화 개혁의 과정에서 충원될 것이다.

44 자세한 내용은 이일영 「'북한형' 경제개혁과 한반도 경제통합: 개혁과 통합의 연계」, 『동향과 전망』 67호, 한국사회과학연구소·박영률출판사 2006.

45 김종철 「민주주의, 성장논리, 農的 순환사회」(『창작과비평』 2008 봄호, '창비담론총서' 1권에 수록)는 새로운 질서를 '農的 순환사회'로, 그리고 그 요소로 '소농 혹은 생산자 연합체'로 규정했다. 소농과 생산자 연합체는 모두 혼합형 경제조직에 해당하는 것들이다. 그러나 이 두 조직형태가 작동하는 원리는 매우 다르다고 할 수 있다. 소농은 자기 자신에 의한 감독으로, 생산자 연합체 — 이는 협동조합으로 표현할 수 있다 — 는 자의에 의한 자유의 반납과 그에 기초한 조직적 감독으로 인쎈티브 문제를 해결한다. 소농에 기초한 농적 순환사회는 경제의 복잡화 현상에 대응할 수 없으므로 지속가능하지 않다.

46 다윈의 진화론은 종종 무한경쟁 논리를 정당화하는 것으로 이해되어왔지만, 진화론이 꼭 이타주의의 한계를 설정하는 것은 아니다. 오히려 진화론을 새롭게 구성할 경우 좌파가 일찍이 가졌던 유토피아를 냉철한 현실적 비전으로 대체해줄 수 있게 한다. 피터 싱어, 최정규 옮김 『다윈의 대답 1: 변하지 않는 인간의 본성은 있는가?』, 이음 2007.

47 백낙청 『한반도식 통일, 현재진행형』, 창비 2006, 31면; 백낙청 「근대 한국의 이중과제와 녹색담론」, 『창작과비평』 2008년 여름호, 462~63면. (이 글은 본 창비담론총서

씨리즈 제1권에 수록되어 있다 ― 편집자.)

제3부 미국발 금융위기와 동아시아의 대응 · 최태욱

1 Peter A. Hall and David Soskice, "An Introduction to Varieties of Capitalism," P.A. Hall and D. Soskice, eds., *Varieties of Capitalism: The Institutional Foundations of Comparative Advantage*, Oxford Univ. Press 2001.

2 David Soskice, "Divergent Production Regimes: Coordinated and Uncoordinated Market Economies in Contemporary Capitalism," H. Kitschelt, P. Lange, G. Marks, and J. D. Stephens, eds., *Continuity and Change in Contemporary Capitalism*, Cambridge Univ. Press 1999. 이 양대 유형을 처음 제시한 쏘스키스가 자유시장경제를 영미형이라고 불렀을 때의 영국과 미국의 자본주의는 2차대전 이후 1970년대 초까지 전성기를 누리던 케인즈주의 모델의 그 자본주의가 아님은 물론이다. 그가 말한 영미형 자유시장경제의 전형은 1970년대 말 이후 영국과 미국을 지배해온 신자유주의체제라 할 것이다.

3 혹자는 이 참에 아예 자본주의 그 너머를 바라봐야 한다고도 한다.

4 이에 관한 대표적인 연구물로는, Robert Keohane, *After Hegemony: Cooperation and Discord in the World Political Economy*, Princeton Univ. Press 1984; Duncan Snidal, "Limits of Hegemonic Stability Theory," *International Organization*, vol. 39, 1985; Kenneth Oye, ed., *Cooperation under Anarchy*, Princeton Univ. Press 1986 등을 들 수 있다.

5 국제정치학에서의 신자유주의는 경제이념으로서의 그것과 전혀 다른 개념이다. 국가를 자국의 이익 극대화를 목표로 하는 합리적 행위자로 파악할지라도 그들간의 국제협력은 얼마든지 가능하다는 주장을 신자유주의론이라고 한다.

6 Mancur Olson, *The Logic of Collective Action: Public Goods and the Theory of Groups*, Harvard Univ. Press 1965.

7 더 자세한 설명은, 졸고 「일본의 부상과 국제공공재에 관한 고찰 ― 동아시아 약소국의 시각에서」, 『평화논총』 4권 1호.

8 여기서 '행위자적 성격'(이하 '행위자성')이라 함은 특정 지역협력체가 갖추고 있는 글로벌 정치경제의 일개 행위자로서의 요건과 자격을 의미한다. 일반적으로 그것은 해당 회원국들의 (협력체로의) 권한 위임 정도 등을 포함한 지역협력체의 제도화 수준에 비례하여 강화된다고 할 수 있다.

9 다양한 성격의 지역 자본주의 혹은 지역 시장경제체제간에 형성되는 이 지역간 협력 체제는 시간이 흐르면서 점차 지역간 경제통합과정을 거치며 그에 따른 지역간 제도 수렴 효과로 인해 최종적으로는 단일 글로벌 경제체제로 발전될 가능성이 있다. 물론 현재로선 그 글로벌 경제체제가 어떠한 형태일지 예상하기 어렵다. 자본주의의 한 유형일 수도 있겠으나, 자본주의를 넘어서는 전혀 새로운 형태의 경제체제일 수도 있다.

10 배리 아이켄그린 지음, 박복영 옮김 『글로벌 불균형』, 미지북스 2008.

11 그렇지 않아도 지난 10여년간 달러화는 유로화 등 다른 주요 통화에 대해 약세를 보여왔다. 이에 유로화 자산을 거래하는 대규모 시장이 형성되고 그 매력이 특히 신흥 시장의 중앙은행들 사이에서 증대되고 있는 실정이다(같은 책 66면). 중남미 국가들의 달러 회피는 오래전부터 나타난 것이기도 하다. 한편 일본에 이어 중국과 한국 등은 달러 의존도를 줄이기 위해 자국통화의 국제화정책을 이미 추진하거나 구상중에 있다. 특히 미국발 금융위기 이후 중국정부는 다양한 방안을 동원하여 위안화의 국제화를 본격적으로 추진하고 있다.

12 같은 책 118면.

13 박번순 「동아시아의 경제협력: 중국의 역할과 한계」, 『SERI 경제포커스』 2008.11.3.

14 아이켄그린, 앞의 책 121면.

15 이 기금의 규모는 이후 1200억달러로 상향 조정하는 것으로 합의됐다.

16 김필헌 『동아시아지역의 금융통합 논의 현황과 시사점』, 한국경제연구원 2008, 34 면. 미국발 금융위기 이후의 통화통합 움직임은 다른 지역에서도 활발해지고 있다. 남미국가들은 '남미은행체제'를 건설하고 지역 공동화폐를 발행하자는 협의를 본격화했으며, 중동의 걸프협력회의 6개 회원국들은 2010년에 지역 단일통화를 출범시키자는 데 합의했다.

17 만일 동아시아의 금융통화협력이 가속도를 내어, 예컨대 조만간 ACU가 형성되고 그것이 오래지 않아 지역통화 통합으로까지 이어진다면, 동아시아의 경제통합은 유럽과 역순으로 이루어진 것으로 역사에 기록될 것이다. 통화통합은 바로 실물경제 통합을 견인하는 효과를 낼 것이기 때문이다. 주지하듯, EU는 영역별 시장통합의 점진적 확대 등 실물경제의 통합에서 시작하여 통화통합에 이르는 순서를 밟았다.

18 카네꼬 마사루(金子勝)의 발언, 권태선 칼럼 「격차극복, 동아시아 공생의 길」(『한겨레』 2008.11.9)에서 재인용.

19 여기서 라모(J. Ramo)가 제시한 베이징 컨쎈써스를 동아시아 시장경제유형에 관한 미래담론으로 인정할지 여부에 대하여 문제제기가 있을 수 있다. 그러나 자세히 살펴보면, 베이징 컨쎈써스는 그저 중국식 사회주의 시장경제의 발전경험을 간략히 요

약한 것일 뿐, 역내국가들의 수렴 가능성이나 그들에 대한 보편적 적용 가능성을 염두에 두고 작성된 동아시아형 발전모델이라고 하기는 어렵다. 뻬이징 컨쎈써스의 내용에 대해서는 Joshua Cooper Ramo, "The Beijing Consensus," The Foreign Policy Centre 2004. 그리고 그에 대한 비평은 조영남 「중국의 소프트파워와 외교적 함의」, 손열 엮음 『매력으로 엮는 동아시아』, 지식마당 2007 참조.

20 2005년 말에 발족한 EAS는 ASEAN+3+3라고도 불리는데, 그것은 기존의 ASEAN+3 회원국에 호주, 뉴질랜드, 인도 세 나라가 추가된 형태이기 때문이다. 일본은 이 EAS를 중심으로 동아시아 지역협력체를 형성해가야 한다고 주장하나 중국은 ASEAN+3가 여전히 중심에 있어야 한다고 맞서고 있다.

21 동아시아 지역주의 발전에 대한 미국의 부정적 영향력에 대해서는, 졸고 「한미FTA와 동아시아 지역주의의 미래」, 『사회비평』 2007년 가을호 참조.

22 참고로 현재 이 작업은 '한국형 자본주의의 모색'이라는 이름의 프로젝트팀과 동아시아연구회 등에 의해 부분적으로 진행되고 있는바, 그 결과물은 공히 2009년 중반 무렵 출간될 예정이다.

23 이 맥락에서의 선도적 주장은 백낙청 「거버넌스에 관하여」, 『창비주간논평』 2008.12.30 참조.

김기원(金基元) 한국방송통신대 교수, 경제학. 저서로『경제학 포털』『재벌개혁은 끝났는가』『미군정기의 경제구조』등이 있다.

백낙청(白樂晴) 서울대 명예교수, 영문학. 문학평론가,『창작과비평』편집인. 최근 저서로『통일시대 한국문학의 보람』『한반도식 통일, 현재진행형』『백낙청 회화록』등이 있다.

서동만(徐東晚) 상지대 교수, 정치학. 저서로『북조선사회주의 체제성립사 1945~1961』『한반도 평화보고서』(공저), 역서로『한국전쟁』등이 있다.

이근(李根) 서울대 국제대학원 교수, 국제정치학. 저서로『세계화와 한국의 개혁과제』(공저), 주요 논문으로「한미FTA의 정치경제」등이 있다.

이병훈(李秉勳) 중앙대 교수, 사회학. 저서로『서비스사회의 구조변동』『양극화 시대의 일하는 사람들』(공저), 주요 논문으로「노동양극화와 노동조합운동의 연대성 위기」등이 있다.

이일영(李日榮) 한신대 교수, 경제학.『창작과비평』편집위원. 저서로『동북아 시대의 한국경제 발전전략』『중국의 농촌개혁과 경제발전』『노무현시대의 좌절』(공저) 등이 있다.

임원혁(林源赫) KDI 경제개발협력실장. 저서로『경제위기 10년: 평가와 과제』(공저) 등이 있다.

전병유(田炳裕) 한신대 교수, 경제학. 한국노동연구원 연구위원 역임. 저서로『노동시장의 양극화와 정책과제』『한국자본주의 발전모델의 역사와 위기』(공저) 등이 있다.

정승일(鄭勝日) '복지국가 SOCIETY' 정책위원. 정치경제학 박사. 저서로 경제
학자 장하준과 공저한 『쾌도난마 한국경제』가 있다.

최태욱(崔兌旭) 한림국제대학원대, 국제정치학. 『창작과비평』편집위원. 저서로
『세계화시대의 국내정치와 국제정치경제』『한국형 개방전략』(공저) 등이 있다.

창비담론총서 3

신자유주의 대안론

초판 1쇄 발행 • 2009년 4월 15일

엮은이 • 최태욱
펴낸이 • 고세현
책임편집 • 염종선 안병률 정소영
펴낸곳 • (주)창비
등록 • 1986년 8월 5일 제85호
주소 • 413-756 경기도 파주시 교하읍 문발리 513-11
전화 • 031-955-3333
팩시밀리 • 영업 031-955-3399 편집 031-955-3400
홈페이지 • www.changbi.com
전자우편 • human@changbi.com
인쇄 • 한교원색